C++
Iniciación y referencia

CONSULTORES EDITORIALES
ÁREA DE INFORMÁTICA Y COMPUTACIÓN

Antonio Vaquero Sánchez
Catedrático de Lenguajes y Sistemas Informáticos
Escuela Superior de Informática
Universidad Complutense de Madrid
ESPAÑA

Gerardo Quiroz Vieyra
Ingeniero de Comunicaciones y Electrónica
por la ESIME del Instituto Politécnico Nacional
Profesor de la Universidad Autónoma Metropolitana
Unidad Xochimilco
MÉXICO

C++
Iniciación y referencia

Luis Joyanes Aguilar
Héctor Castán Rodríguez

Departamento de Lenguajes y Sistemas Informáticos
e Ingeniería de Software
Facultad de Informática/Escuela Universitaria de Informática
Universidad Pontificia de Salamanca *campus* Madrid

MADRID • BUENOS AIRES • CARACAS • GUATEMALA • LISBOA • MÉXICO
NUEVA YORK • PANAMÁ • SAN JUAN • SANTAFÉ DE BOGOTÁ • SANTIAGO • SÃO PAULO
AUCKLANND • HAMBURGO • LONDRES • MILÁN • MONTREAL • NUEVA DELHI
PARÍS • SAN FRANCISCO • SIDNEY • SINGAPUR • ST. LOUIS • TOKIO • TORONTO

C++ Iniciación y referencia

No está permitida la reproducción total o parcial de este libro, ni su tratamiento informático, ni la transmisión de ninguna forma o por cualquier medio, ya sea electrónico, mecánico, por fotocopia, por registro u otros métodos, sin el permiso previo y por escrito de los titulares del Copyright.

DERECHOS RESERVADOS © 1999, respecto a la primera edición en español, por
McGRAW-HILL/INTERAMERICANA DE ESPAÑA, S. A. U.
Edificio Valrealty, 1.ª planta
Basauri, 17
28023 Aravaca (Madrid)

ISBN: 84-481-2363-8
Depósito legal: M. 18.051-2000

Editor: Carmelo Sánchez González
Diseño de colección: José Domínguez Alconchel
Cubierta y diseño de interior: Luis Sanz Cantero
Compuesto en: Fer, S. A.
Impreso en: Edigrafos, S. A.

IMPRESO EN ESPAÑA - PRINTED IN SPAIN

A mi hijo Luis
(Luis Joyanes)

A mis padres
(Héctor Castán)

Contenido

Antes de comenzar	XVII
Objetivos	XVIII
¿Por qué C++?	XVIII
Organización y contenido del libro	XIX
Cómo utilizar el libro	XX
Convenios utilizados en el libro	XXI
Notas	XXI
1. Elementos de un programa en C++	**1**
Estructura general de un programa en C++	4
Directivas del preprocesador	4
Declaraciones globales	7
Función `main()`	8
Funciones definidas por el usuario	9
Comentarios	10
Creación de un programa	11
Los elementos de un programa en C++	12
Tipos de datos en C++	14
Enteros	14
Declaración de variables	15
Tipos de coma flotante	16
Caracteres	17
Constantes	17
Constantes literales	18
Constantes enteras	18
Constantes reales	19
Constantes carácter	19
Aritmética con caracteres C++	20
Constantes cadena	21
Constantes definidas (simbólicas)	22

Constantes enumeradas	22
Constantes declaradas `const` y `volatile`	22
Variables	24
Declaración	24
Al principio de un archivo o bloque de código	25
En el punto de utilización	25
Inicialización	26
Entrada y salida	26
Salida (`cout`)	27
Entrada (`cin`)	28
2. Operadores y expresiones	**31**
Operador de asignación	34
Operadores aritméticos	35
Asociatividad	36
Operadores de incrementación y decrementación	37
Operadores relacionales	38
Operadores lógicos	39
Evaluación en cortocircuito	41
Operadores de manipulación de bits	42
Operadores de asignación adicionales	43
Operadores de desplazamiento de bits (», «)	44
Operadores de direcciones	44
Operador condicional	45
Operador coma	45
Operadores especiales ( ), [ ] y : :	46
El operador ( )	46
El operador [ ]	46
El operador : :	47
El operador sizeof	47
Conversiones de tipos	48
Conversión implícita	48
Reglas	49
Conversiones explícitas	49
Prioridad y asociatividad	49
3. Decisiones y bucles	**51**
Sentencias y bloques	54
Sentencias condicionales	54
La sentencia `if`	54
Sentencias verdadera y falsa	55
Expresiones condicionales	56
La sentencia `if-else`	56
Problemas con la sentencia `if`	57
La sentencia de múltiples alternativas `if-else`	58
Operador condicional	60
La sentencia de múltiples alternativas: `switch`	60

Casos múltiples 62
La sentencia `for` 62
    Definición de la variable de control dentro del bucle `for` 65
    Uso del tipo de dato `char` como variable de control bucle 65
    Uso de expresiones complejas para la expresión de incremento 65
    Omisión de secciones en un bucle `for` 65
La sentencia `break` 66
La sentencia `continue` 67
    Diferencias entre `continue` y `break` 67
La sentencia `while` 69
La sentencia `do-while` 72

4. Funciones 75

Concepto de función 77
Estructura de una función 79
    Nombre de una función 80
    Tipo de dato de retorno 81
    Resultados de una función 81
    Llamada a una función 82
Prototipos de las funciones 84
    Prototipos con un número no especificado de parámetros 85
Parámetros de una función 86
    Paso de parámetros por valor 86
    Paso de parámetros por referencia 87
    Diferencias entre los parámetros por valor y por referencia 88
    Parámetros `const` de una función 89
Argumentos por omisión 89
Funciones en línea (`inline`) 91
    Creación de funciones en línea 92
Ámbito (*alcance*) 93
    Ámbito del programa 93
    Ámbito del archivo fuente 94
    Ámbito de una función 94
    Ámbito de bloque 95
    Variables locales 95
    Variables locales frente a variables globales 95
Clases de almacenamiento 99
    Variables automáticas 99
    Variables externas 99
    Variables registro 100
    Variables estáticas 100
Sobrecarga de funciones (*polimorfismo*) 101
    ¿Cómo determina C++ la función sobrecargada correcta? 102
Recursividad 104
    Un algoritmo recursivo 105
    Funciones mutuamente recursivas 105
    Condición de terminación de la recursión 106

El algoritmo recursivo máximo común divisor	106
Plantilla de funciones	107
Fundamentos teóricos	107
Definición de plantilla de función	108
Un ejemplo de plantilla de funciones	110
Un ejemplo de función de plantilla	111
Plantillas de función *ordenar* y *buscar*	112
Una aplicación práctica	113
Problemas en las funciones plantilla	114

5. Estructura de datos: arrays, estructuras y uniones — **117**

Arrays	120
Declaración de un array	120
Subíndices de un array	121
Ejemplos de arrays	121
Almacenamiento en memoria de los arrays	122
El tamaño de los arrays en memoria	123
Inicialización de un array	123
Arrays de caracteres y cadenas de texto	126
Arrays multidimensionales	128
Inicialización de arrays multidimensionales	130
Acceso a los elementos de los arrays bidimensionales	131
Lectura y escritura de elementos de arrays bidimensionales	132
Acceso a elementos mediante bucles	132
Arrays de más de dos dimensiones	133
Una aplicación práctica	133
Utilización de arrays como parámetros	134
Precauciones	135
Paso de cadenas como parámetros	137
Estructuras	138
Declaración de una estructura	139
Definición de variables de estructuras	139
Otro ejemplo de definición/declaración	140
Uso de estructuras en asignaciones	141
Inicialización de una declaración de estructuras	141
Acceso a estructuras	142
Almacenamiento de información en estructuras	142
Lectura de información de una estructura	143
Recuperación de información de una estructura	143
Estructuras anidadas	144
Un ejemplo de estructuras	145
Arrays de estructuras	146
Arrays como miembros	147
Utilización de estructuras como parámetros	148
Uniones	149
Definición de tipos `union`	150
Uniones anónimas	152

6. Punteros (Apuntadores) 155
Concepto de puntero (apuntador) 158
    Declaración de punteros 159
    Inicialización (iniciación) de punteros 159
    Indirección de punteros 160
    Punteros y verificación de tipos 163
Punteros `null` y `void` 163
Punteros a punteros 164
Arrays de punteros 165
    Inicialización de un array de punteros a cadenas 166
Punteros y arrays 166
    Nombres de arrays como punteros 166
    Ventajas de los punteros 167
Punteros de cadenas 168
    Punteros frente a arrays 169
Aritmética de punteros 170
    Una aplicación de punteros 171
Punteros constantes frente a punteros a constantes 172
    Punteros constantes 172
    Punteros a constantes 173
    Punteros constantes a constantes 174
Punteros como argumentos de funciones 175
    Paso por referencia frente a paso por dirección 176
Punteros a funciones 177
    Inicialización de un puntero a una función 178
    Arrays de punteros de funciones 180
    Una aplicación práctica 181
Punteros a estructuras 182
Gestión dinámica de la memoria 183
    Almacén libre (*free store*) 184
    Ventajas de la asignación dinámica de memoria en C++ 185
El operador `new` 185
    Asignación de memoria de un tamaño desconocido 190
    Inicialización de memoria con un valor 190
    Uso de `new` para arrays multidimensionales 190
El operador `delete` 191
Ejemplos que utilizan `new` y `delete` 191
Asignación de memoria para arrays 193
    Asignación de memoria interactivamente 193
    Asignación de memoria para un array de estructuras 194
Gestión del desbordamiento de memoria: `set_new_handler` 195
Reglas de funcionamiento de `new` y `delete` 196

7. Cadenas y funciones de cadena 199
Concepto de cadena 201
    Declaración de variables de cadena 202
    Inicialización de variables de cadena 203

Lectura de cadenas	203
La biblioteca `string.h`	205
La palabra reservada `const`	206
Arrays y cadenas como parámetros de funciones	207
Uso del operador de referencia para tipos array	207
Uso de punteros para pasar una cadena	208
Asignación de cadenas	209
La función `strncpy`	210
Longitud y concatenación de cadenas	210
La función `strlen`	211
Las funciones `strcat` y `strncat`	211
Comparación de cadenas	212
La función `strcmp`	212
La función `stricmp`	213
La función `strncmp`	213
La función `strnicmp`	213
Inversión de cadenas	214
Conversión de cadenas	215
Función `strupr`	215
Función `strlwr`	215
Conversión de cadenas a números	216
Función `atoi`	216
Función `atof`	216
Función `atol`	217
Búsqueda de caracteres y cadenas	217
La función `strchr`	217
La función `strrchr`	218
La función `strspn`	218
La función `strcspn`	219
La función `strpbrk`	219
Búsqueda de cadenas	220
La función `strstr`	220
La función `strtok`	220
8. Entradas y salidas: Flujos (*Streams*)	**223**
Flujos	226
La biblioteca de clases `iostream`	226
La clase `streambuf`	226
Jerarquía de clase `ios`	226
Flujos estándar	227
Entradas/salidas en archivos	228
Entradas/salidas en un buffer de memoria	228
Archivos de cabecera	228
Entrada/salida de caracteres y flujos	229
Salida a la pantalla y a la impresora	229
Operadores de inserción en cascada	230
Las funciones miembro `put()` y `write()`	232

Impresión de la salida en una impresora 233
Lectura del teclado 233
    Lectura de datos carácter 235
    Lectura de datos cadena 236
    Funciones miembro `get()` y `getline()` 237
    Problemas en la utilización de `getline()` 240
Formateado de la salida 241
Manipuladores 242
    Bases de numeración 243
    Anchura de los campos 245
    Rellenado de caracteres 246
    Precisión de números reales 247
Indicadores de formato 248
    Uso de `setiosflags()` y `resetiosflags()` 248
    Las funciones miembro `setf()` y `unsetf()` 251

9. Clases — 253

Clases y objetos 255
    Declaración de una clase 256
    Visibilidad de una clase 257
    Reglas de construcción de clases 259
    Funciones en línea 261
Estructuras y uniones frente a clases 263
Constructores 264
    Reglas de los constructores 265
    Clases con múltiples constructores 265
    Constructor de copia 267
    Constructor por defecto 268
    Uso del constructor 268
Destructores 269
    Reglas del destructor 269
    Funcionamiento del destructor 269
Funciones amigas 270
Clases amigas 272
Miembros estáticos 273
    Miembros dato 273

10. Herencia — 275

Herencia 278
    Anulación de funciones (*overriding*) 281
Herencia múltiple 281
Funciones virtuales 283
Clases abstractas 284
Clases base virtuales 286
    Reglas de llamada a constructores/destructores 288
Sobrecarga de operadores 289
    Sintaxis de la sobrecarga de operadores 289

Operadores que se pueden sobrecargar	290
Operadores que no se pueden sobrecargar	291
Reglas de sobrecarga de operaciones	291
¿Cómo elegir entre una función miembro y una función amiga?...	293
Anulación, restricciones y revisión de funciones virtuales	294
Anulación de funciones	295
Restricciones de las funciones virtuales	297
Criterios de diseño de clases abstractas	297
Implementación de clases abstractas	298
Plantillas de clases	299
Definición de una plantilla de clase	299
Instanciación de una plantilla de clases	302
Utilización de una plantilla de clase	302
Argumentos de plantillas	304
Aplicaciones de plantillas de clases	304
Una plantilla para manejo de pilas de datos	306
Definición de las funciones miembro	307
Utilización de una clase plantilla	308
Instanciación de una clase plantilla con clases	311
Uso de las plantillas de funciones con clases	312

Apéndice A. Microsoft Visual C++ 6.0 — **313**

¿Qué es Visual C++?	315
El programa Visual C++	315
Edición Standard (Estándar)	316
Edición Professional (Profesional)	316
Edición Enterprise (Empresa)	316
Características comunes	316
Versiones Profesional y Empresa	316
Requisitos del sistema	317
Instalación del software	317
¿Qué es Developer Studio?	319
El sistema de menús	320
Menú File	320
Menú Edit	321
Menú View	323
Menú Insert	324
Menú Project	324
Menú Build	325
Menú Tools	326
Menú Window	327
Menú Help	328
Aplicaciones en modo consola	329

Apéndice B. Borland C++ Builder 3/4 — **335**

¿Qué es C++ Builder?	337
El programa C++ Builder	337

          Edición Standard (Estándar) 338
          Edición Professional (Profesional) 338
          Edición Enterprise (Empresa) 338
          Requisitos del sistema 338
    Instalación del software 338
    El sistema de menús 340
          Menú File 340
          Menú Edit 341
          Menú Search 343
          Menú View 344
          Menú Project 346
          Menú Run 347
          Menú Component 348
          Menú Tools 349
          Menú Help 350
    Aplicaciones en modo consola 350

Apéndice C. Recursos (Libros/Revistas/URL de Internet) **355**
    Libros 357
          C++; ANSI/ISO C++ 357
          Visual C++ 6 358
    Técnicas de programación 361
    Orientación a objetos 361
          Internet: Sitios (URL) 361

Índice **363**

[XV]

[Antes de comenzar]

C++ está considerado como el lenguaje de programación por excelencia para el desarrollo de aplicaciones orientadas a objetos y además, probablemente, el más popular, pese al avance imparable de Java. La tecnología orientada a objetos ya está implantada y está suponiendo una revolución en la industria del software en todo el mundo, y la Programación Orientada a Objetos (POO) es el soporte de toda esa revolución. POO crea programas que están bien organizados, fáciles de comprender y modificar, flexibles y reutilizables en muy diferentes situaciones. Reduce la complejidad y hace la producción de software y mantenimiento más económicos. El lenguaje está siendo estandarizado por las organizaciones más importantes del mundo en este campo: **ISO** (International Standards Organization) y **ANSI** (American National Standards Institute). C++ está disponible en la mayoría de los sistemas informáticos tanto hardware como software, desde PC y Mac hasta sistemas abiertos, tales como AS/400, HP, etcétera, y Windows 95/98, Windows NT, UNIX, Lynux, etc.

C++ es, además, una extensión de C y es compatible con ANSI C y soporta no sólo las propiedades de POO, sino también las propiedades que hacen a C uno de los lenguajes de programación estructurada más eficientes existentes en la actualidad. Por estas razones, C++ combina programación estructurada tradicional y programación orientada a objetos, lo que le convierte en uno de los lenguajes más eficientes existentes en la industria del software.

Este libro ha sido escrito para proporcionar una introducción a la programación estructurada, así como a la programación orientada a objetos, utilizando el lenguaje C++. El lenguaje C++ es ideal para la enseñanza de la programación

 estructurada, debido a que proporciona todas las estructuras de control más importantes, así como las características de modularidad de todo lenguaje estructurado. El aprendizaje de técnicas estructuradas de programación con C++ es de una dificultad similar a la que puede presentar el aprendizaje con cualquier otro lenguaje clásico como Pascal, con la ventaja a favor de C++ de su eficiencia y disponer de todas las propiedades de los lenguajes orientados a objetos.

Este libro comienza con las técnicas básicas de programación y no presupone conocimiento alguno de C ni de ningún otro lenguaje de programación, aunque, naturalmente, su conocimiento, así como técnicas básicas de algoritmos, aumentarán su rendimiento y velocidad de aprendizaje. El contenido ha sido diseñado de modo que permita un aprendizaje gradual desde los conocimientos iniciales básicos hasta conocimiento de nivel medio y algunos conceptos de programación avanzada.

Las características más sobresalientes examinadas en el libro son:

- Estudio de la programación en C++, partiendo desde cero y sin ninguna exigencia de experiencia anterior en programación.
- Introducción temprana a las funciones y su rol en la programación estructurada.
- Introducción amplia en programación orientada a objetos.
- Un conjunto de ejercicios de programación que facilitará el lenguaje y sus técnicas.
- Reglas prácticas para un diseño eficiente de programas en C++.
- Conformidad con el estándar ANSI/ISO C++.

OBJETIVOS

Los objetivos fundamentales que busca esta obra son la enseñanza y aprendizaje de:

- El lenguaje C++.
- Técnicas de programación estructurada.
- Conceptos y técnicas de programación orientada a objetos.
- Reglas de sintaxis de ANSI/ISO C++.
- Aprendizaje gradual de programación para conseguir un nivel medio que permita profundizar en un segundo nivel en programación estructurada y orientada a objetos.

¿Por qué C++?

C++ fue creado por Bjarne Stroustrup en la primera mitad de los ochenta. Basado en C y en Simula, se ha convertido en el lenguaje de programación orientada a objetos. El primer borrador del estándar C++ se publicó en 1995 y los comités que trabajaron en ello fueron el X3J16 de ANSI y el WG21 de ISO. El estándar final se publicó en 1998, aunque C++ sigue evolucionando y es de prever que en pocos años pueda haber modificaciones.

Antes de comenzar

C++ es una extensión de C que fue construida por Stroustrup y su equipo a partir del lenguaje C al que se le añadieron propiedades de orientación a objetos. La extensión más notable que añadió Stroustrup fue la construcción de la *clase* que se tomó del lenguaje Simula, un lenguaje de programación diseñado en la década de los setenta. La programación orientada a objetos permite desarrollar programas complejos utilizando construcciones más sencillas denominadas **objetos**, que se pueden comunicar entre sí intercambiando mensajes. El objetivo más evidente de Stroustrup fue mantener la eficiencia de C proporcionándole la potencia de la POO. El lenguaje resultante se llamó C++ y como tal la extensión de C significa que cualquier programa escrito en C es también un programa en C++ ; sin embargo, la operación inversa no es cierta.

ORGANIZACIÓN Y CONTENIDO DEL LIBRO

El libro ha sido estructurado en dos partes : *El lenguaje C++* y *Programación Orientada a Objetos*, junto a una serie de apéndices relativos a los compiladores más populares y profesionales existentes en la actualidad: *Microsoft Visual C++ 6* y *Borland Builder C++* versiones *3* y *4*. Los primeros nueve capítulos comprenden la parte I, *"El lenguaje C++"*, y los restantes del libro constituyen una amplia iniciación a la programación orientada a objetos.

El Capítulo 1 describe los elementos básicos que constituyen un programa en C++. Las reglas para la creación de un programa, junto con los conceptos fundamentales de datos, constantes y variables, forman parte también del Capítulo 1.

El Capítulo 2, *Operadores y Expresiones,* se centra en la descripción de los conceptos operadores, operandos y expresiones, como elementos clave en la realización de cualquier operación por parte de la computadora.

El Capítulo 3 se dedica en su totalidad a estudiar las sentencias (instrucciones) que sirven para controlar la secuencia del flujo de un programa. Esta secuencia puede tener carácter condicional o de selección y carácter repetivo o iterativo *(bucles).*

El importante tema de *funciones* se describe en el Capítulo 4. La modularidad es un concepto muy importante en la construcción de programas y la correspondencia módulo-función se analiza en detalle en este capítulo. El concepto de función se analiza con detalle y con gran cantidad de ejemplos y ejercicios. La importante propiedad de la *recursividad* se describe también en este capítulo.

Las estructuras de datos y, en particular, las *estáticas,* formadas por estructuras, arrays y uniones se muestran en el Capítulo 5. Estas estructuras estáticas son fundamentales en el diseño y construcción de cualquier algoritmo y programa, por lo que su comprensión ayudará al lector de modo importante en su desarrollo de programas.

La teoría de punteros *(apuntadores)* es una de las características importantes para la construcción de programas. Su concepto y aplicaciones se describen en el Capítulo 6.

El Capítulo 7 se dedica al estudio y aplicación de las cadenas y funciones de cadena, así como la biblioteca de funciones necesaria para su manipulación adecuada.

El concepto de flujos *(stream)* de datos que permite el intercambio de datos entre la computadora y los dispositivos internos o externos a la misma se estudia en el Capítulo 8.

Las estructuras de datos *archivos* (ficheros) se estudian en el Capítulo 10.

El Capítulo 10 es el primero de la Parte II y se centra en la explicación de los conceptos fundamentales de orientación a objetos y de modo detenido en los conceptos de clase y objeto, necesarios para la construcción de programación orientada a objetos. Las propiedades de *herencia y polimorfismo* son motivo de estudio en el Capítulo 11.

Una pieza clave en el aprendizaje del lenguaje C++ es la práctica de programación de modo real mediante compiladores. Los compiladores más populares en el mundo profesional y académico son Visual C++ 6 de Microsoft y Borland C++ 3 y 4 de la casa Imprise, antes llamada Borland, y estos son los compiladores que se describen en los apéndices A, B y C. Si usted no tiene ninguno de estos compiladores y posee el clásico Turbo C++, Borland C++ o versiones anteriores de Microsoft, o bien un compilador C++ bajo UNIX o bajo Lynux, la mayoría de las ideas consideradas en los apéndices seguirán siendo válidas para estos últimos compiladores.

La organización del libro ha sido realizada de modo que pueda servir como una iniciación a la programación, en C++ y como referencia de sintaxis y de puesta a punto de programas.

CÓMO UTILIZAR EL LIBRO

La forma más lógica de utilizar este libro es seguir el orden clásico secuencial de sus capítulos. Sin embargo, al ser un libro que pretende iniciar al lector en el aprendizaje del lenguaje y de la programación, el orden de lectura y estudio podrá variar en función de que el aprendizaje se realice de modo autodidacta o bajo la supervisión de un profesor; en este caso la secuencia lógica será la que marque el profesor (maestro o instructor), que podrá variar la secuencia incluida en el contenido. No obstante, tanto en un caso como en otro, el orden puede variar en función del momento que se inicien las prácticas de programación con la computadora.

El estudio del libro puede servir para dos cursos de introducción a la programación estructurada (Capítulos 1 a 9) y a la programación orientada a objetos (Capítulos 10 a 12). Evidentemente se requiere conocer en profundidad la primera parte antes de comenzar la segunda, aunque puede ser factible que el alumno estudie esta segunda parte a partir del Capítulo 5, si el lector necesitara adelantar su formación en orientación a objetos.

El aprendizaje será más rápido y eficaz si el lector utiliza una computadora y un compilador de C++ para realizar prácticas de programación con los ejercicios incluidos en el libro u otros similares. Los compiladores Visual C++ 6 de Microsoft y Borland Builder C++ 3 o 4 son los más usuales en la actualidad, junto con versiones clásicas de Turbo y Borland C++ que todavía se seguirán utilizando, así como versiones de C++ bajo UNIX, Lynux, etc.

CONVENIOS UTILIZADOS EN EL LIBRO

Con el propósito de conseguir los objetivos marcados para el libro, se han seguido una serie de notaciones y convenios que buscan facilitar la lectura y comprensión del modo más fácil y rápido posible. Para ello se han seguido muchos de los criterios empleados por los fabricantes de software –en especial, constructores de compiladores de lenguajes– y otros que siguen los mejores libros de programación, junto con algunos criterios que hemos ido comprobando su eficacia con otras obras nuestras anteriores. Entre los convenios más importantes hemos considerado los siguientes :

- La sintaxis y formato de los diferentes componentes de un programa, sentencias, funciones, etc., se han incluido en recuadros sombreados o no, y con un tipo de letra similar a la utilizada en los listados de programas.
- Los listados de los programas se han escrito en letra courier.
- Se han incluido numerosas tablas, cuadros y esquemas, que representan información de interés para el lector, bien de reglas de sintaxis y de construcción de programas o bien consejos y reglas de programación.
- Los apéndices describen los entornos de programación de Microsoft Visual C++ versión 6 y Borland Builder C++ versiones 3 y 4, en forma de texto y mediante tablas y cuadros que enumeran las diferentes órdenes y opciones de los menús, así como secuencias de teclas equivalentes.

Notas

IMPORTANTE: Proporciona una idea adicional a poner en práctica para facilitar el trabajo o aprovechar alguna característica especial del programa.

PARA LOS MANITAS: Estas notas están pensadas para los lectores con afán investigador. Se trata de ideas para explorar nuevas posibilidades que repercutirán en un mayor dominio del tema tratado.

AHORRE TIEMPO: Aquí se incluyen determinadas ideas para ahorrar tiempo a la hora de llevar a cabo determinadas tareas. Si está interesado en hacer las cosas lo más rápidamente posible, no pase por alto estas llamadas

PRECAUCIÓN: Son mensajes de alerta sobre posibles causas de problemas. Es muy conveniente que lea estas notas para evitar quebraderos de cabeza en el futuro.

CAPÍTULO

[1]

Elementos de un programa en C++

[Notas]

Elementos de un programa en C++

Este capítulo comienza con un repaso de los conceptos teóricos y prácticos relativos a la estructura de un programa, dada su gran importancia en el desarrollo de aplicaciones, incluyendo además los siguientes temas:

- creación de un programa;
- elementos básicos que componen un programa;
- tipos de datos en C++ y cómo se declaran;
- concepto de constantes y su declaración;
- concepto y declaración de variables;
- tiempo de vida o duración de variables;
- operaciones básicas de entrada/salida.

IMPORTANTE: Los programas de computadores se apoyan esencialmente en la realización de numerosas operaciones aritméticas y matemáticas de diferente complejidad. Este capítulo muestra además cómo C++ hace uso de los operadores y expresiones para la resolución de operaciones.

Los operadores fundamentales que se analizan en el capítulo son:

- aritméticos, lógicos y relacionales
- de manipulación de bits
- condicionales
- especiales

 Además se analizarán las conversiones de tipos de datos y las reglas que seguirá el compilador cuando concurran en una misma expresión diferentes tipos de operadores. Estas reglas se conocen como «prioridad y asociatividad».

ESTRUCTURA GENERAL DE UN PROGRAMA EN C++

Un programa en C++ se compone de una o más funciones. Una de las funciones debe ser obligatoriamente **main**. Una función en C++ es un grupo de instrucciones que realizan una o más acciones. Asimismo, un programa contendrá una serie de directivas **#include** que permitirán incluir en el mismo archivos de cabecera que a su vez constarán de funciones y datos predefinidos en ellos.

```
#include <iostream.h> ──────── archivo de cabecera iostream.h

int main() ─────────────────── cabecera de función
{         └──────────────────── nombre de la función

...   ──────────────────────── sentencias

}
```

De un modo más explícito, un programa C++ puede incluir:

- directivas de preprocesador;
- declaraciones globales;
- la función **main()**;
- funciones definidas por el usuario;
- comentarios del programa (utilizados en su totalidad).

La estructura típica completa de un programa C++ se muestra en la Figura 1.1.
Un ejemplo de un programa sencillo en C++.

```
//Listado DEMO_UNO.CPP. Programa de saludo

#include<iostream.h>

main()
{
cout<<"Bienvenido a la programación en C++\n";
return 0;
}
```

Directivas del preprocesador

El *preprocesador* en un programa C o C++ se puede considerar como un editor de texto inteligente que consta de *directivas* (instrucciones al compilador antes de que se compile el programa principal). Las dos directivas más usuales son **#include** y **#define**.

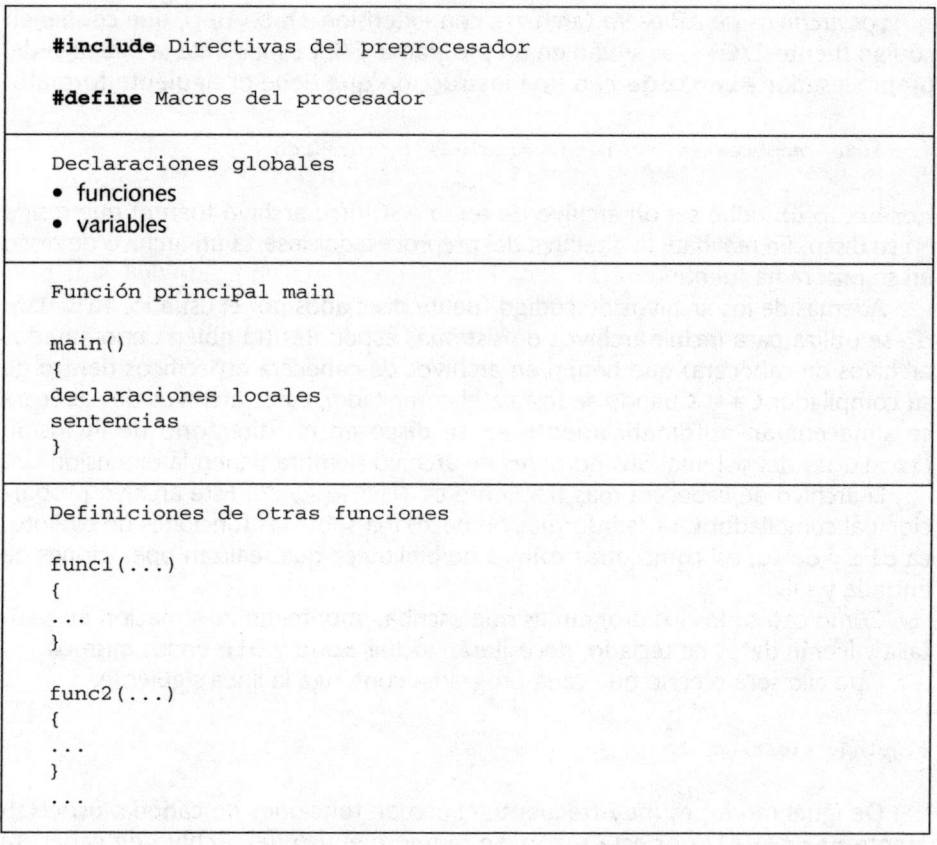

Figura 1.1. Estructura típica de un programa C++.

Todas las directivas del prepocesador comienzan con el signo de libro o *almohadilla* (#), que indica al compilador que lea las directivas antes de compilar la parte (función) principal del programa.

Las *directivas* son instrucciones al compilador. No son generalmente sentencias –obsérvese que su línea no termina en punto y coma–, sino instrucciones que se dan al compilador antes de que el programa se compile. Aunque las directivas pueden definir macros, nombres de constantes, archivos fuente adicionales, etc., su uso más frecuente en C++ es la inclusión de archivos de cabecera.

La mayoría de los programadores C++ sitúan las directivas del preprocesador al principio del programa, aunque esta posición no es obligatoria.

Existen archivos de cabecera estándar que se utilizan ampliamente, tales como `STDIO.H`, `STDLIB.H`, `MATH.H`, `STRING.H` e `IOSTREAM.H`, y se utilizarán otros archivos de cabecera definidos por el usuario tanto con diseño estructurado como con diseño orientado a objetos.

La directiva `#include` indica al compilador que lea el archivo fuente que viene a continuación de ella y su contenido lo inserte en la posición donde se encuentra dicha directiva. Estos archivos se denominan *archivos de cabecera* o *archivos de inclusión*.

[5]

Los *archivos de cabecera* (archivos con extensión .h o .hpp, que contienen código fuente C/C++) se sitúan en un programa C/C++ mediante la directiva del preprocesador **#include** con una instrucción que tiene el siguiente formato:

```
#include <nombrearch.h>   bien,  #include "nombrearch.h"
```

nombrearch debe ser un archivo de texto ASCII (su archivo fuente) que reside en su disco. En realidad, la directiva del preprocesador inserta un archivo de disco en su programa fuente.

Además de los archivos de código fuente diseñados por el usuario, #include se utiliza para incluir archivos de sistemas especiales (también denominados archivos de cabecera) que tienen en archivos de cabecera específicos dentro de su compilador C++. Cuando se instala el compilador, estos archivos de cabecera se almacenarán automáticamente en su disco en el directorio de inclusión (include) del sistema. Sus nombres de archivo siempre tienen la extensión .h.

El archivo de cabecera más frecuente es IOSTREAM.H. Este archivo proporciona al compilador C++ la información necesaria sobre las funciones de biblioteca **cin** y **cout**, así como otras rutinas de biblioteca que realizan operaciones de entrada y salida.

Como casi todos los programas que escriba, imprimirán información en pantalla y leerán datos de teclado, necesitarán incluir **cout** y **cin** en los mismos.

Para ello será preciso que cada programa contenga la línea siguiente:

```
#include <iostream.h>
```

De igual modo, es muy frecuente el uso de funciones de cadena, especialmente **strcpy()**; por esta razón, se requiere el uso del archivo de cabecera denominado **string.h**. Por consiguiente, será muy usual que deba incluir en sus programas las líneas:

```
#include <iostream.h>
#include <string.h>
```

Si desea conservar compatibilidad con funciones de entrada/salida (E/S) de C, será preciso considerar la inclusión del archivo de cabecera STDIO.H y en consecuencia la línea:

```
#include <stdio.h>
```

El orden de sus archivos de inclusión no importan con tal de que se incluyan antes de que se utilicen las funciones correspondientes. La mayoría de los programas C++ incluyen todos los archivos de cabecera necesarios antes de la primera función del archivo.

La directiva **#include** puede adoptar uno de los siguientes formatos:

```
#include <nombre del archivo>
#include "nombre del archivo"
```

Dos ejemplos típicos son:

```
a. #include <iostream.h>
b. #include "pruebas.h"
```

El formato *a* (el nombre del archivo entre ángulos) significa que los archivos se encuentran en el directorio por defecto `include` (normalmente). El formato *b* significa que el archivo está en el directorio *actual*. Los dos métodos no son excluyentes y pueden existir en el mismo programa archivos de cabecera estándar utilizando ángulos y otros archivos de cabecera utilizando comillas. Si desea utilizar un archivo de cabecera que se creó y no está en el directorio por defecto, se encierra el archivo de cabecera y el camino entre comillas, tal como

```
#include "D:\MIPROG\CABEZA.H"
```

La directiva **#define** indica al preprocesador que defina un ítem de datos u operación para el programa C++. Por ejemplo, la directiva

```
#define TAM_LINEA 65
```

sustituirá el valor 65 cada vez que el identificador TAM_LINEA aparezca en el programa.

Declaraciones globales

Las *declaraciones globales* indican al compilador que las funciones definidas por el usuario o variables así declaradas son comunes a todas las funciones de su programa. Las declaraciones globales se sitúan antes de la función **main()**.

Si se declara global una variable Grado_clase del tipo

```
int Grado_clase;
```

cualquier función de su programa, incluyendo **main()**, puede acceder a la variable Grado_clase.

La zona de declaraciones globales de un programa puede incluir declaraciones de funciones además de declaraciones de variables.

Las declaraciones de función se denominan *prototipos*

```
int media(int a, int b);
```

El siguiente programa es una estructura modelo que incluye declaraciones globales.

```
// Programa demo.cpp
#include <iostream.h>

// Definir macros
#define MICONST1 0.50
```

```
#define MICONST2 0.75

// Declaraciones globales
int Calificaciones;

main()
{
//...
}
```

Función `main()`

Cada programa C++ tiene una función **main()** que es un punto inicial de entrada al programa. Su estructura es:

```
main()
{
...    bloque de sentencias
}
```

Las sentencias incluidas entre las llaves {...} se denominan *bloque*. Un programa puede tener sólo una función **main()**. Si se intenta hacer dos funciones **main()** se produce un error.

IMPORTANTE: Una «función en C++» es un subprograma que devuelve un único valor, un conjunto de valores o realiza alguna tarea específica, tal como E/S.

En un programa corto, el programa completo puede incluirse totalmente en la función main(). Un programa largo, sin embargo, tiene demasiados códigos para caber en esta función. La función **main()** en un programa largo consta prácticamente de llamadas a las funciones definidas por el usuario.

```
main()
{
obtenerdatos();

alfabetizar();

verpalabras();

return 0;
}
```

Las variables y constantes *globales* se deben declarar y definir antes de main(), mientras que las variables y constantes *locales* se declaran y definen en el cuerpo o bloque de la función principal, en cualquier punto antes de ser utilizada.

Las sentencias situadas en el interior del cuerpo de la función **main()** o cualquier otra función deben terminar en punto y coma.

Funciones definidas por el usuario

Un programa C++ es una colección de funciones. Todos los programas se construyen a partir de una o más funciones que se integran para crear una aplicación. Todas las funciones contienen una o más sentencias C++ y se crean generalmente para realizar una única tarea, tales como imprimir la pantalla, escribir un archivo o cambiar el color de la pantalla. Se pueden declarar y ejecutar un número de funciones casi ilimitado en un programa C++.

Las funciones definidas por el usuario se pueden declarar antes o después de **main()**, e incluso se puede situar en archivos fuentes externos al archivo que contiene la función **main()**.

Las funciones definidas por el usuario se invocan por su nombre y los parámetros opcionales que puedan tener. Después que la función se ejecuta, el código asociado con la función se ejecuta y a continuación se retorna a la función llamadora.

Todas las funciones tienen nombre y una lista de valores que reciben. Se puede asignar cualquier nombre a su función, pero normalmente se procura que dicho nombre describa el propósito de la función.

En C++, las funciones requieren una *declaración* o *prototipo* en el programa:

```
void func demo();
```

Una *declaración de función* indica al compilador el nombre de la función que se está invocando en el programa. Si la función no se define, el compilador informa de un error. La palabra reservada `void` significa que la función no devuelve un valor.

```
void contararriba(int valor);
```

La definición de una función es la estructura de la misma

```
nombrefunción ───────────  principio de la función
{
    sentencias ──────────  cuerpo de la función
    return; ─────────────  retorno de la función
} ───────────────────────  fin de la función
```

C++ proporciona también funciones predefinidas que se denominan funciones de biblioteca.

Las funciones de biblioteca son funciones listas para ejecutar que vienen con el lenguaje C++. Requieren la inclusión del archivo de cabecera estándar, tal como `STDIO.H`, `MATH.H`, etc. Existen centenares de funciones definidas en diversos archivos de cabecera.

```
// ejemplo funciones definidas por el usuario
#include <iostream.h>

void visualizar();
    int main()
```

```
{
visualizar();
return 0;
}

void visualizar()
{
cout << "Hola mundo cruel\n";
}
```

Comentarios

Un *comentario* es cualquier información que se añade a su archivo fuente para proporcionar información de cualquier tipo y que el compilador ignora. El uso de comentarios es totalmente opcional, aunque dicho uso es muy recomendable.

Generalmente, se considera buena práctica de programación comentar su archivo fuente tanto como sea posible, al objeto de que usted mismo y otros programadores puedan leer fácilmente el programa con el paso de tiempo. Asimismo, es buena práctica de programación comentar su programa en la parte superior de cada archivo fuente. La información que se suele incluir es el nombre del archivo, el nombre del programador, una breve descripción, la fecha en que se creó la versión y la información de la revisión.

En C++ los comentarios de un programa se pueden introducir de dos formas:

- *estilo C estándar;*
- *estilo C++.*

AHORRE TIEMPO: Si sólo se está utilizando el compilador de C++ se recomienda el uso del estilo C++, reservando el estilo C para aquellos casos en que se necesita ejecutar su programa bajo otro compilador de C.

Estilo C estándar

Los comentarios en C estándar comienzan con la secuencia /* y terminan con la secuencia */. Todo el texto situado entre las dos secuencias es un comentario ignorado por el compilador.

```
/* PRUEBA1.CPP   -- Primer programa C++ */
```

Si se necesitan varias líneas de programa se puede hacer lo siguiente:

```
/*
Programa            : PRUEBA1.CPP
Programador         : Pepe Mortimer
Descripción         : Primer programa C++
Fecha creación      : 20 abril 1999
Revisión            : Ninguna
*/
```

CAPÍTULO [1]   Elementos de un programa en C++

También se pueden situar comentarios de la forma siguiente:

```
cout << "Programa Demo";        /* sentencia de salida */
```

Estilo C++

Los comentarios estilo C++ son nuevos. Se define una línea de comentario comenzando con una doble barra inclinada (//). Todo lo que viene después de la doble barra inclinada es un comentario y el compilador lo ignora.

```
// PRUEBA1.CPP      -- Primer programa C++
```

Si se necesitan varias líneas de comentarios, se puede hacer lo siguiente:

```
//
// Programa          : PRUEBA1.CPP
// Programador       : Pepe Mortimer
// Descripción       : Primer programa C++
// Fecha creación    : 20 abril 1999
// Revisión          : Ninguna
//
```

No se pueden anidar comentarios, lo que implica que no es posible escribir un comentario dentro de otro. Si se anidan comentarios, el compilador produce errores, ya que no puede discernir entre los comentarios.

El comentario puede comenzar en cualquier parte de la línea, incluso después de una sentencia de programa. Por ejemplo,

```
// PRUEBA1.CPP  -- Primer programa C++
#include <iostream.h>              //archivo de cabecera
main()
//función principal
{
cout << "Hola mundo cruel";        //visualiza en pantalla
return 0;                          //fin de la función y devolución de 0
}
```

CREACIÓN DE UN PROGRAMA

Una vez creado un programa en C++ como el anterior, ¿cómo realizar esta tarea? Los pasos a dar dependerán del compilador C++ que utilice. Sin embargo, serán similares a los mostrados en la Figura 1.2.

En general, los pasos serían:

- Utilizar un editor de texto para escribir el programa y grabarlo en un archivo. Este archivo constituye el código *fuente* de un programa.

- Compilar el código fuente. Se traduce el código fuente en un *código objeto* (lenguaje máquina entendible por la computadora).
- Enlazar el código objeto con las *bibliotecas* correspondientes. Una biblioteca C++ contiene código objeto de una colección de rutinas o *funciones* que realizan tareas, como visualizar informaciones en la pantalla o calcular la raíz cuadrada de un número. El enlace del código objeto del programa con el objeto de las funciones utilizadas y cualquier otro código empleado en el enlace producirá un código *ejecutable*.

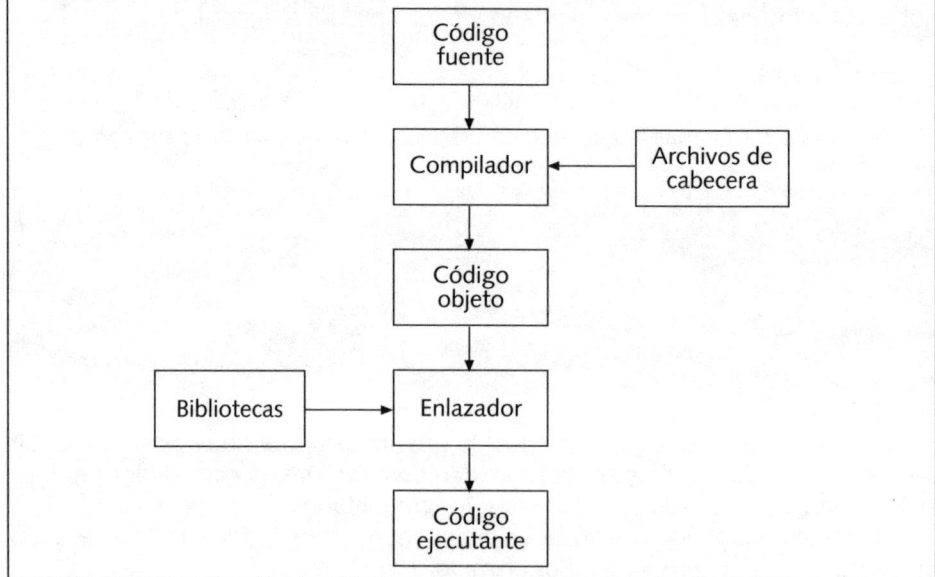

Figura 1.2. Etapas de creación de un programa.

Para crear un programa se utilizan las siguientes etapas:

1. Definir su programa.
2. Definir directivas del preprocesador.
3. Definición de declaraciones globales.
4. Crear `main()`.
5. Crear el cuerpo del programa.
6. Crear sus propias funciones.
7. Utilizar comentarios.
8. Compilar, enlazar, ejecutar y comprobar su programa.

LOS ELEMENTOS DE UN PROGRAMA EN C++

Un programa C++ consta de uno o más archivos. Un archivo es traducido en diferentes fases. La primera fase es el preprocesado, que realiza la inclusión de archivos y la sustitución de macros. El preprocesador se controla por directivas introducidas por líneas que contienen # como primer carácter. El resultado del preprocesado es una secuencia de *tokens*. Existen cinco clases de *tokens*: identificadores, palabras reservadas, literales, operadores y separadores.

Un *identificador* es una secuencia de caracteres, letras, dígitos y subrayados (_). El primer carácter debe ser una letra o un subrayado. Las letras mayúsculas y minúsculas son diferentes.

```
nombre_clase      Indice            Dia_Mes_Año
elemento_mayor    Cantidad_Total    Fecha_Compra_Casa
a                 Habitacion120     i
```

C++ es *sensible a las mayúsculas*. Por consiguiente, C++ reconoce como distintos los identificadores `ALFA` y `alfa`. Le recomendamos que utilice siempre el mismo estilo al escribir sus identificadores. Un consejo de posible regla puede ser:

1. Escribir identificadores de variables en letras minúsculas.
2. Constantes en mayúsculas.
3. Funciones con tipo de letra mixto: mayúscula/minúscula.

IMPORTANTE: Reglas básicas de formación de identificadores

1. **Secuencia de letras o dígitos; el primer carácter puede ser una letra o un subrayado.**
2. **Los identificadores son sensibles a las mayúsculas:**

    `minum`   *es distinto de*   `MiNum`

3. **Los identificadores pueden tener cualquier longitud, pero sólo son significativos los 32 primeros.**
4. **Los identificadores no pueden ser palabras reservadas, tales como** `if`, `switch` o `else`.

Los siguientes identificadores están reservados para utilizarlos como *palabras reservadas* y no se deben emplear para otros propósitos.

```
asm        double     new          switch
auto       else       operator     template
break      enum       private      this
case       extern     protected    throw
catch      float      public       try
char       for        register     typedef
class      friend     return       union
const      goto       short        unsigned
continue   if         signed       virtual
default    inline     sizeof       void
delete     int        static       volatile
do         long       struct       while
```

Ya se ha explicado antes que los comentarios pueden tener dos formatos en C++:

```
// ...
/*...*/
```

Un comentario que comienza con // termina al final de la línea en que se encuentre el símbolo. Los comentarios enterrados entre /* y */ pueden extenderse a lo largo de varias líneas.

Todas las sentencias deben terminar con un punto y coma. Otros signos de puntuación son:

```
!   %   ^   &   *   (   )   -   +   =   {   }   ~
[   ]   \   ;   '   :   <   >   ?   ,   .   /   "
```

Los separadores son espacios en blanco, tabulaciones, retornos de carro y avances de línea.

IMPORTANTE: La mayoría de los programas comprenden líneas como ésta al principio, que se incluyen en el momento de compilación.

```
#include <iostream.h>        #include "iostream.h"
```

TIPOS DE DATOS EN C++

C++ no soporta un gran número de tipos de datos predefinidos, pero tiene la capacidad para crear sus propios tipos de datos. Todos los tipos de datos simples o básicos de C++ son, esencialmente, números. Los tres tipos de datos básicos son:

- enteros;
- números de coma flotante;
- caracteres.

La Tabla 1.1 recoge los principales tipos de datos básicos, sus tamaños en bytes y el rango de valores que puede almacenar.

Enteros

Probablemente el tipo de dato más familiar es entero, o tipo `int`. Los enteros son adecuados para aplicaciones que trabajen con datos numéricos. Los tipos enteros se almacenan internamente en 2 bytes (o 16 bits) de memoria. La Tabla 1.2 resume los tres tipos enteros básicos.

Tabla 1.1. Tipos de datos simples de C++.

Tipo	Ejemplo	Tamaño en bytes	Rango Mínimo Máximo
char	'C'	1	0..255
short	-15	1	-128..127
int	1024	2	-32768..32767
unsigned int	42325	2	0..65535
long	262144	4	-2147483648..2147483637
float	10.5	4	$3.4*(10^{-38})..3.4*(10^{38})$
double	0.00045	8	$1.7*(10^{-308})..1.7*(10^{308})$
long double	1e-8	8	igual que double

Declaración de variables

La forma más simple de una declaración de variable en C++ es poner primero el tipo de dato y a continuación el nombre de la variable. Si se desea dar un valor inicial a la variable, éste se pone a continuación. El formato de la declaración es:

```
<tipo de dato> <nombre de variable> =< valor inicial>
```

Se pueden también declarar múltiples variables en la misma línea:

```
<tipo_de_dato> <nom_var1>, <nom_var2> ... <nom-varn>
```

Así, por ejemplo,

```
int valor;              int valor = 99;
int valor1, valor2;     int num_parte = 1141, num_items = 45;
```

Los tres modificadores (`unsigned`, `short`, `long`) que funcionan con `int` (Tabla 1.2) varían el rango de los enteros.

En aplicaciones generales, las constantes enteras se pueden escribir en *decimal* o *base 10*; por ejemplo, `100`, `200` ó `450`. Para escribir una constante sin signo, se añade la letra `U` (o bien `u`). Por ejemplo, para escribir `40.000`, escriba `40000U`.

Si se utiliza C++ para desarrollar software para sistemas operativos o para hardware de computadora, C++ permite escribir constantes enteros en *octal* (base 8) o *hexadecimal* (base 16). Una constante octal es cualquier número que comienza con un 0 y contiene dígitos en el rango de 1 a 7. Por ejemplo, 0377 es un número octal. Una constante hexadecimal comienza con `0x` y va seguida de los dígitos 0 a 9 o las letras `A` a `F` (o bien `a` a `f`). Por ejemplo, `0xFF16` es una constante hexadecimal.

La Tabla 1.3 muestra ejemplos de constantes enteras representadas en sus notaciones (bases) decimal, hexadecimal y octal.

Cuando el rango de los tipos enteros básicos no es suficientemente grande para sus necesidades, se consideran tipos enteros largos. La Tabla 1.4 muestra los dos tipos de datos enteros largos. Ambos tipos requieren 4 bytes de memoria (32 bits) de almacenamiento.

Un ejemplo de uso de enteros largos es:

```
long medida_milimetros;

unsigned long distancia_media;
```

Tabla 1.2. Tipos de datos enteros.

Tipo C++	Rango de valores	Uso recomendado
int	-32.768 .. +32.767	Aritmética de enteros, bucles `for`, conteo.
unsigned int	0 .. 65.535	Conteo, bucles `for`, índices.
short int	-32.768 .. +32.767	Aritmética de enteros, bucles `for`, conteo.

Tabla 1.3. Constantes enteras en tres bases diferentes.

Base 10 Decimal	Base 16 Hexadecimal (Hex)	Base 8 Octal
8	0x08	010
10	0x0A	012
16	0x10	020
65536	0x10000	0200000
24	0x18	030
17	0x11	021

Si se desea forzar al compilador para tratar sus constantes como `long`, añada la letra L (o bien 1) a su constante. Por ejemplo,

```
long numeros_grandes = 40000L;
```

Tabla 1.4. Tipos de datos enteros largos.

Tipo C++	Rango de valores
long	-2147483648 .. 2147483647
unsigned long	0 .. +4294967295

Tipos de coma flotante

Los tipos de datos de coma (*punto*) flotante representan números reales que contienen una coma (un punto) decimal, tal como 3.14159; o números muy grandes, tales como $1.85*10^{15}$.

La declaración de las variables de coma flotante es igual que la de variables enteras. Así, un ejemplo es

```
float valor;              //declara una variable real
float valor1, valor2;     //declara varios valores de coma flotante
float valor = 99.99;      //declara una variable real y
                          //le asigna un valor inicial
```

C++ soporta tres formatos de coma flotante (Tabla 1.5). El tipo `float` requiere 4 bytes de memoria, `double` requiere 8 bytes y `long double` requiere 10 bytes.

Tabla 1.5. Tipos de datos en coma flotante.

Tipo C++	Rango de valores		Precisión
float	3.4×10^{-38} ..	3.4×10^{38}	7 dígitos
double	1.7×10^{-308} ..	1.7×10^{308}	15 dígitos
long double	3.4×10^{-4932} ..	1.1×10^{4932}	19 dígitos

Caracteres

C++ procesa datos carácter (tales como texto) utilizando el tipo de dato `char`. En unión con la estructura *array*, que se verá posteriormente, se puede utilizar para almacenar *cadenas de caracteres* (grupos de caracteres).

Se puede definir una variable carácter escribiendo

```
char dato_car;              //declara una variable carácter
char letra 1, letra 2       //declara varias variables carácter
char respuesta = 'S';       //declara una variable carácter y
                            //le asigna un valor inicial
```

Internamente, los caracteres se almacenan como números. La letra A, por ejemplo, se almacena internamente como el número 65, la letra B es 66, la letra C es 67, etc. El tipo `char` representa valores en el rango –128 a +127 y se asocian con el código ASCII.

Dado que el tipo `char` almacena valores en el rango de –128 a +127, C++ proporciona el tipo `unsigned char` para representar valores de 0 a 255.

Puesto que los caracteres se almacenan internamente como números, se pueden realizar operaciones aritméticas con datos tipo `char`.

Por ejemplo, se puede convertir una letra minúscula «a» a una letra mayúscula «A» restando 32 del código ASCII. Así, para realizar la conversión, restar 32 del tipo de dato `char`, como sigue:

```
char car_uno = 'a';
...
car_uno = car_uno - 32;
```

Esto convierte «a» (código ASCII 97) a «A» (código ASCII 65). De modo similar, añadiendo 32 convierte el carácter de letra mayúscula a minúscula:

```
car_uno = car_uno + 32;
```

Como los tipos `char` son subconjuntos de los tipos enteros, se puede asignar un tipo char a un entero. Por ejemplo,

```
int suma = 0;
char valor;
...
cin >> valor;
suma = suma + valor;
```

CONSTANTES

En C++ existen cuatro tipos de constantes:

- constantes literales,
- constantes definidas,
- constantes declaradas,
- constantes enumeradas.

Las constantes literales son las más usuales; toman valores tales como `45.32564,222` o bien "`Introduzca sus datos`" que se escriben directamente en el texto del programa. Las constantes definidas son identificadores que se asocian con valores literales constantes y que toman determinados nombres. Las constantes declaradas son como variables: sus valores se almacenan en memoria, pero no se pueden modificar. Las constantes enumeradas permiten asociar un identificador, tal como `Color`, con una secuencia de otros nombres, tales como `Azul`, `Verde`, `Rojo` y `Amarillo`.

Constantes literales

Las constantes literales o *constantes*, en general, se clasifican también en cuatro grupos, cada uno de los cuales puede ser de cualquiera de los tipos listados en la Tabla 1.1:

- constantes enteras,
- constantes caracteres,
- constantes de coma flotante,
- constantes de cadena.

Constantes enteras

La escritura de constantes enteras requiere seguir unas determinadas reglas:

- No utilizar nunca comas ni otros signos de puntuación en números enteros o completos.

    `123456`   *en lugar de*   `123.456`

- Para forzar un valor al tipo `long`, terminar con una letra `L` mayúscula. Por ejemplo,

    `1024`   *es un tipo entero*   `1024L`   *es un tipo largo* (`long`)

- Para forzar un valor al tipo `unsigned`, terminarlo con una letra mayúscula U. Por ejemplo, `4352U`.

    Formato decimal   23
    Formato octal   0777   (están precedidas de la cifra 0)
    Formato hexadecimal   0XFF3A   (están precedidas de "0x" o bien "0X")

Se pueden combinar sufijos `L(l)`, que significa *long* (largo), o bien `U(u)`, que significa *unsigned* (sin signo).

`3456UL`

CAPÍTULO [1]   Elementos de un programa en C++

Constantes reales

Una constante flotante representa un número real; siempre tiene signo y representa aproximaciones en lugar de valores exactos.

```
82.347        .63         83.         47e-4       1.25E7      1.e+4
```

La notación científica se representa con un exponente positivo o negativo.

```
.5E4             equivale a           25000
5.435E-3         equivale a           0.005435
```

Existen tres tipos de constantes:

```
float           4 bytes
double          8 bytes
long double     10 bytes
```

Constantes carácter

Una constante carácter (char) es un carácter del código ASCII encerrado entre comillas.

```
'A'       'b'       'c'
```

Además de los caracteres ASCII estándar, una constante carácter soporta caracteres especiales que no se pueden representar utilizando su teclado, como por ejemplo los códigos ASCII altos y las secuencias de escape. (El Apéndice A recoge un listado de todos los caracteres ASCII.)

Así, por ejemplo, el carácter sigma (Σ) –código ASCII 228, Hex E4– se representa mediante el prefijo \x y el número hexadecimal del código ASCII. Por ejemplo,

```
char sigma = '\xE4';
```

Este método se utiliza para almacenar o imprimir cualquier carácter de la tabla ASCII por su número hexadecimal. En el ejemplo anterior, la variable sigma no contiene cuatro caracteres sino únicamente el símbolo sigma.

Un carácter que se lee utilizando una barra oblicua (\) se llama *secuencia* o *código de escape*. La Tabla 1.6 muestra diferentes secuencias de escape y su significado.

```
// Programa: Pruebas códigos de escape

#include <iostream.h>

main()
{
```

```
char alarma = '\a';          //alarma

char bs = '\b';              //retroceso de espacio

cout << alarma;

cout << bs;

return 0;
}
```

Tabla 1.6. Caracteres secuencias (códigos) de escape.

Código de Escape	Significado	Códigos ASCII Dec	Hex
'\n'	nueva línea	13 10	OD OA
'\r'	retorno de carro	13	OD
'\t'	tabulación	9	09
'\v'	tabulación vertical	11	OB
'\a'	alerta (pitido sonoro)	7	07
'\b'	retroceso de espacio	8	08
'\f'	avance de página	12	OC
'\\'	barra inclinada inversa	92	5C
'\''	comilla simple	39	27
'\"'	doble comilla	34	22
'\?'	signo de interrogación	34	22
'\000'	número octal	todos	todos
'\xhh'	número hexadecimal	todos	todos

Aritmética con caracteres C++

Dada la correspondencia entre un carácter y su código ASCII, es posible realizar operaciones aritméticas sobre datos de caracteres. Observe el siguiente segmento de código:

```
char c;
c = 'T' + 5;                 // suma 5 al carácter ASCII
```

Realmente lo que sucede es almacenar Y en c. El valor ASCII de la letra *T* es 84, y al sumarle 5 produce 89, que es el código de la letra *Y*. A la inversa, se pueden almacenar constantes de carácter en variables enteras. Así,

PARA LOS MANITAS: `int j = 'p'`   **No pone una letra** `p` **en** `j`**, sino que asigna el valor 80 –código ASCII de p– a la variable** `j`.

Constantes cadena

Una *constante cadena* (también llamada *literal cadena* o simplemente *cadena*) es una secuencia de caracteres encerrados entre dobles comillas. Algunos ejemplos de constantes de cadena son:

```
"123"
"12 de octubre 1492"
"esto es una cadena"
```

Se puede escribir una cadena en varias líneas, terminando cada línea con "\"

```
"esto es una cadena\
que tiene dos lineas"
```

Se puede concatenar cadenas, escribiendo

```
"ABC"      "DEF"      "GHI"
"JKL"
```

que equivale a

```
"ABCDEFGHIJKL"
```

En memoria, las cadenas se representan por una serie de caracteres ASCII más un 0 o nulo. El carácter nulo marca el final de la cadena y se inserta automáticamente por el compilador C++ al final de las constantes de cadenas. Para representar valores nulos, C++ define el símbolo NULL como una constante en diversos archivos de cabecera (normalmente STDEF.H, STDIO.H, STDLIB.H y STRING.H). Para utilizar NULL en un programa, incluya uno o más de estos archivos en lugar de definir NULL con una línea, tal como

```
#define NULL 0
```

Recuerde que una constante de caracteres se encierra entre comillas simples, y las constantes de cadena encierran caracteres entre dobles comillas. Por ejemplo,

```
'Z'       "Z"
```

El primer 'Z' es una constante carácter simple con una longitud de 1, y el segundo "Z" es una constante de cadena de caracteres también con la longitud 1. La diferencia es que la constante de cadena incluye un cero nulo al final de la cadena, ya que C++ necesita conocer dónde termina la cadena.

 IMPORTANTE: No puede mezclar constantes caracteres y cadenas de caracteres en su programa.

Constantes definidas (simbólicas)

Las constantes pueden recibir nombres simbólicos mediante la directiva #define.

```
#define NUEVALINEA '\n'
#define PI 3.141592              //valor de Pi
#define VALOR 54
```

C++ sustituye los valores `'\n'`, `3.141592` y `54` cuando se encuentran las constantes simbólicas NUEVALINEA, PI y VALOR. Las líneas anteriores no son sentencias y, por ello, no terminan en punto y coma.

```
cout << "El valor es" << VALOR << NUEVALINEA;
```

Constantes enumeradas

Las constantes enumeradas permiten crear listas de elementos afines. Un ejemplo típico es una constante enumerada de lista de colores, que se puede declarar como:

```
enum Colores {Rojo, Naranja, Amarillo, Verde, Azul, Violeta};
```

Cuando se procesa esta sentencia, el compilador asigna un valor que comienza en 0 a cada elemento enumerado; así, ROJO equivale a 0, NARANJA es 1, etc. El compilador *enumera* los identificadores por usted. Después de declarar un tipo de dato enumerado, se pueden crear variables de ese tipo, como con cualquier otro tipo de datos. Así, por ejemplo, se puede definir una variable de tipo Colores.

```
Colores Colorfavorito = Verde;
```

Otro ejemplo puede ser:

```
enum Boolean { False, True };
```

que asignará al elemento True el valor 1 y a False el valor 0.
Para crear una variable de tipo lógico declarar:

```
Boolean Interruptor = True;
```

Es posible asignar valores distintos de los que les corresponde en su secuencia natural

```
enum LucesTrafico {Verde, Amarillo = 10, Rojo};
```

Constantes declaradas `const` y `volatile`

El cualificador `const` permite dar nombres simbólicos a constantes a modo de otros lenguajes, como Pascal. El formato general para crear una constantes es:

```
const tipo nombre = valor;
```

Si se omite *tipo*, C++ utiliza `int` (entero por defecto)

```
const int Meses=12;     // Meses es constante simbólica valor 12

const char CARACTER='@'
const int OCTAL=0233
const char CADENA []="Curso de C++";
const int semana = 7
```

C++ soporta el calificador de tipo variable **const**. Especifica que el valor de una variable no se puede modificar durante el programa. Cualquier intento de modificar el valor de la variable definida con `const` producirá un mensaje de error.

La palabra reservada **volatile** actúa como **const**, pero su valor puede ser modificado no sólo por el propio programa sino también por el *hardware* o por el *software* del sistema. Las variables volátiles, sin embargo, no se pueden guardar en registros, como es el caso de las variables normales.

AHORRE TIEMPO: Diferencias entre `const` y `#define`

Las definiciones `const` especifican tipos de datos, terminan con puntos y coma y se inicializan como las variables. La directiva `#define` no especifica tipos de datos, no utilizan el operador de asignación (=) y no terminan con punto y coma.

IMPORTANTE: Desventaja de `const` sobre `#define`

Los valores de los símbolos de `const` ocupan espacio de datos en tiempo de ejecución, mientras que `#define` sólo existe en el texto del programa y su valor se inserta directamente en el código compilado. Por esta razón, algunos programadores de C siguen utilizando `#define` en lugar de `const`.

Ventajas de `const` sobre `#define`

En C++ casi siempre es recomendable el uso de `const` en lugar de `#define`. Además de las ventajas ya enunciadas se pueden considerar otras:

- el compilador, normalmente, genera código más eficiente con constantes const.
- como las definiciones especifican tipos de datos, el compilador puede comprobar inmediatamente si las constantes literales en las definiciones de `const` están en forma correcta. Con `#define` el compilador no puede realizar pruebas similares hasta que una sentencia utiliza el identificador constante, por lo que se hace más difícil la detección de errores.

Sintaxis de const

```
const   tipoDato   nombreConstante = valorConstante;

const unsigned DiasDeSemana = 7;
const HorasDelDia = 24;
```

VARIABLES

En C++ una *variable* es una posición con nombre en memoria donde se almacena un valor de un cierto tipo de dato. Las variables pueden almacenar todo tipo de datos: cadenas, números y estructuras. Una *constante* declarada, por el contrario, es una variable cuyo valor no puede ser modificado.

Una variable típicamente tiene un nombre (un identificador) que describe su propósito. Toda variable utilizada en un programa debe ser declarada previamente. La definición en C++ puede situarse en cualquier parte del programa (en C ANSI debe declararse, sin embargo, al principio del bloque, antes de toda sentencia ejecutable). Una definición reserva un espacio de almacenamiento en memoria. El procedimiento para definir (*crear*) una variable es escribir el tipo de dato, el identificador o nombre de la variable y, en ocasiones, el valor inicial que tomará. Por ejemplo,

```
char Respuesta;
```

significa que se reserva espacio en memoria para `Respuesta`, en este caso, un carácter ocupa un solo byte.

El nombre de una variable ha de ser un identificador válido. Es frecuente, en la actualidad, utilizar subrayados en los nombres, bien al principio o en su interior, con objeto de obtener mayor legibilidad y una correspondencia mayor con el elemento del mundo real que representa.

```
salario        dias_de_semana        edad_alumno        _fax
```

Declaración

Las variables pueden contener *tipos de datos* diferentes. La Tabla 1.1 lista los diferentes tipos de variables C++. Sin embargo, es preciso *declarar* las variables antes de utilizarlas. Se puede declarar una variable en dos lugares dentro de un programa:

- al principio de un archivo o bloque de código;
- en el punto de utilización.

Al principio de un archivo o bloque de código

Este es el medio tradicional de C para declarar una variable. La variable se declara al principio del archivo en código fuente o bien al principio de una función.

```
#include <iostream.h>

int MiNumero;      //variable al principio del archivo


main()
{
cout << "¿Cuál es su número favorito?";
cin >> MiNumero;
return 0;
}

#include <iostream.h>
...

main()
{
int i;         //variable al principio de una función

int j;
...
}
```

En el punto de utilización

C++ proporciona una mayor flexibilidad que C en la declaración de variables, ya que es posible declarar una variable en el punto donde se vaya a utilizar. Esta propiedad se utiliza mucho en el diseño de bucles (Capítulo 3). En C el sistema de declarar una variable para controlar el bucle `for` es:

```
int j;
for(j = 0; j < 10; j++)
{
// ...
}
```

Sin embargo, en C++ es posible declarar la variable en el momento de su utilización.

```
for(int j = 0; j < 10; j++)
{
// ...
}
```

En C las declaraciones se han de situar siempre al principio del programa, mientras que en C++ las declaraciones se pueden mezclar con sentencias ejecutables. Su ámbito es el bloque en el que están declaradas.

```
// Distancia a la luna en kilometros

#include <iostream.h>

main()
{
const int Luna=238857;      //distancia en millas
cout << "Distancia a la Luna" << luna;
cout << "millas\n";
int luna_kilo;
luna_kilo=luna*1.609        //una milla = 1.609 kilómetros
cout << "En kilómetros es" << luna_kilo;
cout << "km.\n";
}
```

Inicialización

Las variables se pueden inicializar a la vez que se declaran, o bien inicializarse después de la declaración. El primer método es probablemente el mejor en la mayoría de los casos, ya que se combina la definición de la variable con la asignación de su valor inicial.

```
char respuesta = 'S';
int contador = 1;
float peso = 156.45;
int anyo = 1992;
```

Estas acciones crean variables `respuesta`, `contador`, `peso` y `anyo`, que almacenan en memoria los valores respectivos situados a su derecha.

El segundo método consiste en utilizar sentencias de asignación diferentes después de definir la variable, como en el siguiente caso:

```
char barra;
barra = '/';
```

ENTRADA Y SALIDA

La biblioteca C++ proporciona facilidades para entrada y salida que son más convenientes que las funciones de biblioteca clásica de C. En C++ la entrada y salida se lee y escribe en *flujos (streams)*. Cuando `iostream.h` se incluye en un programa, diferentes flujos estándar son definidos automáticamente. El flujo **cin** se utiliza para entrada, que normalmente se lee de teclado. El flujo **cout** se utiliza para salida y, normalmente, se envía a la pantalla del usuario.

Salida (cout)

El *operador de inserción*, <<, inserta datos en el flujo cout que los visualiza en la pantalla de su equipo. Así, por ejemplo,

```
cout << "Esto es una cadena";
```

visualiza

```
Esto es una cadena
```

Es posible utilizar una serie de operadores << en cascada. Así,

```
cout << 500 << 600 << 700;
```

visualiza

```
500 600 700
```

De igual modo,

```
cout << 500 << "," << 600 << "," << 700;
```

visualiza

```
500, 600, 700
```

Suponiendo que

```
i = 5     j = 12     c = 'A'     n = 40.791512
```

la sentencia

```
cout << i << j << c << n;
```

visualizará en pantalla

```
5  12  A  40.791512
```

C++ utiliza secuencias de escape para visualizar caracteres que no están representados por símbolos tradicionales, tales como \a, \b, etc. Las secuencias de escape clásicas se muestran en la Tabla 1.6.

Las secuencias de escape proporcionan flexibilidad en las aplicaciones mediante efectos especiales.

```
cout << "\n Error - Pulsar una tecla para continuar \n";

cout << "\n"                    //salta a una nueva línea

cout << "Yo estoy preocupado\n no por el funcionamiento \n
     sino por la claridad .\n";
```

La última sentencia visualiza

```
Yo estoy preocupado
no por el funcionamiento
sino por la claridad.
```

debido a que la secuencia de escape '\n' significa *nueva línea* o *salto de línea*. Otros ejemplos pueden ser:

```
cout<<"\n Tabla de números \n";      //uso de \n para nueva línea

cout<<"\nNum1\t Num2\t Num3\n";      //uso de \t para tabulaciones

cout << '\a';                        //uso de \a para alarma sonora
```

en los que se utilizan los caracteres de secuencias de escape de *nueva línea* (\n), *tabulación* (\t) y *alarma* (\a).

Ejercicio 1.1

El listado SECESC.CPP *utiliza secuencias de escape, tales como emitir sonidos (pitidos) en el terminal dos veces y a continuación presentar dos retrocesos de espacios en blanco.*

```
// Programa:SECESC.CPP
// Autor J.R. Mortimer
// Propósito: Mostrar funcionamiento de secuencias de escape

#include <iostream.h>

main()
{
char sonidos='\a';    //secuencia de escape alarma en sonidos

char bs='\b';         //almacena secuencia escape retroceso en bs

cout << sonidos;      //envía secuencia de escape al terminal

cout << sonidos;      //emite el sonido dos veces

cout << "ZZ";         //imprime dos caracteres

cout << bs;           //envía secuencia de escape al terminal

cout << bs;           //mueve el cursor al primer carácter 'Z'

return 0;             //retorno de 0
}
```

Entrada (*cin*)

El archivo de cabecera iostream.h de la biblioteca C++ proporciona un flujo de entrada estándar **cin** y un *operador de extracción*, >>, para extraer valores del flujo y almacenarlos en variables. Si no se redirige explícitamente **cin**, la entrada procede del teclado.

```
int n;              double x;
cin >> n;           cin >> x;
```

PRECAUCIÓN: Los operadores de extracción e inserción, >> y <<, apuntan en la dirección del flujo de datos.

El medio más sencillo para introducir respuestas por teclado es utilizar el flujo de entrada y el operador de extracción en unión de un flujo de salida y el operador de inserción. Un ejemplo típico es el siguiente:

```
cout << "Introduzca v1 y v2:";
cin >> v1 >> v2;                    //lectura valores v1 y v2
cout << "v1=" << v1 << ",b=" << b << '\n';
cout << "Precio de venta al público";
cin >> Precio_venta;
```

CAPÍTULO

[2]

Operadores y expresiones

[Notas]

Operadores y expresiones

Los programas C++ constan de datos, sentencias de programa y *expresiones*. Una expresión es, normalmente, una ecuación matemática, tal como 3+5. En esta expresión, el símbolo más (+) es el *operador* de suma, y los números 3 y 5 se llaman *operandos*. En síntesis, una *expresión* es una secuencia de operaciones y operandos que especifica un cálculo.

Cuando se utiliza el + entre números (o variables) se denomina *operador binario*, debido a que el operador + suma dos números. Otro tipo de operador de C++ es el *operador unitario* ("unario"), que actúa sobre un único valor. Si la variable x contiene el valor 5, -x es el valor -5. El signo menos (-) es el operador unitario menos.

C++ soporta un conjunto potente de operadores unitarios, binarios y de otros tipos.

 IMPORTANTE: Una *expresión* es un elemento de un programa que toma un valor. En algunos casos puede también realizar una operación.

Las expresiones pueden ser valores constantes o variables simples, tales como 25 ó `'z'`; pueden ser valores o variables combinadas con operadores (`a++`, `m==n`, etc.); o bien pueden ser valores combinados con funciones tales como `toupper('b')`.

OPERADOR DE ASIGNACIÓN

El operador = asigna el valor de la expresión derecha a la variable situada a su izquierda.

```
fahrenheit = 123.456;
```

Este operador es asociativo por la derecha, eso permite realizar asignaciones múltiples. Así,

```
a = b = c = 45;
```

equivale a

```
a = (b = (c = 45));
```

o dicho de otro modo, a las variables a, b y c se asigna el valor 45.
Esta propiedad permite inicializar varias variables con una sola sentencia

```
int a, b, c;
a = b = c = 5;            //se asigna 5 a las variables a, b y c
```

Además del operador de asignación =, C++ proporciona cinco operadores de asignación adicionales. En la Tabla 2.1 aparecen los seis operadores de asignación.

Estos operadores de asignación actúan como una notación abreviada para expresiones utilizadas con frecuencia. Así, por ejemplo, si se desea multiplicar 10 por i, se puede escribir

```
i = i * 10;
```

Tabla 2.1. Operadores de asignación de C++.

Símbolo	Uso	Sentencia completa	Descripción
=	a = b	a = b	Asigna el valor de b a a.
+=	a += b	a = a + b	Suma b y a y lo asigna a la variable a.
-=	a -= b	a = a - b	Resta b de a y asigna el resultado a la variable a.
*=	a *= b	a = a * b	Multiplica a por b y asigna el resultado a la variable a.
/=	a /= b	a = a / b	Divide a entre b y asigna el resultado a la variable a.
%=	a %= b	a = a % b	Fija a al resto de a/b.

C++ proporciona un operador abreviado de asignación (*=), que realiza una asignación equivalente

```
i *= 10;        equivale a        i = i * 10;
```

CAPÍTULO [2]   Operadores y expresiones

Estos operadores de asignación no siempre se utilizan, aunque algunos programadores C++ se acostumbran a su empleo por el ahorro de escritura que suponen.

OPERADORES ARITMÉTICOS

Los operadores aritméticos sirven para realizar operaciones aritméticas básicas. Los operadores aritméticos C++ siguen las reglas algebraicas típicas de jerarquía o prioridad. Estas reglas especifican la precedencia de las operaciones aritméticas.

Considere la expresión

```
3 + 5 * 2
```

¿Cuál es el valor correcto, 16 (8*2) ó 13 (3+10)? De acuerdo a las citadas reglas, la multiplicación se realiza antes que la suma. Por consiguiente, la expresión anterior equivale a:

```
3 + (5 * 2)
```

En C++ las expresiones interiores a paréntesis se evalúan primero; a continuación se realizan los operadores unitarios, seguidos por los operadores de multiplicación, división, resto, suma y resta.

Tabla 2.2. Operadores aritméticos.

Operador	Tipos enteros	Tipos reales	Ejemplo
+	suma	suma	4 + 5
-	resta	resta	7 - 3
*	producto	producto	4 * 5
/	división entera: cociente	división en coma flotante	8 / 5
%	división entera: resto		12 % 5

Tabla 2.3. Precedencia de operadores matemáticos básicos.

Operador	Operación	Nivel de precedencia
+, -	+25, -6.745	1
*, /, %	5*5 es 25 25%6 es 1	2
+, -	2+3 es 5 2-3 es -1	3

Obsérvese que los operadores + y –, cuando se utilizan delante de un operador, actúan como operadores unitarios más y menos.

```
+75         // 75 significa que es positivo
-154        // 154 significa que es negativo
```

[35]

Ejemplo 2.1

1. ¿Cuál es el resultado de la expresión: 6+2*3-4/2?

   ```
   6 +  2*3  -  4 / 2
        ───         ───
   6 +   6   -  4/2
                 ───
     6 + 6    -   2
     ─────
       12    -   2
       ──────────
              10
   ```

2. ¿Cuál es el resultado de la expresión: 5*5(5+(6-2)+1)?

   ```
   5 * (5 + (6-2) + 1)
             ───
   5 * (5 +   4   + 1)
        ──────────────
   5   *   10
   ─────────
         50
   ```

Asociatividad

En una expresión tal como

```
3 * 4 + 5
```

el compilador realiza primero la multiplicación –por tener el operador * prioridad más alta– y luego la suma, por tanto produce 17. Para forzar un orden en las operaciones se deben utilizar paréntesis. Por ejemplo, la expresión

```
3 * (4 + 5)
```

produce 27, ya que 4+5 se realiza en primer lugar.

La asociatividad determina el orden en que se agrupan los operadores de igual prioridad; es decir, de izquierda a derecha o de derecha a izquierda. Por ejemplo,

```
10 - 5 + 3   se agrupa como   (10 - 5) + 3
```

ya que – y +, que tienen igual prioridad, tienen asociatividad de izquierda a derecha. Sin embargo,

```
x = y = z
```

se agrupa como

```
x = (y = z)
```

ya que su asociatividad es de derecha a izquierda.

Tabla 2.4. Prioridad y asociatividad.

Prioridad (mayor a menor)	Asociatividad
+, − (unitarios)	izquierda-derecha (→)
*, /, %	izquierda-derecha (→)
+, −	izquierda-derecha (→)

OPERADORES DE INCREMENTACIÓN Y DECREMENTACIÓN

Los operadores ++ y --, denominados de *incrementación* y *decrementación*, suman o restan 1 a su argumento, respectivamente, cada vez que se aplican a una variable.

Tabla 2.5. Operadores de incrementación (++) y decrementación (--).

Incrementación	Decrementación
++n	--n
n += 1	n -= 1
n = n + 1	n = n - 1

Por consiguiente,

```
a++
```

es igual que

```
a = a+1;
```

Las sentencias

```
++n;
n++;
```

tienen el mismo efecto; así como

```
--n;
n--;
```

Sin embargo, cuando se utilizan como expresiones tales como

```
m = n++;
```

o bien,

```
cout << --n;
```

++n produce un valor que es mayor en uno que el de n++, y --n produce un valor que es menor en uno que el valor de n--.

```
int a = 1, b;
b = a++;                    //b vale 1 y a vale 2

int a = 1, b;
b = ++a;                    //b vale 2 y a vale 2
```

IMPORTANTE: Si los operadores ++ y -- están de prefijos, la operación de incremento se efectúa antes que la operación de asignación; si los operadores ++ y -- están de sufijos, la asignación se efectúa en primer lugar y la incrementación o decrementación a continuación.

OPERADORES RELACIONALES

C++ no tiene tipos de datos lógicos o booleanos, como Pascal, para representar los valores verdadero *(true)* y falso *(false)*. En su lugar se utiliza el tipo int para este propósito, con el valor entero 0 que representa a falso y distinto de cero a verdadero.

Falso	cero
Verdadero	distinto de cero

Los operadores relacionales se usan normalmente en sentencias de selección (if) o de iteración (while, for), que sirven para comprobar una condición. Utilizando operadores relacionales se realizan operaciones de igualdad, desigualdad y diferencias relativas. La Tabla 2.6 muestra los operadores relacionales.

Cuando se utilizan los operadores en una expresión, el operador relacional produce un 0, o un 1, dependiendo del resultado de la condición. 0 se devuelve para una condición *falsa* y 1 se devuelve para una condición *verdadera*. Por ejemplo, si se escribe

```
c = 3 < 7;
```

la variable *c* se pone a 1, dado que como 3 es menor que 7, entonces la operación < devuelve un valor de 1, que se asigna a *c*.

IMPORTANTE: Un error típico, incluso entre programadores experimentados, es confundir el operador de asignación (=) con el operador de igualdad (==).

Tabla 2.6. Operadores relacionales de C++.

Operador	Significado	Ejemplo
==	Igual a	a == b
!=	No igual a	a != b
>	Mayor que	a > b
<	Menor que	a < b
>=	Mayor o igual que	a >= b
<=	Menor o igual que	a <= b

Los operadores relacionales tienen menor prioridad que los operadores aritméticos, y asociatividad de izquierda a derecha. Por ejemplo,

```
m+5 <= 2 * n        equivale a        (m+5) <= (2 * n)
```

Los operadores relacionales permiten comparar dos valores. Así, por ejemplo,

```
if (Nota_asignatura < 9)
```

comprueba si Nota_asignatura es menor que 9. En caso de desear comprobar si la variable y el número son iguales, entonces utilizar la expresión

```
if (Nota_asignatura == 9)
```

Si por el contrario se desea comprobar si la variable y el número no son iguales, entonces utilice la expresión

```
if (Nota_asignatura != 9)
```

OPERADORES LÓGICOS

Además de los operadores matemáticos, C++ tiene también *operadores lógicos*. Estos operadores se utilizan con expresiones para devolver un valor verdadero (cualquier entero distinto de cero) o un valor falso (0). Los operadores lógicos se denominan también *operadores booleanos*, en honor de George Boole, creador del álgebra de Boole.

Los operadores lógicos de C++ son: **not (!), and (&&)** y **or (||)**. El operador lógico **!** (*not, no*) produce *falso* si su operando es *verdadero* (distinto de cero) y viceversa. El operador lógico **&&** (*and, y*) produce verdadero *sólo* si ambos operandos son *verdadero* (no cero); si cualquiera de los operandos es falso produce *falso*. El operador lógico || (*or, o*) produce verdadero si cualquiera de los operandos es verdadero (distinto de cero) y produce falso sólo si ambos operandos son falsos. La Tabla 2.7 muestra los operadores lógicos de C++.

Al igual que los operadores matemáticos, el valor de una expresión formada con operadores lógicos depende de: (*a*) el operador y (*b*) sus argumentos. Con operadores lógicos existen sólo dos valores posibles para expresiones: *verdadero*

Tabla 2.7. Operadores lógicos.

Operador	Operación lógica	Ejemplo
Negación (!)	No lógica	!(x >= y)
Y lógica (&&)	Operando_1 && operando_2	m<n && i>j
O lógica (¹/₂)	Operando_1 ¹/₂ operando_2	m=5 ||n!=10

y *falso*. La forma más usual de mostrar los resultados de operaciones lógicas es mediante las denominadas *tablas de verdad*, que muestran cómo funcionan cada uno de los operadores lógicos.

Tabla 2.8. Tabla de verdad del operador lógico **AND**, **OR** y **NOT**.

Operando		Operación lógica		
a	b	a && b	a || ||	!a
Verdadero (1)	Verdadero (1)	Verdadero (1)	Verdadero (1)	Falso (0)
Verdadero (1)	Falso (0)	Falso (0)	Verdadero (1)	Verdadero (1)
Falso (0)	Verdadero (1)	Falso (0)	Verdadero (1)	
Falso (0)	Falso (0)	Falso (0)	Falso (0)	

Ejemplo 2.2

```
!(7 == 5)
(aNum > 5) && (Nombre == "Mortimer")
(bNum > 3) || (Nombre == "Mortimer")
```

Los operadores lógicos se utilizan en expresiones condicionales y mediante sentencias `if, while` o `for`, que se analizarán en capítulos posteriores. Así, por ejemplo, la sentencia `if` (*si la condición es verdadera/falsa...*) se utiliza para evaluar operadores lógicos.

1.
```
if ((a < b) && (c > d))
{
cout << "Los resultados no son válidos";
}
```

Si la variable *a* es menor que *b* y, al mismo tiempo, *c* es mayor que *d*, entonces visualizar el mensaje: `Los resultados no son válidos`.

2.
```
if ((ventas > 50000) || (horas < 100))
{
prima = 100000;
}
```

Si la variable `ventas` es mayor `50000` o bien la variable `horas` es menor que `100`, entonces asignar a la variable `prima` el valor `100.000`.

3.
```
if (! (ventas < 2500))
{
prima = 12500;
}
```

En este ejemplo, si `ventas` es mayor que o igual a 2500, se inicializará `prima` al valor 12.500.

IMPORTANTE: El operador `!` tiene prioridad más alta que `&&`, que a su vez tiene mayor prioridad que `||` La asociatividad es de izquierda a derecha.

La precedencia de los operadores es: los operadores matemáticos tienen precedencia sobre los operadores relacionales, y los operadores relacionales tienen precedencia sobre los operadores lógicos.

La siguiente sentencia:

```
if ((ventas < sal_min * 3 && años > 10 * iva)...
```

equivale a

```
if ((ventas < (sal_min * 3)) && (años > (10 * iva)))...
```

Evaluación en cortocircuito

En C++ los operandos de la izquierda de `&&` y `||` se evalúan siempre en primer lugar; si el valor del operando de la izquierda determina de forma inequívoca el valor de la expresión, el operando derecho no se evalúa. Esto significa que si el operando de la izquierda de `&&` es falso o el de `||` es verdadero, el operando de la derecha no se evalúa. Esta propiedad se denomina *evaluación en cortocircuito*.

Ejemplo 2.3

Supongamos que se evalúa la expresión

```
(x >= 0.0) && (sqr(x) >= 2)
```

Dado que en una operación lógica Y (`&&`) si el operando de la izquierda *(x >= 0.0)* es falso *(x es negativo)*, la expresión lógica se evalúa a falso y, en consecuencia, no es necesario evaluar el segundo operando. En el ejemplo anterior la expresión evita calcular la raíz cuadrada de números (x) negativos.

Aplicación

Dado el test condicional

```
if ((7 > 5) || (ventas < 30) || (30 != 30))...
```

C++ examina sólo la primera condición, (7 > 5), ya que como es verdadera, la operación lógica || (O) será verdadera, sea cual sea el valor de la expresión que le sigue.

Otro ejemplo es el siguiente:

```
if ((8 < 4) && (edad > 18) && (letra_inicial == 'Z'))...
```

En este caso, C++ examina la primera condición y su valor es falso; por consiguiente, sea cual sea el valor que sigue al operador &&, la expresión primitiva será falsa y toda la subexpresión a la derecha de (8 < 4) no se evalúa por C++.

Por último, en la sentencia

```
if ((10 > 4) || (num == 0)) ...
```

la sentencia `num == 0` nunca se ejecutará.

OPERADORES DE MANIPULACIÓN DE BITS

Una de las razones por las que C y C++ se han hecho tan populares en computadoras personales es que el lenguaje ofrece muchos operadores de manipulación de bits a bajo nivel.

Los operadores de manipulación o tratamiento de bits *(bitwise)* ejecutan operaciones lógicas sobre cada uno de los bits de los operandos. Estas operaciones son comparables en eficiencia y en velocidad a sus equivalentes en lenguaje ensamblador.

Cada operador de manipulación de bits realiza una operación lógica bit a bit sobre datos internos. Los operadores de manipulación de bits se aplican sólo a variables y constantes `char`, `int` y `long` y no a datos en coma flotante. Dado que los números binarios constan de 1,s y 0,s (denominados *bits*), estos 1 y 0 se manipulan para producir el resultado deseado para cada uno de los operadores.

Las siguientes tablas de verdad describen las acciones que realizan los diversos operadores sobre los diversos patrones de bit de un dato `int` (`char` o `long`).

Tabla 2.9. Operadores lógicos bit a bit.

Operador	Operación
&	Y (AND) lógica bit a bit.
|	O (OR) lógica (inclusiva) bit a bit.
^	O (XOR) lógica (exclusiva) bit a bit (OR exclusive, XOR).
~	Complemento a uno (inversión de todos los bits).
<<	Desplazamiento de bits a izquierda.
>>	Desplazamiento de bits a derecha.

CAPÍTULO [2] Operadores y expresiones

A&B == C	A|B == C	A^B == C	A ~A
0&0 == 0	0|0 == 0	0^0 == 0	1 0
0&1 == 0	0|1 == 1	0^1 == 1	0 1
1&0 == 0	1|0 == 1	1^0 == 1	
1&1 == 1	1|1 == 1	1^1 == 0	

Ejemplo 2.4

1. Si se aplica el operador & de manipulación de bits a los números 9 y 14, se obtiene un resultado de 8. La Figura 2.1 muestra cómo se realiza la operación.

```
         9   decimal equivale a     1 0 0 1    binario
                                    & & & &
         14  decimal equivale a     1 1 1 0    binario
                                  = 1 0 0 0    binario
    9 & 14   equivale a           = 8          decimal
```

Figura 2.1. Operador & de manipulación de bits

2. (&)   0x3A6B   =   0011 1010 0110 1011
        0x00F0   =   0000 0000 1111 0000
        0x3A6B & 0x00F0   =   0000 0000 0110 0000   =0x0060

3. (|)   152 0x0098   =   0000 0000 1001 1000
        5   0x0005   =   0000 0000 0000 0101
        152 | 5   =   0000 0000 1001 1101   =0x009d

4. (^)   83   =   0101 0011
        204   =   1100 1100
        83^204   =   1001 1101   = 157

Operadores de asignación adicionales

Al igual que los operadores aritméticos, los operadores de asignación abreviados están disponibles también para operadores de manipulación de bits. Estos operadores se muestran en la Tabla 2.10.

Tabla 2.10. Operadores de asignación adicionales.

Símbolo	Uso	Descripción
<<=	a <<= b	Desplaza a a la izquierda b bits y asigna el resultado a a.
>>=	a >>= b	Desplaza a a la derecha b bits y asigna el resultado a a.
&=	a &= b	Asigna a a el valor a&b.
^=	a ^= b	Establece a a a^b.
|=	a | b	Establece a a a | b.

[43]

Operadores de desplazamiento de bits (>>, <<)

Equivalen a la instrucción SHR (>>) y SHL (<<) de los microprocesadores 80x86. Efectúa un desplazamiento a la derecha (>>) o a la izquierda (<<) de *n* posiciones de los bits del operando, siendo *n* un número entero. El número de bits desplazados depende del valor a la derecha del operador. Los formatos de los operadores de desplazamiento son:

```
1.   valor << numero_de_bits;
2.   valor >> numero_de_bits;
```

El *valor* puede ser una variable entera o carácter, o una constante. El *número_de_bits* determina cuántos bits se desplazaran. La Figura 2.2 muestra lo que sucede cuando el número 29 (binario 00011101) se desplaza a la izquierda tres bits con un desplazamiento a la izquierda bit a bit (<<).

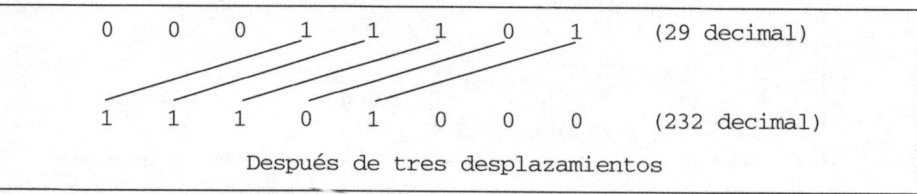

Figura 2.2 Desplazamiento a la izquierda tres posiciones.

Supongamos que la variable num1 contiene el valor 25, si se desplaza tres posiciones (num << 3), se obtiene el nuevo número 200 (11001000 en binario).

```
int num1 = 25;              //00011001 binario
int desp1, desp2;

desp1 = num1 << 3;          //11001000 binario
```

Operadores de direcciones

Son operadores que permiten manipular las direcciones de los objetos:

```
*expresión
&valor_i (lvalue)
objeto.miembro
puntero_hacia_objeto -> miembro
```

Tabla 2.11. Operadores de direcciones.

Operador	Acción
*	Lee o modifica el valor apuntado por la expresión. Se corresponde con un puntero y el resultado es del tipo apuntado.
&	Devuelve un puntero al objeto utilizado como operando, que debe ser un lvalue (variable dotada de una dirección de memoria). El resultado es un puntero de tipo idéntico al del operando.
.	Permite acceder a un miembro de un objeto agregado (unión, estructura o clase).
->	Accede a un miembro de un objeto agregado (unión, estructura o clase) apuntado por el operando de la izquierda.

OPERADOR CONDICIONAL

El operador condicional, `?:`, es un operador ternario que devuelve un resultado cuyo valor depende de la condición comprobada. Tiene asociatividad a derechas.

Al ser un operador ternario requiere tres operandos. El operador *condicional* se utiliza para reemplazar a la sentencia `if-else` lógica en algunas situaciones. El formato del operador condicional es:

```
expresion_c ? expresion_v : expresion_f;
```

Se evalúa *expresion_c* y su valor (cero = falso, distinto de cero = verdadero) determina cuál es la expresión a ejecutar; si la condición es verdadera se ejecuta *expresion_v* y si es falsa se ejecuta *expresion_f*.

La Figura 2.3 muestra el funcionamiento del operador condicional.

```
(ventas > 150000)?    comision = 100:      comision = 0;

                      si ventas es mayor   si ventas no es
                      que 150.000 se       mayor que 150.000
                      ejecuta:             ejecutar:
                      comision = 100       comision = 0
```

Figura 2.3. Formato de un operador condicional.

Otros ejemplos del uso del operador `?:` son:

```
n >= 0 ? 1 : -1       //1 si n es positivo, -1 si es negativo

m >= n ? m : n        //devuelve el mayor valor de m y n
```

 AHORRE TIEMPO: La precedencia de `?` y `:` es menor que la de cualquier otro operando tratado hasta ese momento. Su asociatividad a derechas.

OPERADOR COMA

El operador coma permite combinar dos o más expresiones separadas por comas en una sola línea. Se evalúa primero la expresión de la izquierda y luego las restantes expresiones de izquierda a derecha. La expresión más a la derecha determina el resultado global. El uso del operador coma es como sigue:

```
expresión1, expresión2, expresión3, ..., expresiónn
```

Cada expresión se evalúa comenzando desde la izquierda y continuando hacia la derecha. Por ejemplo, en

```
int i = 10, j = 25;
```

dado que el operador coma se asocia de izquierda a derecha, la primera variable está declarada e inicializada antes que la segunda variable *j*. Otros ejemplos son:

```
i++, j++              equivale a         i++; j++;
i++, j++, k++         equivale a         i++; j++; k++;
```

 AHORRE TIEMPO: El operador coma tiene la menor prioridad de todos los operadores C++, y se asocia de izquierda a derecha.

El resultado de la expresión global se determina por el valor de *expresión*. Por ejemplo,

```
int i, j, resultado;
resultado = j = 10; i = j; i++;
```

el valor de esta expresión es 11. En primer lugar, a *j* se le asigna el valor 10, a continuación a *i* se asigna el valor de *j*. Por último, *i* se incrementa a 11.

La técnica del operador coma permite operaciones interesantes

```
i = 10;
j = (i = 12, i + 8);
```

Cuando se ejecute la sección de código anterior, j vale 20, ya que i vale 10 en la primera sentencia, en la segunda toma i el valor 12 y al sumar i+8 resulta 20.

C++ admite algunos operadores especiales que sirven para propósitos diferentes. Entre ellos se destacan: ( ), [ ] y :: .

OPERADORES ESPECIALES ( ), [ ] Y ::

El operador ( )

El operador `()` es el operador de llamada a funciones. Sirve para encerrar los argumentos de una función, efectuar conversiones explícitas de tipo, indicar en el seno de una declaración que un identificador corresponde a una función, resolver los conflictos de prioridad entre operadores.

El operador [ ]

Sirve para designar un elemento de un array. También se puede utilizar en unión con el operador `delete`; en este caso, indica el tamaño del array a destruir y su sintaxis es:

```
delete [tamaño_array] puntero_array;
```

Otros ejemplos son:

```
v [2]
return C[i - INFERIOR];
```

El operador ::

Este operador es específico de C++ y se denomina *operador de ámbito de resolución*, y permite especificar el alcance o ámbito de un objeto. Su sintaxis es:

```
class::miembro      o bien       ::miembro

dato de referencia (variable, función, ...)
clase a la que pertenece el objeto

cout << i << "i <> :: i" << :: i << "\n";

void cuenta :: deposito (double amt)
{
balance += amt;
}
```

El operador sizeof

Con frecuencia su programa necesita conocer el tamaño en bytes de un tipo de dato o variable. C++ proporciona el operador sizeof, que toma un argumento, bien un tipo de dato o bien el nombre de una variable (escalar, array, registro, etcétera). El formato del operador es

```
sizeof(nombre_variable ó tipo_dato)
```

Los paréntesis son opcionales.
El operador `sizeof` es un operador unitario, ya que opera sobre un valor único. Este operador produce un resultado que es el tamaño, en bytes, del dato o tipo de dato especificados. Debido a que la mayoría de los tipos de datos y variables requieren diferentes cantidades de almacenamiento interno en computadores diferentes, el operador `sizeof` permite consistencia de programas en diferentes tipos de computadores.
El operador `sizeof` se denomina también operador en tiempo de compilación, ya que, en tiempo de compilación, el compilador sustituye cada ocurrencia de sizeof en su programa con un valor entero sin signo (unsigned). El operador `sizeof` se utiliza en programación avanzada.

Ejemplo 2.5

```
sizeof(float)            devuelve 4 en máquinas de 16 bits

DifLong = sizeof(long) - sizeof(int);
```

Ejercicio 2.1

Suponga que se desea conocer el tamaño, en bytes, de variables de coma flotante de su computador. El siguiente programa realiza esta tarea:

```
// Nombre del archivo LONGBYTE.CPP
// Imprime el tamaño de valores de coma flotante

#include <iostream.h>

main()
{
cout << "El tamaño de variables de coma flotante";
cout << "de esta computadora es:" << sizeof(float) << '\n';
return 0;
}
```

Este programa producirá diferentes resultados en diferentes clases de computadores. Compilando este programa en C++, el programa produce la salida siguiente:

```
El tamaño de variables de coma flotante de esta computadora es: 4
```

CONVERSIONES DE TIPOS

Con frecuencia, se necesita convertir un valor de un tipo u otro sin cambiar el valor que representa. Las conversiones de tipos pueden ser implícitas (ejecutadas automáticamente) o explícitas (solicitadas específicamente por el programador). C++ hace muchas conversiones de tipos automáticamente:

- C++ convierte valores cuando se asigna un valor de un tipo a una variable de otro tipo.
- C++ convierte valores cuando se combinan tipos mixtos en expresiones.
- C++ convierte valores cuando se pasan argumentos a funciones.

Conversión implícita

Los tipos fundamentales (básicos) pueden ser mezclados libremente en asignaciones y expresiones. Las conversiones se ejecutan automáticamente: los operandos de tipo más bajo se convierten en los de tipo más alto.

```
int i = 12;
double x = 4;
x = x+i //valor de i se convierte en double antes de suma
```

Reglas

- Si cualquier operando es de tipo char, short o enumerado se convierte en tipo int.
- Si los operandos tienen diferentes tipos, la siguiente lista determina a qué operación convertirá. Esta operación se llama *promoción integral*.

```
int
unsigned int
long
unsigned long
float
double
long double
```

El tipo que viene primero en esta lista se convierte en el que viene segundo. Por ejemplo, si los tipos operandos son int y long, el operando int se convierte en long.

```
char c = 65;          // 65 se convierte en tipo char permitido,
char c = 10000;       // pero con resultados impredecibles
```

Conversiones explícitas

C++ fuerza la conversión explícita de tipos mediante el operador de molde (cast). El operador molde admite dos formatos:

```
(tiponombre)valor          // estilo C:convierte valor a tiponombre

tiponombre(valor)          // estilo C++:convierte valor a tiponombre

(float)i;                  // convierte i a float
float(i);                  // convierte i a float
```

El operador molde (tipo) tiene la misma prioridad que otros operadores unitarios, tales como +, – y !

```
precios = int(19.99) + int(11.99);
precios = (int)19.99 + (int)11.99;
```

PRIORIDAD Y ASOCIATIVIDAD

La prioridad o precedencia de operadores determina el orden en el que se aplican los operadores a un valor. Los operadores C++ vienen en una tabla con dieciséis grupos. Los operadores del grupo 1 tienen mayor prioridad que los del grupo 2, y así sucesivamente:

- Si dos operadores se aplican al mismo operando, el operador con mayor prioridad se aplica primero.

- Todos los operadores del mismo grupo tienen igual prioridad y asociatividad.
- Si dos operandos tienen igual prioridad, el operador con prioridad más alta se aplica primero.
- La asociatividad izquierda-derecha significa aplicar el operador más a la izquierda primero, y en la asociatividad derecha-izquierda se aplica primero el operador más a la derecha.
- Los paréntesis tienen la máxima prioridad.

Tabla 2.12. Prioridad y asociatividad de los operadores.

Prioridad	Operadores	Asociatividad
1	`:: ˘ -> [] ()`	Izquierda – Derecha
2	`++ -- ~ ! - + & * sizeof` (conversión de tipo)	Derecha – Izquierda
3	`.* ->*`	Izquierda – Derecha
4	`* / %`	Izquierda – Derecha
5	`+ -`	Izquierda – Derecha
6	`<< >>`	Izquierda – Derecha
7	`< <= > >=`	Izquierda – Derecha
8	`== !=`	Izquierda – Derecha
9	`&`	Izquierda – Derecha
10	`^`	Izquierda – Derecha
11	`|`	Izquierda – Derecha
12	`&&`	Izquierda – Derecha
13	`||`	Izquierda – Derecha
14	`?:` (expresión condicional)	Derecha – Izquierda
15	`*= /= %= += -=` `<<= >>= &= |= ^=`	Derecha – Izquierda
16	`,` (operador coma)	Izquierda – Derecha

CAPÍTULO

[3]

Decisiones y bucles

[Notas]

Decisiones y bucles

En todos los lenguajes de programación existen construcciones que permiten tomar decisiones basadas en una condición. Los diferentes lenguajes de programación varían en sus diferentes sentencias de decisiones, aunque los lenguajes modernos han estandarizado estas construcciones, y así C y C++ incluyen las siguientes sentencias:

- sentencia de una única alternativa: `if`;
- sentencia de dos alternativas: `if-else`;
- sentencia de múltiples alternativas: `if-else` y `switch`;
- sentencias de salida de múltiples alternativas: `break` y `default`.

Los *bucles* son otra operación típica muy frecuente en todos los lenguajes de programación y, por consiguiente, en C y C++.

Un *bucle* es una sección de código que se ejecuta muchas veces hasta que se cumple alguna condición de terminación. En este capítulo se aprenderá cómo realizar operaciones de bucles con las sentencias siguientes:

- `while`,
- `do-while`,
- `for`.

SENTENCIAS Y BLOQUES

Las *sentencias* son los bloques de construcción de un programa en lenguaje C++. Una sentencia puede ser una expresión o una palabra reservada (tal como `return`), seguida por un punto y coma. Algunos ejemplos de sentencias son:

```
i = 25;
j = sqrt(20.0);
x++;
j += 5;
```

Las sentencias se pueden combinar para formar un *bloque* o una *sentencia compuesta*, encerrándolas entre una pareja de llaves. Un ejemplo de una sentencia compuesta es:

```
{
  j++;
  aux  = a[i];
  s[i] = a[i];
  a[i] = aux;
}
```

Una *sentencia compuesta nula* es aquella que no contiene ninguna sentencia entre las llaves. En el ejemplo siguiente la función `vacia()` contiene una sentencia compuesta nula:

```
void vacia()
{ }
```

La función `vacia()` «no hace nada».

SENTENCIAS CONDICIONALES

Las *sentencias condicionales* controlan el flujo de ejecución, basada en una condición. Una sentencia condicional responde a frases y condiciones como ésta:

```
si la entrada es verdadera
   mostrar un mensaje de error en pantalla
si no
   realizar la operación correspondiente
```

El lenguaje C++ tiene dos sentencias condicionales: `if` e `if-else`.

La sentencia `if`

La sentencia `if` permite a un programa tomar decisiones sobre qué partes del programa se deben ejecutar a continuación. También evalúa una condición; si la condición es falsa (se evalúa a falso, valor cero) no se ejecuta la sentencia, y si

CAPÍTULO [3]   Decisiones y bucles

la condición es verdadera (se evalúa a verdadera, valor distinto de cero), la sentencia if ejecuta una sentencia o una secuencia de sentencias.

```
if (condición)                    if(condición) {
    sentencia;                         <secuencia de sentencias>
                                  }
```

La *condición* puede ser cualquier expresión que produzca un entero. Normalmente la expresión utiliza un operador de relación (tal como ==, <, >) para comparar unos valores con otros. El operador relacional produce un valor de 1 cuando la relación comprobada es verdadera, ó 0 si la relación comprobada es falsa. Por ejemplo, si la variable *delta* tiene el valor de *10* y se escribe

```
if (delta == 10)...;
```

la expresión *delta == 10* se evalúa a un valor de 1 (*verdadero*), y se ejecuta la sentencia que viene a continuación. Si en lugar de la sentencia anterior se escribe

```
if (delta == 5)...;
```

entonces la expresión es falsa y se evalúa a 0.

Se puede ejecutar más de una sentencia cuando una condición es verdadera utilizando una sentencia compuesta o un bloque.

```
// archivo demoif2.cpp

#include <iostream.h>

void main()
{
        float precio, tasas;

        cout << "Introduzca precio de motocicleta,luego Intro";
        cin >> precio;
        if (precio > 250000)
        {
                tasa = 15 * coste;
                cout << "El precio de la motocicleta" << coste
                        << "\n";
                cout << "los impuestos (tasas) son:" << tasas
                        << "\n";
        }
        return;
}
```

Sentencias verdadera y falsa

En las expresiones condicionales una sentencia *verdadera* es una sentencia que se evalúa a cualquier valor distinto de cero. Una sentencia *falsa* se evalúa a cero.

```
if (1)              //se evalúa a verdadero
if (0)              //se evalúa a falso
if (50)             //se evalúa a verdadero
if (-5)             //se evalúa a verdadero
```

Expresiones condicionales

Una *expresión condicional* es cualquier sentencia C o C++ que se evalúa bien a verdadero o falso. Ejemplos de expresiones condicionales son:

```
if (1+1)            //se evalúa a verdadero
if (20/2)           //se evalúa a verdadero
if (30-30)          //se evalúa a falso
```

Las expresiones condicionales pueden incluir cualquier operador relacional (Tabla 2.6). Algunos ejemplos de los usos de los operadores relacionales son:

```
if (10 > 25)        //se evalúa a falso
if (10 == (9+1))    //se evalúa a verdadero
if (10 <= 10)       //se evalúa a verdadero
```

Además de valores numéricos se puede utilizar cualquier sentencia C/C++ que se evalúe a verdadero o falso, incluyendo el uso de funciones que devuelven valores. Los siguientes ejemplos ilustran cómo las funciones C que devuelven un valor se pueden utilizar en una expresión condicional.

```
if (strlen("ABCD") == 3)   //se evalúa a falso

if (strlen("ABCD"))        //se evalúa a verdadero, ya que strlen
                           //devuelve 4 (verdadero)
                           //la longitud de "ABCD"
```

Otros elementos comunes de las expresiones condicionales son los operadores lógicos || y &&.

```
if (strlen("ABCD") == 3 || 1)   //se evalúa a verdadero, ya que 1
                                //es verdadero
if (strlen("ABCD") == 3 && 1)   //se evalúa a falso, ya que ambas
                                //partes han de ser verdaderas y
                                //la primera es falsa
```

La sentencia `if-else`

Este formato de la sentencia `if` ofrece dos alternativas a seguir, basadas en la condición comprobada. La palabra reservada `else` separa las sentencias utilizadas para ejecutar cada alternativa. La sintaxis de la sentencia `if-else` es:

```
if (condición)
    sentencia1;     //se ejecuta si condición es verdadero
else
    sentencia2;     //se ejecuta si condición es falsa
```

para un bloque de sentencias en cada cláusula es:

```
if (condición) {
   <secuencia de sentencias1>
}
else {
   <secuencia de sentencias2>
}
```

Si la evaluación de *condición* es verdadera (distinto de cero) se ejecuta la *sentencia1* o *secuencia de sentencias1*; si la evaluación el falsa (cero), se ejecuta la *sentencia2* o la *secuencia de sentencias2*. Observe este ejemplo,

```
if (valor > 0)
   cout << "El valor es un número positivo\n";
else
   cout << "El valor es cero o un número negativo\n";
```

Si la condición (`valor > 0`) se evalúa verdadero, la primera sentencia `cout` se ejecuta; en caso contrario, se ejecuta la segunda sentencia.

Ejemplo 3.1

```
if (cantidad > 100) {
     descuento = 0.1;
     precio = cantidad * precio * (1-descuento);
}
else {
     descuento = 0;
     precio = cantidad * precio;
}
```

Problemas con la sentencia `if`

Cuando se utiliza una sentencia `if-else` como una parte de otra sentencia `if`, ¿a cuál de los `if` pertenece la palabra `else`? Considere el siguiente segmento de código:

```
if (condición)
   if (condición)
       sentencia1;
   else
       sentencia2;
```

¿La parte `else` pertenece a la primera `if` o a la segunda `if`? La respuesta es que la palabra reservada `else` siempre se corresponde con la `if` más cercana. Por consiguiente, *condición* decide cuál es la sentencia que se ejecuta: *sentencia1* o *sentencia2*.

Ejemplo 3.2

```
if (i > 0)
   if (i = 100)
         cout << "Número adivinado";
else
   cout << "Número fuera de rango";
```

En el ejemplo anterior, cuando i es un número positivo distinto de 100 se visualiza el mensaje Número fuera de rango. Si se desea hacer que else pertenezca a la primera if, se habrán de utilizar llaves.

```
if (i > 0) {
   if (i = 100)
         cout << "Número adivinado";
}
else
   cout << "Número fuera de rango";
```

La sentencia de múltiples alternativas `if-else`

C++ permite anidar sentencias if-else para crear un formato de alternativas múltiples. La sentencia if-else de alternativas múltiples realiza una serie de test en cascada, hasta que se produce una de las siguientes condiciones:

- Una de las condiciones de la cláusula if o en la cláusula if-else es verdadera. En este caso, las sentencias que se siguen se ejecutan.
- Ninguna de las condiciones verificadas es verdadera. El programa ejecuta las sentencias a continuación de la cláusula else.

La sintaxis de esta sentencia es:

```
if (condición1)
   sentencia1;
else if (condición2)
   sentencia2;
else if (condición3)
   sentencia3;
else
   sentencia4;
...
```

Se pueden añadir tantas sentencias else if como requiera su aplicación.

```
Sw = 1;
if (Car == '+')
   z = x + y;
else if (Car == '-')
   z = x - y;
else if (Car == '*')
```

CAPÍTULO [3]   Decisiones y bucles

```
  z = x * y;
else if (Car == '/' && y != 0)
  z = x / y;
else
  Sw = 0;
```

Ejemplo 3.3

El siguiente listado muestra un programa que utiliza la sentencia `if` alternativa para determinar cuál de los siguientes caracteres leídos es:

- una letra mayúscula,
- una letra minúscula,
- un dígito,
- un carácter no alfanumérico.

Este programa utiliza una cláusula `if` para determinar si la variable `c` almacena una letra mayúscula. El programa utiliza dos cláusulas `else if` para determinar si la variable `c` contiene una letra minúscula o un dígito.

```
//Listado IFELSE_01.CPP

#include <iostream.h>
#include <conio.h>
#include <ctype.h>

main()
{
  char c;
  clrscr();
  cout << "Introduzca un carácter";
  cin >> c;
  if (c >> 'A' && c <= 'Z')
          cout << "Se ha introducido una letra mayúscula\n";
  else if (c >= 'a' && c <= 'z')
          cout << "Se ha introducido una letra minúscula\n";
  else if (c >= '0' && c <= '9')
          cout << "Se ha introducido un dígito\n";
  else
          cout << "Introducido carácter no_ alfanumérico\n";
  getch();
  return 0;
}
```

Una ejecución de este programa puede ser:

```
Introduzca un carácter *
Introducido carácter no-alfanumérico
```

 **Operador condicional**

Se puede utilizar una versión condensada de la sentencia `if-then-else` que tome la siguiente forma:

condición ? expresión1 : expresión2

En esta sentencia, *condición* es cualquier expresión válida de la condición que se evalúa a verdadero o falso, *expresión1* se ejecuta si la condición es verdadera y se ejecuta *expresión2* si la condición es falsa. Consideremos cómo calcular el máximo de dos valores, representados por *a* y *b*, utilizando la sentencia `if`:

```
if (a > b)
   max = a;
else
   max = b;
```

La implementación anterior se puede escribir con el operador condicional de la siguiente forma:

```
max = (a > b) ? a : b;
```

El operador de la expresión condicional es un operador *ternario*, ya que tiene tres operandos.

LA SENTENCIA DE MÚLTIPLES ALTERNATIVAS: *SWITCH*

Cuando se tienen muchas alternativas posibles, el uso de sentencias `if-else` puede ser bastante complicado. El problema es que cada sentencia `if` permite tener únicamente una acción por cada condición.

La sintaxis de una sentencia `switch` es la siguiente:

```
switch (expresión)
{
  case constante_1:
       sentencias
       break;
  case constante_2:
       sentencias
       break;
     .
     .
     .
  default
       sentencias
}
```

expresión es una expresión que se evalúa a un valor entero (constante). Cada constante de `case` debe tener un único valor y ser del mismo tipo que la expresión de `switch`. Cuando el valor de la expresión `switch` coincide con una constante `case`, se ejecuta el grupo de sentencias asociadas. Si la última sentencia de un grupo es una sentencia `break`, la acción se termina y el programa sale (*termina*) de la sentencia `switch`. Si la sentencia `break` se omite, la ejecución sigue en el siguiente grupo de sentencias, con independencia del valor de la siguiente constante de `case`. Generalmente, la palabra reservada `break` se omite cuando se desea ejecutar la misma acción para dos o más constantes de `case`.

La cláusula `default` es un caso especial de `case`. Las sentencias que vienen a continuación de ella se ejecutan si ninguna de las constantes que siguen a las diferentes `case` coincide con el valor de la expresión de `switch`.

Para comprender mejor cómo utilizar la sentencia `switch` consideremos un programa que visualiza un menú de selecciones (una de sus aplicaciones más típicas).

```
#SWITCH1.CPP

#include <iostream.h>

void main(void)
{
   char pulsador;

   cout    << "Versión 1.0 del programa" << endl
           << "Seleccione una opción del menú" << endl;

   cout    << "C. Cargar archivo" << endl
           << "G. Grabar archivo" << endl
           << "I. Imprimir archivo" << endl
           << "S. Salir de programa" << endl;

   cin.get(pulsador);
   cin.ignore(1);              //ignora tecla Intro no significativa

   switch(pulsador)
   {
         case 'C': case 'c':
                  cout << "Se ha seleccionado Cargar Archivo"<<endl;
                  break;
         case 'G': case 'g':
                  cout << "Se ha seleccionado Grabar Archivo"<<endl;
                  break;
         case 'I': case 'i':
                  cout <<"Se ha seleccionado Imprimir Archivo"<<endl;
                  break;
         case 'S': case 's':
                  cout <<"Se ha seleccionado Salir de
                  programa"<<endl;
                  break;
         default:
                  cout    << "No ha tecleado correctamente" << endl;
   }

   cout << "Pulse Intro (Return) para continuar";
   cin.get();
}
```

En el programa anterior, cuando se pulsa la tecla S se visualiza el mensaje Se ha seleccionado Salir de programa, y a continuación Pulse Intro (Return) para continuar. De igual forma, cuando se pulsa la tecla Z, se ejecutan las sentencias que vienen a continuación de default; en este caso, No ha tecleado correctamente.

Casos múltiples

Obsérvese que en el listado SWITCH1.CPP se utilizan dos cláusulas case, que permiten al usuario introducir letras mayúsculas o minúsculas. Las múltiples case sucesivas se utilizan para permitir que una serie de condiciones proporcionen una cierta respuesta. Por ejemplo,

```
case '1':
case '2':
case '3':
case '4':
case '5':
  cout << "dígito en el intervalo 1 a 5";
  break;
```

visualiza el mensaje dígito en el intervalo 1 a 5 si la entrada coincide con cualquier número de 1 a 5.

LA SENTENCIA FOR

El *bucle* for está diseñado para ejecutar una secuencia de sentencias un número fijo de veces. La sintaxis de las sentencias for es:

```
for (expresión1; expresión2; expresión3)
    bloque de sentencias
```

o dicho de otro modo,

```
for (inicializador, condición de terminación, incremento)
    bloque de sentencias
```

El bloque de sentencias contiene cero o más sentencias que se ejecutan durante el proceso de bucle. La sentencia *expresión1* o *inicializador* fija valores iniciales antes de que el bucle for se procese y ejecute sólo una vez. Si se desea inicializar más de un valor se puede utilizar el operador coma para pegar sentencias (tales como i=1,j=3,k=4). Cuando no se tiene que inicializar se omite *expresión1*. Sin embargo, nunca se debe omitir el punto y coma (;) que separa *expresión1* de *expresión2*.

expresión2 se comprueba antes de cada iteración del bucle. El bucle se repite mientras que *expresión2* se evalúe a un valor verdadero (distinto de cero). Cuando *expresión2* se omite, no se realiza ninguna prueba y se ejecuta siempre la sentencia for.

expresión3 se ejecuta después de que se ejecute el bloque de sentencias y antes de que se realice la siguiente prueba. Normalmente, esta expresión se utiliza para incrementar valores del bucle. Al igual que en *expresión1* se puede utilizar el operador coma para pegar sentencias juntas a partir de una sola sentencia. Cuando no se tienen valores a incrementar, se puede omitir *expresión3*.

En esencia, el bucle `for` comprueba si la *condición de terminación* es verdadera. Si la condición es verdadera se ejecutan las sentencias del interior del bucle, y si la condición es falsa, se saltan todas las sentencias del interior del bucle, es decir, no se ejecutan. Cuando la condición es verdadera, el bucle ejecuta una *iteración* (todas sus sentencias), y a continuación la variable de control del bucle se incrementa. La Figura 3.1 muestra cómo funciona la sentencia `for`.

Por ejemplo, para ejecutar una sentencia diez veces, se escribirá

```
for (contador = 1; contador <= 10; contador++)
     cout << contador << endl;
```

Este ejemplo inicializa `contador` a 1, comprueba que `contador` es menor o igual a 10 y ejecuta la siguiente sentencia que visualiza el valor de `contador`. A continuación, se incrementa `contador` y se compara con 10; como todavía es menor, se repite el bucle hasta que se cumpla la condición de terminación (`contador = 11`). Si en lugar de ejecutar una sola sentencia se desea ejecutar un grupo de sentencias, éstas se encierran entre llaves.

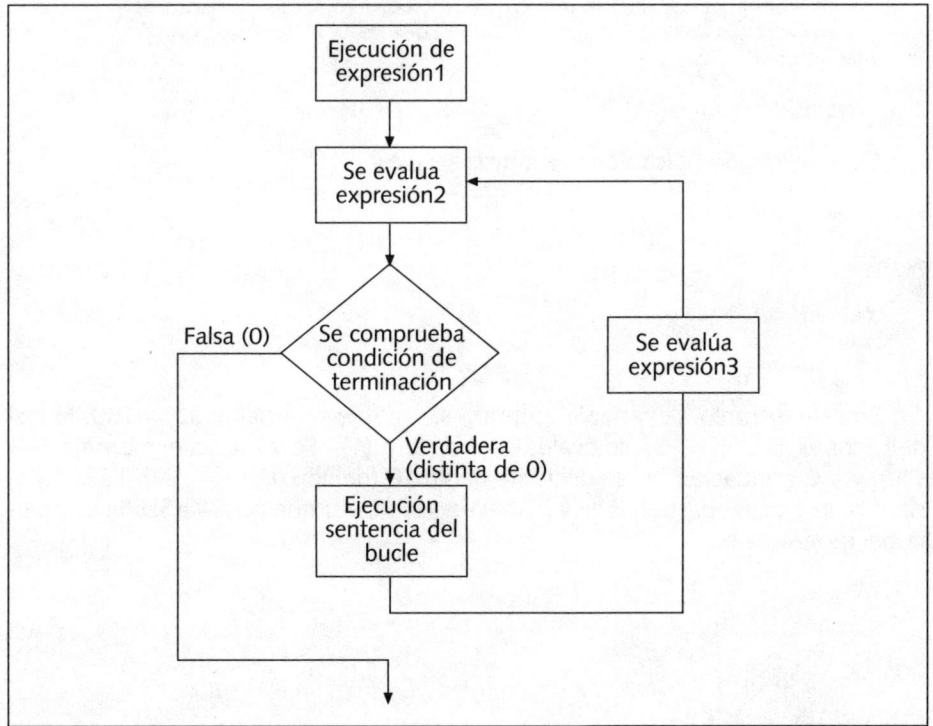

Figura 3.1.
Sentencia *for*.

```
for (contador = 1; contador <= 10; contador++)
{
    cout << "El valor del contador es:" << contador << endl;
    cout << "Contador * 10 =" << (contador * 10) << endl;
}
```

Los ejemplos anteriores mostraban un incremento de la variable de control del bucle, con lo que la cuenta realmente era siempre ascendente. Un bucle for puede también decrementar su variable de control, produciendo un bucle for que cuente en sentido descendente. En este caso, será preciso establecer la condición inicial de la variable de control a un valor mayor que la condición de terminación. El siguiente ejemplo muestra un bucle for que cuenta desde 10 a 1.

```
for (contador = 10; contador >= 1; contador--)
{
    cout << "El valor del contador es:" << contador << endl;
    cout << "Contador * 10 =" << (contador * 10) << endl;
}
```

Cuando el bucle anterior termina, la variable contador se queda con el valor 0. Aunque se puede utilizar el valor de la variable de control fuera del bucle, no es buena práctica de programación, ya que este valor puede no siempre ser así, dependiendo del compilador utilizado. Si desea conservar ese valor es preferible que lo guarde en una variable auxiliar del modo siguiente:

```
for (contador = 1; contador <= 10; contador++)
{
    cout << "El valor del contador es:" << contador << endl;
    cout << "Contador * 10 =" << (contador * 10) << endl;
    aux = contador;
}
//a partir de aquí utilizar aux en lugar de contador
```

Otra aplicación típica de la sentencia for es:

```
#include <iostream.h>

main()
{
    for (int j = 100; j > 0; j -= 10)
    cout << "j =" << j << endl;
}
```

En este ejemplo, la variable entera j se establece inicialmente a 100. El test de la condición, j > 0, se evalúa a verdadero (1). Se visualiza el mensaje j = 100, y a continuación j se decrementa en 10 (debido a j -= 10). La sentencia for se ejecuta hasta que la variable no sea mayor que cero. La salida completa del programa será:

```
j = 100
j = 90
j = 80
j = 70
...
j = 10
```

Definición de la variable de control dentro del bucle `for`

En C++ se puede definir la variable de control dentro del bucle `for`. Así, se puede declarar el bucle `for`

```
for (int contador = 1; contador <= 10; contador++)
{
  cout << "El valor del contador es" << contador << endl;
}
```

Situando el tipo de dato `int` delante de `contador` se declara e inicializa contador como parte del bucle `for`.

Uso del tipo de dato `char` como variable de control de bucle

Dado que el tipo de dato `char` es un subconjunto del tipo de dato `int`, se pueden utilizar variables `char` como valores de control. Por ejemplo, para visualizar el alfabeto se puede escribir el siguiente código:

```
for (char j = 'A'; j <= 'Z'; j++)
  cout << j;
cout << endl;
```

Uso de expresiones complejas para la expresión de incremento

La expresión de incremento de un bucle `for` no siempre serán sumas o restas simples. Se puede utilizar cualquier expresión que tenga sentido en el problema que se está resolviendo. Así, por ejemplo, para visualizar los valores 1, 2, 4, 8, 16, 32, 64 y 128 se puede utilizar la expresión `i*=2` para realizar el incremento.

```
for (i = 1; i < 100; i*=2)
  cout << i << " ";
```

Omisión de secciones en un bucle `for`

Cada parte del bucle `for` es opcional. Se pueden omitir las secciones de control si esa circunstancia es adecuada para su programa. Por ejemplo, el siguiente bucle `for` incrementa la variable de control del bucle, con independencia del mecanismo de iteración:

```
for (int i = 0; i < 10;) i++
```

O bien se puede omitir la sección de control del bucle; para ello se incluye el punto y coma (;). Por ejemplo,

```
int i = 0;
for (; i < 10; i++)...
```

LA SENTENCIA BREAK

En el capítulo anterior aprendió a utilizar la sentencia break con la sentencia switch para terminar una cláusula case. La sentencia break se puede utilizar también con las sentencias de bucles while, do-while y for para *romper* o salir de un bucle.

Un programador necesita a veces salir (*escapar*) de un bucle y el único modo adecuado es utilizar una sentencia break. Cuando se ejecuta break, el bucle termina inmediatamente y el programa reanuda la ejecución en la primera sentencia después del bucle for.

Se puede utilizar la sentencia break en cualquier sentencia de construcción de bucles, incluyendo for, while y do-while. El listado FORUNO.CPP muestra el funcionamiento de break dentro de un bucle for.

```cpp
// Listado FORUNO.CPP
// Utilización de break para terminar un bucle prematuramente
#include <iostream.h>

void main(void)
{
  int n;

  for (n = 0; n < 100; n++)
  {
    cout << n << " ";
    if (n == 50) break;
  }

  cout << "Pulse Intro para continuar";
  cin.get();
}
```

El bucle anterior visualizaría normalmente los números 0 a 99 en el monitor de su computadora. Sin embargo, debido a la sentencia condicional if, el bucle for se termina tan pronto n alcance el valor 50. La sentencia break suspende la ejecución únicamente del bucle actual. Esto significa que si tiene un bucle for dentro de otro (*anidado*) bucle for, un break en el interior del bucle más interno, sólo termina el bucle interior. Ejecute el programa FORDOS.CPP y observe su resultado.

```cpp
// Programa FORDOS.CPP
// Cuando los bucles están anidados, un break en el bucle
// más interno sólo produce la salida de ese bucle

#include <iostream.h>

void main(void)
{
  int n;
```

```
  for (m = 0; m < 10; m++)
    for (n = 0; n < 100; n++)
    {
      cout << n;
      if (n == 50) break;
    }

  cout << "Pulse Intro para continuar";
  cin.get();
}
```

LA SENTENCIA *CONTINUE*

La sentencia continue es similar a break, excepto que continue no salta fuera del bucle; simplemente salta sobre las sentencias restantes del bucle y transfiere el control al final del bucle, ejecutándose la siguiente iteración del mismo. De este modo, una sentencia continue se utiliza para comenzar inmediatamente la siguiente iteración del bucle. Se puede utilizar continue con bucles for, while y do-while.

El formato de continue es:

```
continue;
```

Una sentencia continue en cualquier bucle for salta inmediatamente a la expresión de control del bucle. En otras palabras, dado este bucle:

```
for (sentencia; expresión1; expresión2) {
  if (expresión3) continue;
      //sentencia(s) a ejecutar
}
```

Si *expresión3* es verdadera, la sentencia continue hace que se evalúe inmediatamente *expresión2*, saltándose todas las sentencias a ejecutar que vienen después de ella.

Diferencias entre continue y break

La sentencia continue fuerza una nueva iteración, mientras que break fuerza la salida del bucle. La Figura 3.2 muestra la diferencia entre ambas sentencias. En este ejemplo se observa cómo el mensaje "el bucle" nunca se visualiza, pero en cada bucle por una causa diferente (break en el primero y continue en el segundo).

Otro ejemplo más completo para observar la diferencia de funcionamiento entre break y continue se muestra en el listado BRECONT.CPP.

Figura 3.2.
Diferencia entre break y continue.

```cpp
for (j = 0; j <= 10; j++)
{
break;  ─────────────── break termina bucle inmediatamente
cout << "el bucle \n";              //nunca se imprime
}

//Resto del programa


for (j = 0; j <= 10; j++)
{
continue;  ─────────────── continue hace que el bucle
                                    realice otra iteración
cout << "el bucle \n";              //nunca se imprime
}

//Resto del programa
```

```cpp
//listado BRECONT.CPP
#include <iostream.h>

main()
{
int cuenta;

cout << "\n Comienzo de bucle con continue ...\n";
for (cuenta = 1; cuenta <= 10; cuenta++)
{
if (cuenta > 5) continue;
cout << cuenta << endl;
}

cout << "Después de bucle for:" << cuenta;
cout << "\n Comienzo de bucle con break ...\n";
for (cuenta = 1; cuenta <= 10; cuenta++)
{
if (cuenta > 5) break;
cout << cuenta << '\n';
}

cout << "Después de bucle for:" << cuenta;
return 0;
}
```

Cuando se ejecuta el programa se observa que los bucles for cuentan hasta 5 y se detienen. Después del primer bucle, sin embargo, el valor de cuenta es 11 y después del segundo es 6. La razón es que en el segundo bucle break fuerza la terminación y salida del bucle.

PARA LOS MANITAS: Es usual recurrir a la sentencia `continue` cuando los datos del cuerpo del bucle son malos, fuera de rangos, o no esperados. En lugar de actuar sobre esos datos no deseados, se retorna al comienzo del bucle y se obtiene otro valor.

Sin embargo, la sentencia `continue`, al igual que `break`, sólo debe utilizarse cuando no existe otra alternativa. Por ejemplo, el listado

```
for (i = 0; i < 10; i++)
{
  if (i != 2)
      continue;
  cout << "i =" << i << endl;
}
```

visualiza sólo una línea, `i=2`. Cuando *i* es igual a 0, 1, 2 .. 9, la sentencia `continue` salta sobre la sentencia `cout`. Este caso es un mal ejemplo de aplicación de `continue`, ya que se puede evitar reescribiendo el código de esta manera:

```
for (i = 0; i < 10; i++)
{
  if (i == 2)
      cout << "i =" << i << endl;
}
```

LA SENTENCIA *WHILE*

Como se ha visto en este capítulo, el bucle `for` se utiliza cuando se debe ejecutar repetidamente una sección de código un número especificado de veces. En otras situaciones se puede necesitar ejecutar una sección de código repetidamente hasta que cambie una condición. El bucle `while` ejecuta una sentencia o bloque de sentencias, mientras que una condición (la expresión de control) sea *verdadera*.

La sintaxis general de la sentencia `while` es

```
while (expresión)                    while (expresión)
  sentencia;                         {
                                           <secuencia de sentencias>
                                     }
```

Si *expresión* es distinto de cero, la sentencia o bloque de sentencias se ejecuta. Cuando *expresión* se hace cero (falsa), el bucle `while` termina y el programa reanuda su ejecución en la primera sentencia después del bucle.

```
int i = 1;
while (i <= 100)
{
  cout << "Bienvenido a Villar del Río, Mr. Marshall";
      i++;
}
```

El bucle ejecuta la primera iteración, ya que *i* tiene un valor menor de 100; como i++ incrementa su valor en 1 a cada iteración, cuando *i* sea igual a 101, la expresión i <= 100 será falsa y el bucle se termina.

Un ejemplo de su aplicación es el bucle WHILE1.CPP

```
// archivo WHILE1.CPP
#include <iostream.h>

void main()
{
    int numero;
    cout << "Introducir número de veces a ejecutar el bucle:";
    cin >> numero;
    int i = 1;
    while (i <= numero)
    {
            cout << "el bucle se ha ejecutado" << i << "\n";
            i++;
    }
    return;
}
```

Si se ejecuta este programa, se producirá la salida:

```
Introducir número de veces a ejecutar el bucle: 5 <Intro>
el bucle se ha ejecutado 1
el bucle se ha ejecutado 2
el bucle se ha ejecutado 3
el bucle se ha ejecutado 4
el bucle se ha ejecutado 5
```

La sentencia while es adecuada para muchas tareas. Un uso típico de while es asegurar entradas de usuario válidas. El programa solicita al usuario si desea o no continuar con el programa, mediante mensajes adecuados; *mientras* el usuario no indica expresamente una respuesta negativa, *no* (por ejemplo, mediante la pulsación de la tecla *N* o bien *n*), se sigue ejecutando el bucle.

```
// Nombre del archivo WHILEUNO.CPP
#include <iostream.h>

main()
{
//...
char resp;

cout << "¿Desea continuar (S/N)?";
cin >> resp;                            //obtener respuesta del usuario

while ((resp != 'n') && (resp != 'N'))
{
cout << "\n Debe pulsar una N o n para salir \n";
```

CAPÍTULO [3]   Decisiones y bucles

```
cout <<"Desea continuar (S/N?";
cin >> resp;
}
//...
return 0;
}
```

Al ejecutar el programa se solicita una respuesta al usuario y *mientras* el carácter tecleado no sea una letra, *N*, o *n*, el bucle se repetirá indefinidamente.

Otro uso típico de `while` es procesar entradas del teclado. En muchas aplicaciones se suele solicitar al usuario que introduzca datos repetidamente hasta que dicho usuario introduzca un valor que se considera de *terminación*. El listado WHILEDOS.CPP muestra un programa que suma una secuencia arbitraria de números introducidos por teclado, hasta que se introduce un valor concreto (en nuestro caso, cero) que termina el bucle.

```
// Nombre del archivo WHILEDOS.CPP
#include <iostream.h>

void main(void)
{
   float valor_entrada = 1;    //inicializar variable de control bucle
   float suma = 0;

   cout << "Acepta cualquier número de valores como entrada";
   cout << "y suma los valores" << endl << endl;
   cout << "0.0 para salir del programa" << endl;
   while (valor_entrada != 0.0)
   {
      cout << "Introduzca valor (0.0) para salir";
      cin >> valor_entrada;
      cin.ignore(1);        //suprima tecla Intro no
                            //significativa
      suma += "Total" << suma << endl;
   }

   cout   << "La suma de todos los valores introducidos es:"
          << suma << endl << endl;

   cout << "Pulse Intro para continuar";
   cin.get();
}
```

La sentencia `while` ejecuta el bloque de sentencias, *mientras* que `valor_entrada` no sea igual a cero. A fin de ejecutar la primera vez el bucle `while`, será preciso inicializar la variable `valor_entrada` a un valor distinto de cero (1, en nuestro programa). Cuando el usuario introduce el valor de entrada 0, se termina el bucle y se visualiza la suma resultante.

Otro uso común de la sentencia `while` es procesar datos de un archivo de disco. Esta operación es similar a la entrada de datos por teclado, con la diferencia de que los valores de entrada se leen de un archivo de disco. Un problema

 frecuente en programación se produce cuando aparecen *bucles infinitos*. Un bucle infinito es aquel que nunca termina. Estos bucles se producen debido a que la condición que se comprueba nunca se hace falsa, de modo que el bucle while ejecuta repetidamente sus sentencias una y otra vez. Un bucle infinito se muestra en el siguiente código:

```
while(1) cout << "Nunca me detengo. Soy infinito" << endl;
```

Si se entra en un bucle infinito, sólo podrá salir de él si se pulsa la secuencia de teclas CTRL+INTERRUPT (CTRL+BREAK), siempre y cuando el compilador genere código que detecte interrupciones usando CTRL+BREAK.

LA SENTENCIA *DO-WHILE*

La sentencia do-while es similar a la sentencia while, excepto que la expresión se comprueba *después* de que el bloque de sentencias se ejecute (mientras que la sentencia while realiza la prueba *antes* de que se ejecute el bloque de sentencias). La sintaxis de la sentencia do-while es:

```
do                                          do {
  sentencia                                     <bloque de sentencias>
while (expresión);                          } while (expresión);
```

Las *sentencias* se ejecutan y, a continuación, se evalúa la *expresión*. Si la *expresión* se evalúa a un valor verdadero (distinto de cero), las sentencias se ejecutan de nuevo. Este proceso se repite hasta que *expresión* se evalúa a un valor falso (cero), en cuyo momento se sale de la sentencia do-while. Dado que el test condicional se realiza al final del bucle, la sentencia o bloque de sentencias se ejecuta al menos una vez. Se puede utilizar la sentencia do-while siempre que se necesite ejecutar sentencias hasta que ocurre un suceso y se comprueba entonces la expresión de while. Cuando la expresión se evalúa a falso (0), la sentencia do-while termina. Un ejemplo de utilización de do-while se muestra en los listados DOWHILE1.CPP y DOWHILE2.CPP.

```
// archivo DOWHILE1.CPP
#include <iostream.h>

void main()
{
int i = 1;
while (i < 6)                               //ejemplo de "while"
{
cout << "bucle while" << i << endl;
i++;
}

i = 1;
do {
```

CAPÍTULO [3]   Decisiones y bucles

```
cout << "bucle do-while" << i << endl;
i++;
} while (i < 6);
return;
}
```

Cuando se ejecuta este programa se visualiza:

```
bucle while 1
bucle while 2
bucle while 3
bucle while 4
bucle while 5
bucle do-while 1
bucle do-while 2
bucle do-while 3
bucle do-while 4
bucle do-while 5
```

Si se modifica el archivo DOWHILE1.CPP de modo que la expresión sea falsa, la primera vez que se ejecuta el bucle do-while se puede observar la diferencia entre las sentencias while y do-while.

```
// archivo DOWHILE2.CPP
#include <iostream.h>

void main()
{
int i = 6;
while (i < 6)
{
cout << "bucle while" << i << endl;
i++;
}

i = 6;
do {
cout << "bucle do-while" << i << endl;
i++;
} while (i < 6);

return;
}
```

Cuando se ejecuta el programa anterior se visualiza:

```
bucle do-while 6
```

PRECAUCIÓN: El bucle **while** se ejecuta 0 o más veces, mientras que **do-while** se ejecuta siempre al menos una vez.

CAPÍTULO [4]

Funciones

[Notas]

[Funciones]

Una función es un miniprograma dentro un programa. Las funciones contienen varias sentencias bajo un solo nombre, que un programa puede utilizar una o más veces para ejecutar dichas sentencias. Las funciones ahorran espacio, reduciendo repeticiones y haciendo más fácil la programación, proporcionando un medio de dividir un proyecto grande en módulos pequeños más manejables.

En otros lenguajes como BASIC o ensamblador se denominan *subrutinas*. Si conoce Pascal, las funciones son equivalentes a *funciones* y *procedimientos* Pascal.

Este capítulo examina el papel (rol) de las funciones en un programa C++. Las funciones pueden existir de modo autónomo o bien como miembros de una clase.

CONCEPTO DE FUNCIÓN

C++ fue diseñado como un *lenguaje de programación estructurado*, también llamado *programación modular*. Por esta razón, para escribir un programa se divide éste en varios módulos, en lugar de uno solo largo. El programa se divide en muchos módulos (rutinas pequeñas denominadas *funciones*), que producen muchos beneficios: aislar mejor los problemas, escribir programas correctos más rápido y producir programas que son mucho más fáciles de mantener.

Así, pues, un programa C++ se compone de varias funciones, cada una de las cuales realiza una tarea principal. Por ejemplo, si está escribiendo un programa

 que obtenga una lista de caracteres del teclado, los ordene alfabéticamente y los visualice a continuación en la pantalla, se pueden escribir todas estas tareas en un único gran programa (función `main()`).

```
main()
{
  //Código C++ para obtener una lista de caracteres
  ...
  //Código C++ para alfabetizar los caracteres
  ...
  //Código C++ para visualizar la lista por orden alfabético
  ...
  return 0
}
```

Sin embargo, este método no es correcto. El mejor medio para escribir un programa es escribir funciones independientes para cada tarea que haga el programa. El mejor medio para escribir el citado programa sería el siguiente:

```
main()
{
  obtenercaracteres();      //Llamada a una función que
                            //obtiene números
  alfabetizar();            //Llamada a la función que ordena
                            //alfabéticamente las letras
  verletras();              //Llamada a la función que
                            //visualiza letras en la pantalla
  return 0;                 //Retorno al sistema
}

obtenercaracteres()
{
  //...
  // Código de C++ para obtener una lista de caracteres
  return (0);        //Retorno a main()
}

alfabetizar()
{
  //...
  // Código de C++ para alfabetizar los caracteres
  //...
  return;            //Retorno a main()
}

verletras()
{
  //...
  // Código de C++ para visualizar lista alfabetizada
  //...

  return;            //Retorno a main()
}
```

Cada función realiza una determinada tarea y cuando se ejecuta return se retorna al punto en que fue llamada por el programa o función principal.

> **PARA LOS MANITAS:** Una buena regla para determinar la longitud de una función (número de líneas que contiene) es que no ocupe más longitud que el equivalente a una pantalla.

ESTRUCTURA DE UNA FUNCIÓN

Una función es, sencillamente, un conjunto de sentencias que se pueden llamar desde cualquier parte de un programa. Las funciones permiten al programador un grado de abstracción en la resolución de un problema.

Las funciones no se pueden anidar. Esto significa que una función no se puede declarar dentro de otra función. La razón para esto es permitir un acceso muy eficiente a los datos. En C++ todas las funciones son externas o globales, es decir, pueden ser llamadas desde cualquier punto del programa.

La estructura de una función en C++ se muestra en la Figura 4.1.

```
tipo de retorno nombreFunción (listaDeParámetros)
{
   cuerpo de la función
   valor de retorno
}
```

Los aspectos más sobresalientes en el diseño de una función son:

- *Tipo de resultado.* Es el tipo de dato que devuelve la función C++ y aparece antes del nombre de la función.
- *Lista de parámetros.* Es una lista de parámetros *tipificados* (con tipos) que utilizan el formato siguiente:

    tipo1 parámetro1, tipo2 parámetro2, ...

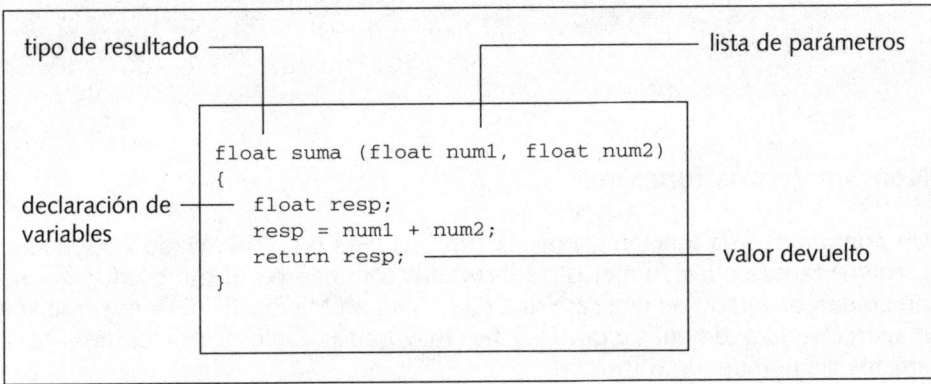

Figura 4.1. Estructura de una función.

- *Cuerpo de la función.* Se encierra entre llaves de apertura ({) y cierre (}). No hay punto y coma después de la llave de cierre.
- *Paso de parámetros.* Posteriormente se verá que el paso de parámetros en C++ se puede hacer por valor y por referencia.
- *No se pueden declarar funciones anidadas.*
- *Declaración local.* Las constantes, tipos de datos y variables declaradas dentro de la función son locales a la misma y no perduran fuera de ella.
- *Valor devuelto por la función.* Mediante la palabra reservada return se puede devolver el valor de la función.

Ejemplo 4.1

Las funciones cuadrado() y suma() muestran dos ejemplos típicos de ellas.

```
// función que calcule los cuadrados de números enteros
// sucesivos a partir de un número dado (n) como parámetro
// de la función y hasta obtener un cuadrado que sea
// mayor de 1000
cuadrado(int n)
{
  int cuadrado = 0;
  while (cuadrado <= 1000)   //el cuadrado ha de ser menor de 1000
         cuadrado = n*n;
         cout        << "El cuadrado de:" << n << "es" << cuadrado
                              << endl;
         n++;
  }
  return;
}


// Calcula la suma de un número dado (parámetro) de elementos de un
//array de datos
float suma (int num_elementos)
{
  int indice;
  float total = 0.0;
  for (indice = 0; indice <= num_elementos; indice++)
         total += Datos[indice];
  return total;
}
```

Nombre de una función

Un nombre de una función comienza con una letra o un subrayado (_) y puede contener tantas letras, números o subrayados como desee. El compilador ignora, sin embargo, a partir de una cantidad dada (248 en Microsoft). C++ es sensible a mayúsculas, lo que significa que las letras mayúsculas y minúsculas son distintas a efectos del nombre de la función.

Tipo de dato de retorno

Si la función no devuelve un valor int, se debe especificar el tipo de dato devuelto (de retorno) por la función. El tipo debe ser uno de los tipos simples de C++, tales como int, char o float, o un puntero a cualquier tipo C++, o un tipo struct.

```
float func0() {...}          //devuelve un float
char  *func1() {...}         //devuelve un puntero a char
int   *func3() {...}         //devuelve un puntero a int
char  *func4[]() {...}       //devuelve un puntero a un array de char
int func5() {...}            //devuelve un int [es opcional]
```

Si una función no devuelve un resultado, se puede utilizar el tipo void, que se considera como un tipo de dato especial.

Muchas funciones no devuelven resultados. La razón es que se utilizan como *subrutinas* para realizar una tarea concreta. Una función que no devuelve un resultado, a veces se denomina *procedimiento*. Para indicar al compilador que una función no devuelve resultado, se utiliza el tipo de retorno **void**, como en este ejemplo:

```
void VisualizarResultados(float Total, int num_elementos);
```

Si se omite un tipo de retorno para una función, como en

```
VerResultados(float Total, int longitud)
```

el compilador supone que el tipo de dato devuelto es int. Aunque el uso de int es opcional, por razones de claridad y consistencia se recomienda su uso. Así, la función anterior se puede declarar.

```
int VerResultados(float Total, int longitud)
```

Resultados de una función

Una función puede devolver un único valor. El resultado se muestra con una sentencia return cuyo formato es:

```
return(expresión)

return(a+b+c);
return;
```

El valor devuelto *(expresión)* puede ser cualquier tipo de dato excepto una función o un *array*. Se pueden devolver valores múltiples devolviendo un puntero a una estructura o un *array*. El valor de retorno debe seguir las mismas reglas que se aplican a un operador de asignación. Por ejemplo, no se puede devolver un

 valor int, si el tipo de retorno es un puntero. Sin embargo, si se devuelve un int y el tipo de retorno es un float, se realiza la conversión automáticamente.

Una función puede tener cualquier número de sentencias return. Tan pronto como el programa encuentra cualquiera de las sentencias return, se retorna a la sentencia llamadora. Asimismo, si la función no tiene ninguna sentencia return la ejecución continuará hasta la llave que marca el final del cuerpo de la función (}).

Si el tipo de retorno es void, la sentencia return se puede escribir como

```
return;
```

sin ninguna expresión de retorno, o bien, de modo alternativo, se puede omitir la sentencia return.

```
void func1(void)
{
  cout << "Esta función no devuelve valores";
}
```

El valor devuelto se suele encerrar entre paréntesis, pero su uso es opcional.

En algunos sistemas operativos, como DOS, se puede devolver un resultado al entorno llamador. Normalmente el valor 0 se suele devolver en estos casos.

```
int main()
{
  cout << "Hola mundo" << endl;
  return 0;
}
```

 PARA LOS MANITAS: Aunque no es obligatorio el uso de la sentencia return en la última línea, se recomienda su uso, ya que ayuda a recordar el retorno en ese punto a la función llamadora.

Llamada a una función

Las funciones, para poder ser ejecutadas, han de ser *llamadas* o *invocadas*. Cualquier expresión puede contener una *llamada a una función* que redirigirá el control del programa a la función nombrada. Normalmente la llamada a una función se realizará desde la función principal main(), aunque naturalmente también podrá ser desde otra función.

 PRECAUCIÓN: Un error típico de programación es olvidar incluir la sentencia return o situarla dentro de una sección de código que no se ejecute. Si ninguna sentencia return se ejecuta, entonces el resultado que devuelve la función es impredecible y puede originar que su programa falle o produzca resultados incorrectos. Por ejemplo, suponga que se sitúa la sentencia `return` dentro de una sección de código que se ejecuta condicionalmente, tal como:

```
if (Total >= 0.0)
      return Total;
```

Si `Total` es menor que cero, no se ejecuta la sentencia `return` y el resultado de la función es un valor aleatorio.

IMPORTANTE: La funcion que llama a otra función se denomina *función llamadora* y la **función controlada se denomina** *función llamada*.

La función llamada que recibe el control del programa se ejecuta desde el principio y cuando termina (se alcanza la sentencia `return`, o la llave de cierre (`}`) si se omite `return` el control del programa vuelve y retorna a la función `main()` o a la función llamadora si no es main.

```
#include <iostream.h>
void func1(void)
{
  cout << "Segunda función \n";
  return;
}
void func2(void)
{
  cout << "Tercera función \n";
  return;
}
main()
{
  cout << "Primera función llamada main() \n";
  func1();                        //Segunda función llamada
  func2();                        //Tercera función llamada
  cout << "main se termina"

  return 0;                       //Se devuelve el control al sistema
}
```

La salida de este programa es:

```
Primera función llamada main()
Segunda función
Tercera función
main se termina
```

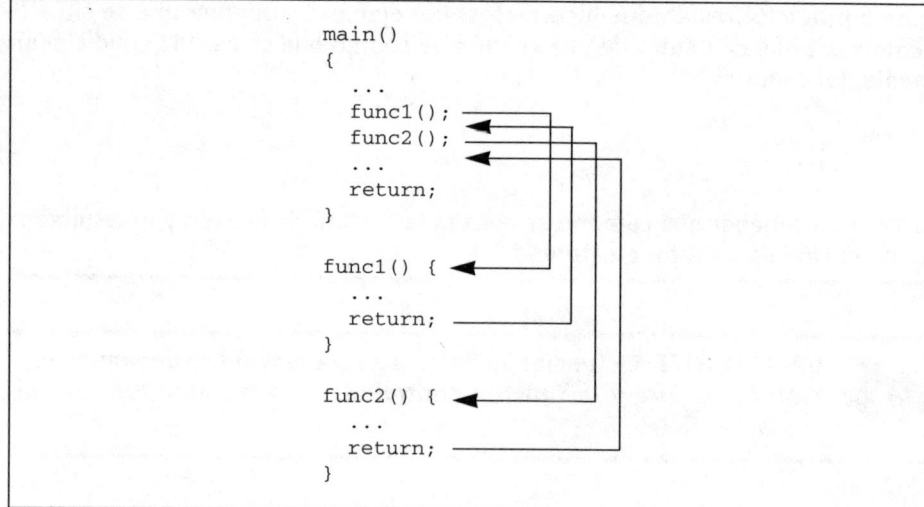

Figura 4.2.
Traza de llamadas de funciones.

Se puede llamar a una función y no utilizar el valor que se devuelve. En el ejemplo

```
func();
```

el valor de retorno no se considera. El formato `func()` sin argumentos es el más simple. Para indicar que la llamada a una función no tiene argumentos se sitúa una palabra reservada `void` entre paréntesis en la declaración de la función y posteriormente en lo que se denominará *prototipo*.

```
main()
{
    func();                    //Llamada a la función
    ...
}
void func(void)                //Declaración de la función
{
    cout << "Hola mundo \n";
}
```

> **PRECAUCIÓN:** No se puede definir una función dentro de otra. Todo código de la función debe ser listado secuencialmente, a lo largo de todo el programa. Antes de que aparezca el código de una función, debe aparecer la llave de cierre de la función anterior.

PROTOTIPOS DE LAS FUNCIONES

C++ requiere que una función se declare o defina antes de su uso. La *declaración* de una función se denomina *prototipo*. Los prototipos de una función tienen la misma estructura que la cabecera de la función, con la diferencia de que los prototipos terminan con un punto y coma. Específicamente un prototipo consta de los siguientes elementos: nombre de la función, una lista de argumentos encerrados entre paréntesis y un punto y coma. La inclusión del nombre de los parámetros es opcional.

IMPORTANTE: C++ requiere que se declare una función si se llama a la función antes de que se defina.

Los prototipos se sitúan normalmente al principio de un programa, antes de la definición de la primera función. El compilador utiliza los prototipos para validar que el número y los tipos de datos de los argumentos reales de la llamada a la función son los mismos que el número y tipo de argumentos formales en la función llamada. Si se detecta una inconsistencia, se visualiza un mensaje de error. Sin prototipos, un error puede ocurrir si un argumento con un tipo de dato incorrecto se pasa a una función. En programas complejos, este tipo de errores son difíciles de detectar.

La comprobación de tipos es una acción realizada por el compilador. El compilador conoce cuáles son los tipos de argumentos que se han pasado una vez que se ha procesado un prototipo. Cuando se encuentra una sentencia de llamada a una función, el compilador confirma que el tipo de argumento en la llamada a la función es el mismo tipo que el del argumento correspondiente del prototipo. Si no son los mismos, el compilador genera un mensaje de error.

Un ejemplo de prototipo es

```
int procesar(int a, char b, float c, double d, char *e);
```

El compilador utiliza sólo la información de los tipos de datos. Los nombres de los argumentos no tienen significado y no se requieren; el propósito de los nombres es hacer la declaración de tipos más fácil para leer y escribir. La sentencia precedente se puede escribir también así:

```
int procesar(int, char, float, double, char *);
```

Si una función no tiene argumentos, se ha de utilizar la palabra reservada `void` como lista de argumentos del prototipo.

```
int muestra(void);
```

Prototipos con un número no especificado de parámetros

Un formato especial de prototipo es aquel que tiene un número no especificado de argumentos, que se representa por puntos suspensivos (...). Por ejemplo,

```
int muestras(int a, ...);
```

```
int printf(constante char *formato, ...);
int scanf(constante char *formato, ...);
```

PARÁMETROS DE UNA FUNCIÓN

C++ proporciona dos métodos para pasar variables (*parámetros*) entre funciones. Una función puede utilizar *parámetros por valor* y *parámetros por referencia*, o puede no tener parámetros. Esta sección examina el mecanismo que C++ utiliza para pasar parámetros a funciones y cómo optimizar el paso de parámetros, dependiendo del tipo de dato que se utiliza. Suponiendo que se tenga la declaración de una función `circulo` con tres argumentos

```
void circulo(int x, int y, int diametro);
```

Cuando se llama a `circulo` se deben pasar tres parámetros a esta función. En el punto de llamada cada parámetro puede ser una constante, una variable o una expresión, como en el siguiente ejemplo:

```
Circulo(25, 40, vueltas*4);
```

Paso de parámetros por valor

Paso por valor (también llamado *paso por copia*) significa que cuando C++ compila la función y el código que llama a la función, la función recibe una copia de los valores de los parámetros. Si se cambia el valor de un parámetro variable local, el cambio sólo afecta a la función y no tiene efecto fuera de la función.

La Figura 4.3 muestra la acción de pasar un argumento por valor. La variable real *i* no se pasa, pero el valor de *i*, 6, se pasa a la función receptora.

En la técnica de paso de parámetro por valor, la función receptora no puede modificar la variable de la función (parámetro pasado).

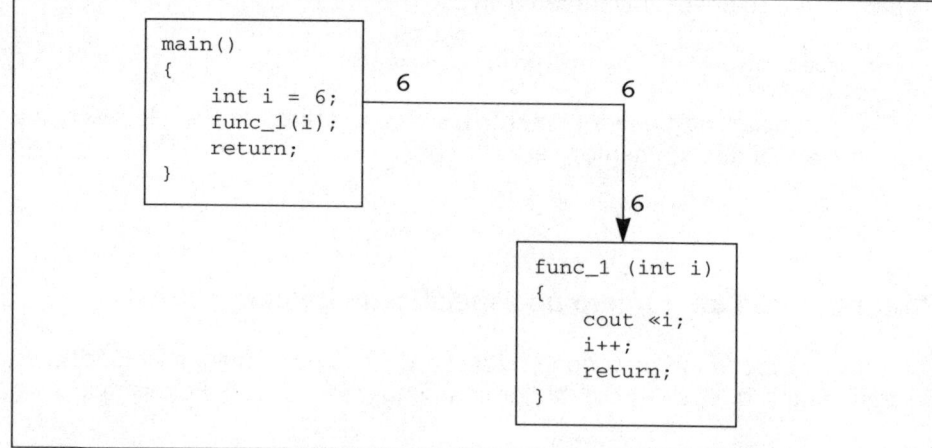

Figura 4.3. Paso de la variable *i* por valor.

IMPORTANTE: El método por defecto de pasar parámetros es por valor, a menos que se pasen arrays. Los arrays se pasan siempre por dirección.

El listado `PORVALOR.UNO` muestra el mecanismo de paso de parámetros por valor.

```
// PORVALOR.UNO
// Muestra el paso de parámetros por valor
// Se puede cambiar la variable del parámetro en la función
// pero su modificación no puede salir al exterior

#include <iostream.h>

void DemoLocal(int valor);

void main(void)
{
  int n = 10;
  cout << "Antes de llamar a DemoLocal, n =" << n << endl;
  DemoLocal(n);
  cout << "Después de llamada a DemoLocal, n" << n << endl;
  cout << "Pulse Intro (Enter) para continuar";
  cin.get();
}

void DemoLocal(int valor)
{
  cout << "Dentro de DemoLocal, valor =" << valor << endl;
  valor = 999;
  cout << "Dentro de DemoLocal, valor =" << valor << endl;
}
```

Al ejecutar este programa se visualiza la salida:

```
Antes de llamar a DemoLocal, n = 10
Dentro de DemoLocal, valor = 10
Dentro de DemoLocal, valor = 999
Después de llamar a DemoLocal, n = 10
```

Paso de parámetros por referencia

Cuando una función debe modificar el valor del parámetro pasado y devolver este valor modificado a la función llamadora, se ha de utilizar el método de paso de parámetro por *referencia* o *dirección*.

En este método el compilador pasa la dirección de memoria del valor del parámetro a la función. Cuando se modifica el valor del parámetro (la variable local), este valor queda almacenado en la misma dirección de memoria, por lo que al retornar a la función llamadora la dirección de la memoria donde se alma-

cenó el parámetro contendrá el valor modificado. Para declarar una variable parámetro como paso por referencia, el símbolo & debe preceder al nombre de la variable.

C++ permite utilizar punteros para implementar parámetros por referencia. Este método es el utilizado en C y se conserva en C++ precisamente por cuestión de compatibilidad.

```
// método de paso por referencia, mediante punteros
// estilo C

void intercambio(int* a, int* b)
{
  int aux    = *a;
        *a  = *b;
        *b  = aux;
}
```

La función `intercambio()` utiliza las expresiones *a y *b para acceder a los enteros referenciados por las direcciones int de las variables i y j en la llamada de prueba siguiente:

```
int i = 3, j = 50;
cout << "i =" << i << "y j =" << j << endl;
intercambio(&i, &j);
cout << "i =" << i << "y j =" << j << endl;
```

La llamada a la función `intercambio()` debe pasar las direcciones de las variables intercambiadas.

La versión de la función `intercambio()` que utiliza parámetros referencia es:

```
void intercambio(int& m, int& n)
{
  int aux    = m;
      m     = n;
      n     = aux;
}
```

Los parámetros *m* y *n* son parámetros por referencia. Por consiguiente, cualquier cambio efectuado en el interior de la función se transmitirá al exterior de la misma. Para llamar a la función `intercambio()` por referencia, simplemente se pasan las variables a intercambiar, *i* y *j*.

```
int i = 3, j = 50;
cout << "i =" << i << "y j =" << j << endl;
intercambio(i, j);
cout << "i =" << i << "y j =" << j << endl;
```

Diferencias entre los parámetros por valor y por referencia

Las reglas que se han de seguir cuando se utilizan parámetros valor y referencia son las siguientes:

- los parámetros valor (declarados sin &) reciben copias de los valores de los argumentos que se les pasan;
- la asignación a parámetros valor de una función nunca cambian el valor del argumento original pasado a los parámetros;
- los parámetros referencia (declarados con &) reciben la dirección de los argumentos pasados;
- en una función, las asignaciones a parámetros referencia cambian los valores de los argumentos originales.

IMPORTANTE: Todos los parámetros en C se pasan por valor. C no tiene equivalente al parámetro referencia de C++.

Parámetros const de una función

Con el objeto de añadir seguridad adicional a las funciones, se puede añadir a una descripción de un parámetro el especificador const, que indica al compilador que sólo es de lectura en el interior de la función. Si se intenta escribir en este parámetro se producirá un mensaje de error de compilación.

```
void falso(const int item, const char& car)
{
  item = 123;            //Fallo en tiempo de compilación
  car = 'A'              //Fallo en tiempo de compilación
}
```

La Tabla 4.1 muestra un resumen del comportamiento de los diferentes tipos de parámetros.

Tabla 4.1. Paso de parámetros en C++.

Parámetro especificado como	Item pasado por	Cambia item dentro de la función	Modifica parámetros al exterior
int item	valor	Sí	No
const int item	valor	No	No
int & item	referencia	Sí	Sí
const int & item	referencia	No	No

ARGUMENTOS POR OMISIÓN

Una característica poderosa de las funciones C++ es que ellas pueden establecer valores por *omisión* o *ausencia* ("por defecto") para los parámetros. Se pueden asignar argumentos por defecto a los parámetros de una función. Cuando se omite el argumento de un parámetro que es un argumento por defecto, se utili-

za automáticamente éste. La única restricción es que se deben incluir todas las variables desde la izquierda hasta el primer parámetro omitido. Si se pasan valores a los argumentos omitidos se utiliza ese valor; si no se pasa un valor a un parámetro opcional, se utiliza el valor por defecto como argumento. El valor por defecto debe ser una expresión constante.

El ejemplo siguiente muestra cómo utilizar argumentos por defecto, en una función cuyo prototipo es:

```
void asteriscos(int fila, int col, int num, int c = '*');
```

Se puede llamar a la función asteriscos de dos formas:

```
asteriscos(4, 0, 40);
```

o bien

```
asteriscos(4, 0, 40, '*');
```

Sin embargo, si se desea cambiar el carácter utilizado por la función, se puede escribir

```
asteriscos(4, 0, 40, '#');
```

en donde el argumento explícito (#) anula el carácter por omisión (*).

Se debe tener cuidado y situar cualquier argumento que tenga valores por defecto a la derecha de una función.

El programa `ARGDEFEC.CPP` muestra cómo asignar valores por omisión a variables parámetro.

```
// ARGDEFEC.CPP
// Muestra el uso de valores de parámetros por defecto

#include <iostream.h>

void f(int a = 10, int b = 20, int c = 30)
{
  cout << "a =" << a << endl
       << "b =" << b << endl
       << "c =" << c << endl;
}

void main(void)
{
  f();
  f(1);
  f(1, 5);
  f(1, 2, 3);
  cout << "Pulse Intro (Enter) para continuar";
  cin.get();
}
```

IMPORTANTE: Reglas de construcción de argumentos por defecto

1. Los argumentos por defecto se deben pasar por valor. Un nombre de un argumento por defecto no se puede pasar por referencia.
2. Los valores de los argumentos por defecto pueden ser valores literales o definiciones const. No pueden ser variables. En otras palabras, si se declara int n y a continuación int x=n se rechazará n como parámetro por defecto. Sin embargo, si n se declara con const int n=1, entonces se acepta la declaración.
3. Todos los argumentos por defecto deben colocarse al final en el prototipo de la función. Después del primer argumento por defecto, todos los argumentos posteriores deben incluir también valores por defecto.

FUNCIONES EN LÍNEA (*INLINE*)

Cuando el compilador construye el código ejecutable de un programa C++ existen dos opciones disponibles para la generación del código de las funciones: *funciones en línea* y *fuera de línea*.

Las funciones en línea (inline) sirven para aumentar la velocidad de su programa. Su uso es conveniente cuando la función se utiliza muchas veces en el programa y su código es pequeño. Existe una diferencia grande en el comportamiento de ambos tipos de funciones.

Una función normal es un bloque de código que se llama desde otra función. El compilador genera código para situar la dirección de retorno en la pila. La dirección de retorno es la dirección de la sentencia que sigue a la instrucción que llama a la función. A continuación, el compilador genera códigos que sitúan cualquier argumento de la función en la pila a medida que se requiera. Por último, el compilador genera una instrucción de llamada que transfiere el control a la función.

Para una *función en línea* (inline), el compilador inserta realmente el código para la función en el punto en que se llama la función. Esta acción hace que el programa se ejecute más rápidamente, ya que no ha de ejecutar el código asociado con la llamada a la función.

Sin embargo, cada instancia de la función en línea puede requerir tanta memoria como se requiera para contener la función completa. Por esta razón, el programa incrementa su tamaño, aunque es mucho más rápido en su ejecución. Si se llama a una función en línea diez veces en un programa, el compilador inserta diez copias de la función en el programa. Si la función ocupa 1K, el tamaño de su programa se incrementa en 10K (10.240 bytes). Por el contrario, si se llama a la misma función con una función normal (no inline) diez veces, y el código de llamada suplementario es 25 bytes, la función requiere sólo 1.274 bytes (1K + 25 * 10, 1.024 + 250, 1.274).

La Figura 4.4 ilustra el código generado por la función en línea.

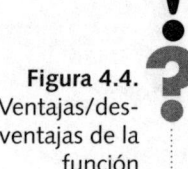

Figura 4.4. Ventajas/desventajas de la función en línea.

```
inline   TipoRetorno   NombreFunción   (Lista parámetros con tipos)
```

REGLA: Comenzar declarando las funciones *en-línea* como funciones ordinarias cuando desarrolle sus programas. Las funciones en línea son más fáciles de depurar. Una vez que su programa esté funcionando, inserte la palabra reservada `inline` donde sea necesario.

La Tabla 4.2 resume las ventajas y desventajas de situar un código de una función en línea o fuera de línea.

Tabla 4.2. Ventajas/desventajas de la función en línea.

	Ventajas	Desventajas
Funciones en línea	Rápida de ejecutar	Tamaño de código grande
Funciones fuera de línea	Pequeño tamaño de código	Lenta de ejecución

Creación de funciones en línea

Para crear una función en línea (`inline`), insertar la palabra reservada `inline` delante de una declaración normal y del cuerpo, y situarla en el archivo fuente antes de que sea llamada. Por ejemplo, la función en línea `Sumar15` suma la constante 15 a un parámetro n:

```
inline int sumar15(int n) {return (n+15);}
```

La diferencia en la escritura reside en que el cuerpo de la función aparece inmediatamente después de la declaración. Las funciones en línea se suelen escribir en una sola línea dado su, casi siempre, pequeño tamaño, pero no existe ninguna restricción para declarar la función en varias líneas. Así, por ejemplo, la función `Sumar15` se podría haber escrito:

```
inline int Sumar15(int n)
{
  return (n + 15);
}
```

Una aplicación completa de una función en línea `VolCono()`, que calcula el volumen de la figura geométrica `Cono`.

$$\left(V = \frac{1}{3} \pi\, r^2 h \right)$$

```
#include <iostream.h>

const Pi = 3.141592
```

CAPÍTULO [4]   Funciones

```
inline float VolCono(float radio, float altura)
   {return ((Pi * (radio * radio) * altura) / 3.0);}

main()
{
  float radio, altura, volumen;

  cout << "Introduzca radio del cono";
  cin >> radio;
  cout << "Introduzca altura del cono";
  cin >> altura;
  volumen = cono(radio, altura);
  cout << "El volumen del cono es:" << volumen;
  return 0;
}
```

ÁMBITO (*ALCANCE*)

El *ámbito* o *alcance* de una variable determina cuáles son las funciones que reconocen ciertas variables. Si una función reconoce una variable, la variable es *visible* en esa función. El ámbito es la zona de un programa en el que es visible una variable. Existen cuatro tipos de ámbitos: *programa, archivo fuente, función* y *bloque*. Se puede designar una variable para que esté asociada a uno de estos ámbitos. Tal variable es invisible fuera de su ámbito y sólo se puede acceder a ella en su ámbito.

Normalmente la posición de la sentencia en el programa determina el ámbito. Los especificadores de clases de almacenamiento, `static`, `extern`, `auto` y `register`, pueden afectar al ámbito. El siguiente fragmento de programa ilustra cada tipo de ámbito:

```
int i;                //Ámbito de programa
static int j;         //Ámbito de archivo
func(int k)           //Ámbito de programa, K ámbito de bloque
{
  int m;              //Ámbito de bloque
  ...                 //Ámbito de la función
}
```

Ámbito del programa

Las variables que tienen *ámbito de programa* pueden ser referenciadas por cualquier función en el programa completo; tales variables se llaman *variables globales*. Para hacer una variable global, declárela simplemente al principio de un programa, fuera de cualquier función.

```
int g, h;             //variables globales
main()
{
  //...
}
```

Una variable global es visible («se conoce») desde su punto de definición en el archivo fuente. Es decir, si se define una variable global, cualquier línea del resto del programa, no importa cuántas funciones y líneas de código le sigan, podrá utilizar esa variable.

```
#include <iostream.h>
#include <iomanip.h>

float ventas, beneficios;            //variables globales

void f3(void)
{
  //...
}
void f1(void)
{
  //...
}

main()
{
  //...
}
```

 AHORRE TIEMPO: Declare todas las variables en la parte superior de su programa. Aunque se pueden definir tales variables entre dos funciones, podría realizar cualquier cambio en su programa de modo más rápido, si sitúa las variables globales al principio del programa.

Ámbito del archivo fuente

Una variable que se declara fuera de cualquier función y cuya declaración contiene la palabra reservada `static` tiene *ámbito de archivo fuente*. Las variables con este ámbito se pueden referenciar desde el punto del programa en que están declaradas hasta el final del archivo fuente. Si un archivo fuente tiene más de una función, todas las funciones que siguen a la declaración de la variable pueden referenciarla. En el ejemplo siguiente, i tiene ámbito de archivo fuente:

```
static int i;
void func(void)
{
  ...
}
```

Ámbito de una función

Una variable que tiene ámbito de una función se puede referenciar desde cualquier parte de la función. Las variables declaradas dentro del cuerpo de la función se dice que son *locales* a la función. Las variables locales no se pueden utilizar fuera del ámbito de la función en que están definidas.

Ámbito de bloque

Una variable declarada en un bloque tiene *ámbito de bloque* y puede ser referenciada en cualquier parte del bloque, desde el punto en que está declarada hasta el final del bloque. Las variables locales declaradas dentro de una función tienen ámbito de bloque; no son visibles fuera del bloque. En el siguiente ejemplo, *i* es una variable local:

```
funcdemo(void)
{
  int i;
  for (i = 0; i < 10; i++)
      cout << "i =" << i << "\n";
}
```

Una variable local declarada en un bloque anidado sólo es visible en el interior de ese bloque.

```
func(int j)
{
  if (j > 3)
  {
      int i;
      for (i = 0; i < 50; i++)
              func2(i);
  }
  //aquí ya no es visible i
};
```

Variables locales

Además de tener un ámbito restringido, las variables locales son especiales por otra razón: existen en memoria sólo cuando la función está activa (es decir, mientras se ejecutan las sentencias de la función). Cuando la función no se está ejecutando, sus variables locales no ocupan espacio en memoria, ya que no existen. Algunas reglas que siguen las variables locales son:

- En el interior de una función, a menos que explícitamente cambie un valor de una variable, no se puede cambiar esa variable por ninguna sentencia externa a la función.
- Los nombres de las variables locales no son únicos. Dos o más funciones pueden definir la misma variable `test`. Cada variable es distinta y pertenece a su función específica.
- Las variables locales de las funciones no existen en memoria hasta que se ejecute la función. Por esta razón, múltiples funciones pueden compartir la misma memoria para sus variables locales (pero no al mismo tiempo).

Variables locales frente a variables globales

Las variables con ámbito global se denominan *variables globales* y son las definidas externamente a la función (*declaración externa*). Las variables globales tienen el siguiente comportamiento y atributos:

- *Las variables globales tienen duración estática por defecto.* El almacenamiento se realiza en tiempo de compilación y nunca desaparece. Por definición, una variable global no puede ser una variable auto.
- *Las variables globales son visibles globalmente en el archivo fuente.* Se pueden referenciar por cualquier función, a continuación del punto de definición del objeto.
- *Las variables globales están disponibles, por defecto, a otros archivos fuente.* Esta operación se denomina *enlace externo*.

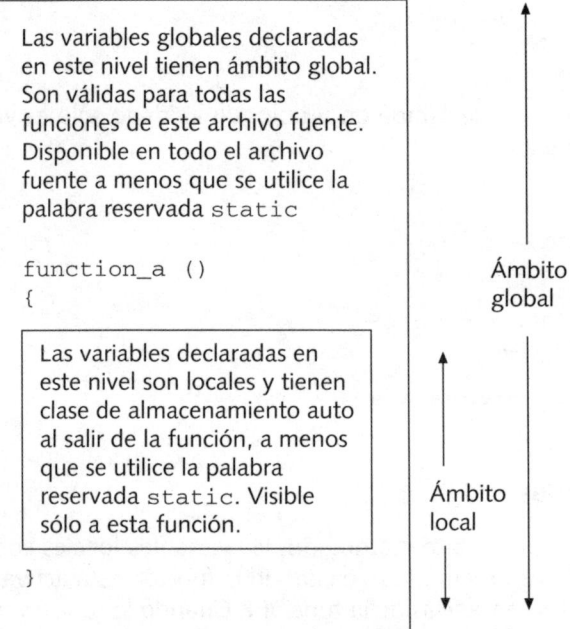

Figura 4.5. Ámbito de variable local y global.

Además de las variables globales, es preciso considerar las variables locales. Una *variable local* está definida solamente dentro del bloque o cuerpo de la función y no tiene significado (*vida*) fuera de la función respectiva. Por consiguiente, si una función define una variable como local, el ámbito de la variable está protegido. La variable no se puede utilizar, cambiar o borrar desde cualquier otra función sin una programación específica mediante el paso de valores (parámetros).

 IMPORTANTE: Una «variable local» es una variable que se define dentro de una función.
Una «variable global» es una variable que puede ser utilizada por todas las funciones de un programa dado, incluyendo `main()`.

Para construir variables globales en C++, se deben definir fuera de la función `main()`. Para ilustrar el uso de variables locales y globales, examine la estructura de bloques de la Figura 4.6. Aquí la variable global es x0 y la variable local es x1. La función puede realizar operaciones sobre x0 y x1. Sin embargo, **main()** sólo puede operar con x0, ya que x1 no está definida fuera del bloque de la función **funcion1()**. Cualquier intento de utilizar x1 fuera de **funcion1()** producirá un error.

```
int x0                    // variable global
funcion1(...);            // prototipo funcion1

main()
{
  ...
  ...
  ...
}

    funcion1(...)
    {
      int x1              //variable local
      ...
      ...
      ...
    }
```

Figura 4.6. x0 es global al programa completo, mientras que x1 es local a la función funcion1().

Examine ahora la Figura 4.7. Esta vez existen dos funciones, ambas definen x1 como variable local. Nuevamente x0 es una variable global. La variable x1 sólo se puede utilizar dentro de las dos funciones. Sin embargo, cualquier operación sobre x1 dentro de funcion1() no afecta al valor de x1 en funcion2() y viceversa. En otras palabras, la variable x1 de funcion1() se considera una variable independiente de x1 en funcion2().

Al contrario que las variables, *las funciones son externas por defecto*. Es preciso considerar la diferencia entre *definición* de una función y *declaración*. Si una declaración de variable comienza con la palabra reservada **extern**, no se considera definición de variable. Sin esta palabra reservada es una definición. Cada definición de variable es al mismo tiempo una declaración de variable. Se puede utilizar una variable sólo después de que ha sido declarada (en el mismo archivo). Únicamente las definiciones de variables asignan memoria y pueden, por consiguiente, contener inicializaciones. Una *variable sólo se define una vez*, pero se puede *declarar* tantas veces como se desee. Una declaración de variable al nivel global (externa a las funciones) es válida desde esa declaración hasta el final del archivo; una declaración en el interior de una función es válida sólo en esa función. En este punto, considérese que las definiciones y declaraciones de variables globales son similares a las funciones; la diferencia principal es que se puede escribir la palabra reservada **extern** en declaraciones de función.

```
int x0;
funcion1()              //prototipo funcion1
funcion2()              //prototipo funcion2

main()
{
   ...
   ...
   ...
}
   funcion1()
   {
     int x1;           //variable local
     ...
     ...
     ...
   }

   funcion2()
   {
     int x1;           //variable local
     ...
     ...
     ...
   }
```

Figura 4.7. x0 es global al programa completo. x1 es local tanto a funcion1() como a funcion2(), pero se tratan como variables independientes.

La palabra reservada `extern` se puede utilizar para notificar al compilador que la declaración del resto de la línea no está definida en el archivo fuente actual, pero está localizada en otra parte. El siguiente ejemplo utiliza `extern`:

```
// main.cpp
int Total;
extern int Suma;
extern void f(void);
void main(void)
...

// MODULO1.CPP
int Suma;
void f(void)
...
```

Utilizando la palabra reservada `extern` se puede acceder a símbolos externos definidos en otros módulos. Suma y la función f() se declaran externas.

IMPORTANTE: Las funciones son externas por defecto, al contrario que las variables.

CLASES DE ALMACENAMIENTO

Los especificadores de clases (tipos) de almacenamiento permiten modificar el ámbito de una variable. Los especificadores pueden ser uno de los siguientes: `auto`, `extern`, `register` y `static`.

Variables automáticas

Las variables que se declaran dentro de una función se dice que son automáticas (`auto`), significando que se les asigna espacio en memoria automáticamente a la entrada de la función y se les libera el espacio tan pronto se sale de dicha función. La palabra reservada `auto` es opcional.

```
auto int Total;          es igual que          int Total;
```

AHORRE TIEMPO: Normalmente no se especifica la palabra `auto`.

Variables externas

A veces se presenta el problema de que una función necesita utilizar un valor que *otra función* inicializa. Como las variables locales sólo existen temporalmente mientras se está ejecutando su función, no pueden resolver el problema. ¿Cómo se puede resolver entonces el problema? En esencia, de lo que se trata es de que una función de un archivo de código fuente utilice una variable definida en otro archivo. Una solución es declarar la variable local con la palabra reservada `extern`. Cuando una variable se declara externa, se indica al compilador que el espacio de la variable está definida en otro lugar.

```cpp
// exter1.cpp -- variables externas: parte 1

#include <iostream.h>

void leerReal(void);

float f;

main()
{
  leerReal();
  cout << "Valor de float =" << f;
  return 0;
}
```

```
// exter2.cpp -- variables externas: parte 2
#include <iostream.h>
void leerReal(void)
{
  extern float f;

  cout << "Introduzca valor en coma flotante";
  cin >> f;
}
```

En el archivo EXTER2.CPP la declaración externa de f indica al compilador que f se ha definido en otra parte (archivo). Posteriormente, cuando estos archivos se enlacen, las declaraciones se combinan de modo que se referirán a las mismas posiciones de memoria.

Variables registro

Otro tipo de variable C++ es la *variable registro*. Precediendo a la declaración de una variable con la palabra reservada register, se sugiere al compilador que la variable se almacene en uno de los registros hardware del microprocesador. La palabra register es una sugerencia al compilador y no una orden. La familia de microprocesadores 80x86 no tiene muchos registros hardware de reserva, por lo que el compilador puede decidir ignorar sus sugerencias.

Para declarar una variable registro, utilice una declaración similar a:

```
register int k;
```

Una variable registro debe ser local a una función, nunca puede ser global al programa completo.

El uso de la variable register no garantiza que un valor se almacene en un registro. Esto sólo sucederá si existe un registro disponible. Si no existen registros suficientes, C++ ignora la palabra reservada register y crea la variable localmente como ya se conoce.

Una aplicación típica de una variable registro es como variable de control de un bucle. Guardando la variable de control de un bucle en un registro, se reduce el tiempo que la CPU requiere para buscar el valor de la variable de la memoria. Por ejemplo,

```
register int indice;
for (indice = 0; indice < 1000; indice++)...
```

Variables estáticas

Las variables estáticas son opuestas, en su significado, a las variables automáticas. Las *variables estáticas* no se borran (no se pierde su valor) cuando la función termina y, en consecuencia, retienen sus valores entre llamadas a una función. Al contrario que las variables locales normales, una variable `static` se inicializa sólo una vez. Se declaran precediendo a la declaración de la variable con la palabra reservada `static`.

```
func_uno()
{
  int i;
  static int j = 25;         //j, k variables estáticas
  static int k = 100;
}
```

Las variables estáticas se utilizan normalmente para mantener valores entre llamadas a funciones.

```
function ResultadosTotales(float Valor)
{
  static float Suma;
  ...
  Suma = Suma + Valor;
}
```

En la función anterior se utiliza Suma para acumular sumas a través de sucesivas llamadas a `ResultadosTotales`.

SOBRECARGA DE FUNCIONES (*POLIMORFISMO*)

C++ soporta una de las propiedades más sobresalientes en el mundo de la programación: *la sobrecarga*. La sobrecarga de funciones permite escribir y utilizar múltiples funciones con el mismo nombre, pero con diferente lista de argumentos. La lista de argumentos es diferente si tiene un argumento con un tipo de dato distinto, si tiene un número diferente de argumentos, o ambos. La lista de argumentos se suele denominar *signatura de la función*.

Consideremos la función `cuadrado` definida de la forma siguiente:

```
int cuadrado(int x)
{
return x*x;
}
```

Si se desea implementar una función similar para procesar un valor `long` o `double` y no se dispone de la propiedad de sobrecarga, se pueden definir funciones independientes que utilicen un nombre diferente para cada tipo, tal como:

```
long lcuadrado(long x);
double dcuadrado(double x);
```

Como C++ soporta sobrecarga se podrían definir funciones sobrecargadas que tuvieran el mismo nombre y argumentos diferentes:

```
int cuadrado(int x);
long cuadrado(long x);
double cuadrado(double x);
```

En su programa basta con llamar a la función **cuadrado()** con el argumento correcto:

```
long radio = 42500;
resultado = cuadrado(radio);
```

El compilador C++ verifica el tipo de parámetro enviado para determinar cuál es la función a llamar. Así, en la llamada anterior, C++ llama a

```
long cuadrado(long x);
```

ya que el parámetro `radio` es un tipo de dato `long`.

¿Cómo determina C++ la función sobrecargada correcta?

Como se ha indicado anteriormente, C++ determina cuál de las funciones sobrecargadas ha de llamar, en función del número y tipo de parámetros pasados. C++ requiere que al menos uno de los parámetros tenga un tipo diferente del que utilizan otras funciones. Por consiguiente, es válido declarar dos funciones sobrecargadas, tales como

```
int f(int a, int b, int c);
int f(int a, int b, float c);
```

C++ puede llamar a ambas funciones, ya que al menos uno de los valores de los parámetros tiene un tipo diferente. Sin embargo, si se intenta escribir una función sobrecargada que tenga tipos similares, C++ emitirá un error. Por ejemplo, las definiciones siguientes no se compilarán, ya que el compilador no diferenciará unas de otras:

```
int f(int a, int b, int c);
int f(int a, int b, int c);
```

Las reglas que sigue C++ para seleccionar una función sobrecargada son:

- Si existe una correspondencia exacta entre los tipos de parámetros de la función llamadora y una función sobrecargada, se utiliza dicha función.
- Si no existe una correspondencia exacta, pero sí se produce la conversión de un tipo a un tipo superior (tal como un parámetro `int` a `long`, o un `float` a un `double`) y se produce, entonces, una correspondencia, se utilizará la función seleccionada.
- Se puede producir una correspondencia de tipos, realizando conversiones forzosas de tipos (*moldes-cast*).
- Si una función sobrecargada se define con un número variable de parámetros (mediante el uso de puntos suspensivos (...)) se puede utilizar como una coincidencia potencial.

Ejemplo 4.2

```
#include <iostream.h>

// Prototipos de funciones
int Prueba(int);
int Prueba(int, int);
float Prueba(float, float);

void main()
{
  int indice = 7;                  // definición de variables
  int x = 4;
  int y = 5;
  float a = 6.0;
  float b = 7.0;

  cout << "El cuadrado de" << indice << "es:"
       << Prueba(indice);
  cout << "\n El producto de" << x << "por" << y << "es:"
       << Prueba(x, y);
  cout << "\n La media de" << a << "y" << b << "es:"
       << Prueba(a, b);
}

// Prueba, calcula el cuadrado de un valor entero
int Prueba(int valor)
{
  return (valor * valor);
}

// Prueba, multiplica dos valores enteros
int Prueba(int valor1, int valor2)
{
  return(valor1 * valor2);
}

// Prueba, calcula la media de dos valores reales
{
  return ((valor1 + valor2) / 2);
}
```

Al ejecutar el programa se visualizará:

```
El cuadrado de 7 es: 49
El producto de 4 por 5 es: 20
La media de 6 y 9 es: 7.5
```

La sobrecarga de funciones es un tipo específico de polimorfismo. El **polimorfismo** es uno de los conceptos fundamentales de la programación orientada a objetos, como se verá más tarde.

RECURSIVIDAD

Una *función recursiva* es una función que se llama a sí misma directa o indirectamente. La *recursividad* o *recursión directa* es el proceso por el que una función se llama a sí misma desde el propio cuerpo de la función. La *recursividad* o *recursión indirecta* implica más de una función.

La recursividad indirecta implica, por ejemplo, la existencia de dos funciones: **uno()** y **dos()**. Suponga que **main()** llama a **uno()**, y a continuación **uno()** llama a **dos()**. En alguna parte del proceso, **dos()** entonces llama a **uno()** –una segunda llamada a **uno()**–. Esta acción es recursión indirecta, pero es recursiva, ya que **uno()** ha sido llamada dos veces, sin retornar nunca a su llamadora.

Un proceso recursivo debe tener una condición de terminación, ya que si no puede continuar indefinidamente.

Un algoritmo típico que conduce a una implementación recursiva es el cálculo del factorial de un número. El factorial de *n* (n!).

```
n! = n * (n-1) * (n-2) * ... * 3 * 2 * 1
```

En consecuencia, el factorial de 4 es igual a 4*3*2*1, el factorial de 3 es igual a 3*2*1. Así, pues, el factorial de 4 es igual a 4 veces el factorial de 3. La Figura 4.8 muestra las llamadas recursivas a la función factorial.

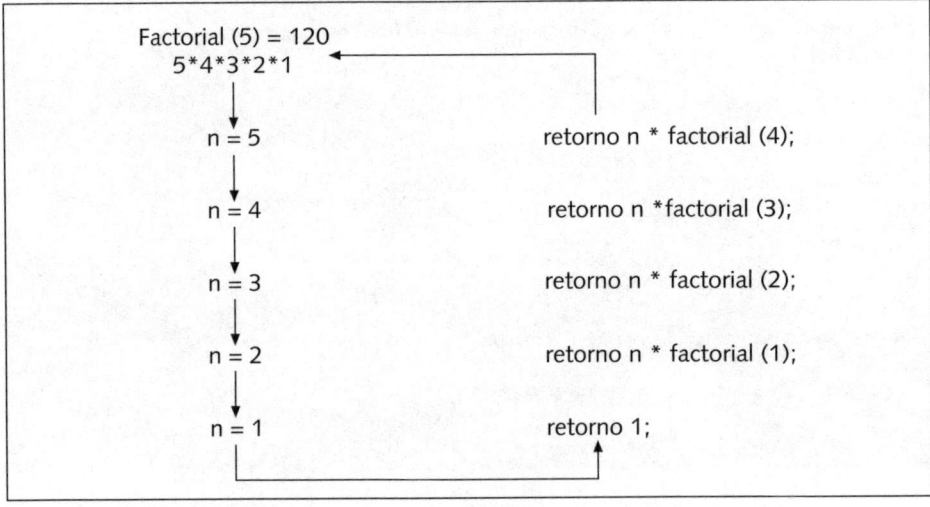

Figura 4.8. Llamadas a funciones recursivas para factorial(5).

La implementación de la función recursiva Factorial es:

```
double Factorial(int numero)
{
  if (numero > 1)
     return numero * Factorial(numero-1);
  return 1;
}
```

Un algoritmo recursivo

Contar valores de 1 a 10 de modo recursivo.

```
#include <iostream.h>
void Contar(int cima);

main()
{
  Contar(10);
  return 0;
}

void Contar(int cima)
{
  if (cima > 1)
          Contar(cima-1);
  cout << cima;
}
```

Funciones mutuamente recursivas

La recursividad indirecta se produce cuando una función llama a otra, que eventualmente terminará llamando de nuevo a la primera función. El programa ALFABETO.CPP visualiza el alfabeto utilizando recursión mutua o indirecta.

```
// Listado ALFABETO.CPP
#include <iostream.h>
#include <stdio.h>

void A(int c);
void B(int c);

main()
{
  A('Z');
  cout << endl;
  return 0;
}

void A(int c)
{
  if (c > 'A')
             B(c);
  putchar(c);
}

void B(int c)
{
  A(-c);
}
```

El programa principal llama a la función recursiva **A()** con el argumento 'Z' (la última letra del alfabeto). La función A examina su parámetro c. Si c está en orden alfabético después que 'A', la función llama a **B()**, que inmediatamente llama a **A()**, pasándole un parámetro predecesor de c. Esta acción hace que **A()** vuelva a examinar c, y nuevamente una llamada a **B()**, hasta que c sea igual a 'A'. En este momento la recursión termina ejecutando **putchar()** veintiséis veces y visualizando el alfabeto, carácter a carácter.

Condición de terminación de la recursión

Cuando se implementa una función recursiva será preciso considerar una condición de terminación, ya que en caso contrario la función continuaría indefinidamente llamándose a sí misma y llegaría un momento en que la memoria se podría agotar. En consecuencia, sería necesario establecer en cualquier función recursiva la condición de parada que termine las llamadas recursivas y evitar indefinidamente las llamadas. Así, por ejemplo, en el caso de la función factorial, definida anteriormente, la condición de salida puede ser cuando el número sea 1 ó 0, ya que en ambos casos el factorial es 1.

```
long factorial(long n)
{
  if (n == 1) return a;
       else return n * factorial (n-1);
}
```

El algoritmo recursivo máximo común divisor

Consideremos el cálculo del *máximo común divisor* (**mcd**) de dos enteros. El mcd de los enteros a y b se define como el entero mayor que divide a ambos números. El mcd no está definido si a y b son cero. Los valores negativos de a y b se sustituyen por sus valores absolutos. El algoritmo recursivo que calcula mcd(a, b) se describe con el siguiente pseudocódigo:

```
1.Si b es cero, la solución es a.
2.Si b no es cero, la solución es mcd(b, a mod b)
```

La función recursiva es:

```
int mcd(int a, int b)
{
  if (b == 0)
       return (a);
  else
       return (mcd(b, a%b));
}
```

```
2970  1265    1265  440    440  385
0440   2     0385   2     055   1

 385  55            mcd(2970, 1265) = 55
  00   7
```

PLANTILLA DE FUNCIONES

Una *plantilla de funciones* especifica un conjunto infinito de funciones sobrecargadas. Cada función de este conjunto es una *función plantilla* y una instancia de la plantilla de función. Una función plantilla apropiada se produce automáticamente por el compilador cuando sea necesario.

Fundamentos teóricos

Supongamos que se desea escribir una función min (a, b) que devuelve el valor más pequeños de sus argumentos.

C++ impone una declaración precisa de los tipos de argumentos que recibe main(), así como del tipo de valor devuelto por min(). Es necesario utilizar diferentes funciones sobrecargadas min(), cada una de las cuales se aplica a un tipo de argumento específico. Un programa que hace uso de funciones min() es:

```cpp
//archivo PLANFUC.CPP

#include <iostream.h>

//datos enteros (int)
int min (int a, int b)
{
  if (a <= b)
           return a;
  return b;
}

//datos largos
long min (long a, long b)
{
  if (a <= b)
           return a;
  return b;
}

//datos char
char min (char a, char b)
{
  if (a <= b)
           return a;
  return b;
}

//datos double
double min (double a, double b)
{
  if (a <= b=
           return a;
  return b;
}
```

```
void main()
{
  int ea = 1, eb = 5;
  cout << "(int :" << min (ea, eb) << endl;

  long la = 10000, lb = 40000;
  cout << "(long) :" << min(la, lb) << endl;

  char ca = 'a', cb = 'z';
  cout << "(char) :" << min(ca, cb) << endl;

  double da = 423.654, db = 789.10;
  cout << "(double) :" << min (da, db) << endl ;
}
```

Al ejecutar el programa anterior se visualiza:

```
(int): 1
(long): 4000
(char): a
(double): 423.654
```

Obsérvese que las diferentes funciones `min()` tienen un cuerpo idéntico, pero como los argumentos son diferentes, se diferencian entre sí en los prototipos. En este caso sencillo se podría evitar esta multiplicidad de funciones definiendo una macro con `#define`.

```
#define min(a, b)((a) <= (b)? (a): (b))
```

Sin embargo, con la macro se perderán los beneficios de las verificaciones de tipos que efectúa C++ para evitar errores. Para seguir disponiendo de las ventajas de las verificaciones de tipos se requieren las plantillas de funciones.

Definición de plantilla de función

Una *plantilla de función* o *función plantilla* es una plantilla que especifica un conjunto finito de funciones. Una plantilla de función especifica un conjunto infinito de funciones sobrecargadas y describe las propiedades genéricas de una función.

La sintaxis de una plantilla de funciones tiene el formato:

```
template <declaraciones-parámetros plantilla>
         declaración-o definición-función
```

La palabra reservada `template` especifica que se va a declarar una plantilla (*template*). Las plantillas se declaran normalmente en un archivo de cabecera. La declaración de la plantilla de funciones comienza con `template`, seguida de una lista separada por comas de parámetros formales, encerrados entre corchetes tipo ángulo («<» y «>»); esta lista no puede ser vacía.

Cada parámetro formal consta de la palabra reservada `class`, seguida por un identificador. Esta palabra reservada indica al compilador que el parámetro representa un posible tipo incorporado definido por el usuario. Se necesita, al menos, un parámetro T que proporcione datos sobre los que pueda operar la función. También se puede especificar un puntero (`T * `*parámetro*) o una referencia (`T &`*parámetro*).

La función puede declararse con un parámetro formal o con múltiples parámetros formales y devolver, inclusive, un valor de tipo T. Algunas posibles declaraciones pueden ser :

```
1.template <class T> T & f(T parámetro)
      {
            //cuerpo de la función
      }
2.template <class T> T f(int a, T b)
      {
            //cuerpo de la función
      }
3.template <class T> T f(T a, T b)
      {
            //cuerpo de la función
      }
```

Se pueden declarar también dos parámetros tipo T, pero con la condición de que sean distintos.

```
4.template <class T1, class T2> T1 f(T1 a, T2 b)
      {
            //cuerpo de la función
      }
```

Una función plantilla se puede declarar externa (`extern`), en línea (`inline`) o estática (`static`), de igual forma que una función no plantilla. El especificador correspondiente se sitúa a continuación de la línea de parámetros formales (*nunca delante de la palabra reservada* `template`).

```
//declaración correcta
template <class T> inline T f(T a, T b)
{
  //cuerpo de la función
}

//declaración incorrecta
extern template <class T> T f(T a, T b)
{
  //cuerpo de la función
}
```

Un ejemplo de plantilla de funciones

Se desea diseñar una plantilla que calcule el menor valor de dos dados.
Sea, por ejemplo, la función plantilla `min()`, que se define como:

```cpp
template <class T> T min(T a, T b)
{
  if(a <= b)
        return a;
  else
        return b;
}
```

La sintaxis anterior especifica que la función `min()` está parametrizada en función del *tipo de datos* T. Para ver la diferencia entre la función plantilla `min()` y las restantes funciones, obsérvese el programa PLANTUNO.CPP

```cpp
template <class T> T min(T a, T b)
{
  if(a <= b)
        return a;
  else
        return b;
}

void main()
{
  int ea = 1;eb = 5;
  cout << "(int):" <<min(ea, eb) << endl;

  long la = 10000, lb = 5000;
  cout << "(long):" <<min(la, lb) << endl;

  char ca = 'a', cb = 'x';
  cout <<"(char):" <<min(ca, cb) << endl;

  double da = 423.654, db = 789.12;
  cout <<"(double):" << min(da, db) << endl;
}
```

Cuando el compilador encuentra una llamada de la forma `min(a, b)`, *instancia* la función `min()` a partir de los tipos de parámetros a y b utilizados en la llamada de la función. Así, el tipo genérico T es sustituido por parámetros ea y eb, da y db, etc.

Ejemplo 4.3

La plantilla función `min()` se puede declarar también así (archivo min.cpp)

```cpp
template <class T> T min(const T a, const T b)
{
  return a < b? a: b;
}
```

[110]

CAPÍTULO [4]   Funciones

Algunos ejemplos de llamadas a la plantilla función min():

```
#include "min.h"
int i, j, k;
double u, v, w;
char a, b, c;

...
k = min(i, j):
w = min(u, v);
c = min(a, b);
```

Estas tres llamadas a min harán que C++ genere tres funciones plantilla con los siguientes prototipos.

```
int min (const int a, const int b);
char min (const char a, const char b);
double min (const double a, const double b);
```

Ejemplo 4.4

La función plantilla intercambio intercambia dos valores del mismo tipo.

```
template <class T>
void intercambio(T& a, T& b) {
  T aux = a;
  a = b;
  b = aux;
}

main() {
  int x = 5;
  int y = 12;

  intercambio(x, y)                //ahora x = 12, y = 5
}
```

Así, pues, las llamadas

```
intercambio(long1, long2);   //llamada a intercambio (long &, long&)
intercambio(int1, int2);     //llamada a intercambio(int &, int&)
```

Un ejemplo de función plantilla

Se puede utilizar la plantilla *intercambio* para construir una función plantilla ordenar:

```
template <class T> void ordenar(T* v, int n)
{
  for (int intervalo = n/2; intervalo > 0; intervalo /=2)
      for(int i = intervalo; i < n; i++)
```

```
                for(int j = i - intervalo;
                    j >= 0 && v[j+intervalo] < v[j];j -= intervalo)
                    intercambio(v[j], v[j+intervalo]);
}
extern int rango_ent[30];
extern string lista_cadena[10];

ordenar(rango_ent, 30);                 //llama a ordenar(int *, int);
ordenar(lista_cadena, 15);              //llama a ordenar (string *,
int);
```

Plantillas de función *ordenar* y *buscar*

Las plantillas de funciones se utilizan con mucha frecuencia para ordenar listas o buscar elementos en listas. Por ejemplo, se puede definir una función parametrizada `ordenar` cualquier tipo de array o lista, tal como:

```
template <class T> void ordenar (Array <T>)
{
  // ...
}
```

Este ejemplo declara esencialmente un conjunto de funciones `ordenar` sobrecargadas, una por cada tipo de Array. Se puede invocar la función ordenar como si fuera cualquier función ordinaria. El compilador C++ analiza los argumentos de la función y llama a la versión adecuada de la función. Por ejemplo, dadas `eArray` y `fArray` (los arrays de `int` y `float`, respectivamente), se puede aplicar la función ordenar para cada una de la forma siguiente:

```
ordenar(eArray);                        //ordenar el array de enteros
ordenar(fArray);                        //ordenar el array de float
```

Otra función plantilla que implementa una búsqueda genérica en listas puede tener el siguiente código:

```
template <class T>
unsigned BusquedaBin(T& DatosABuscar, T lista[], unsigned num)
{
  T neutral;
  unsigned m = (num - 1)/2;

do {
  m = (primero + ultimo)/2;
  if(DatosABuscar < lista[m])
        ultimo 0 M - 1;
  else
        primero = m + 1;
} while ( !DatosABuscar == array[m] ||primero > ultimo);

//
  return (DatosABuscar == array[m] ? m : 0xffff;
}
```

Una aplicación práctica

Diseñar una plantilla de función para calcular el máximo de dos datos y un programa que haga uso de esa plantilla.

```
template <class Tipo>
Tipo max2(Tipo primero, Tipo segundo)
{
  return primero > segundo ? primero : segundo;
}
template <class Tipo>
Tipo max3(Tipo primero, Tipo segundo, Tipo tercero)
{
  return max2(max2 (primero, segundo), tercero);
}
```

Un código que utiliza esta función plantilla es:

```
void main()
{
  cout << max2(6, 4) << "\n";
  cout << max3(10, 40, 20) << "\n";
  cout << max3(9.99, 4.45, 3.1416) << "\n";
  cout << max3('M´, ´A´, ´S´,) << "\n";
}
```

Al ejecutarse el programa anterior se visualizará:

```
6
40

9.99
S
```

Suponga que se realizan dos invocaciones:

```
cout << max2(4, 5.9) << "\n";
cout << max2('A´, 66) << "\n";
```

Al compilar este segmento de programa se producirán dos errores en tiempo de compilación. Una solución posible para evitar estos errores de compilación es definir una nueva función plantilla, como la siguiente:

```
template <class Tipo1, class Tipo2>
Tipo1 maxd(Tipo1, Tipo2 segundo)
{
  return primero > (Tipo1) segundo ?primero : (Tipo1) segundo;
}
```

El resultado será del tipo del primer parámetro, y el siguiente código:

```
void main()
{
  cout << maxd(4, 5.9) << "\n";
  cout << maxg('A´, 66) << "\n";
}
```

[113]

producirá los resultados siguientes:

```
5
B
```

Problemas en las funciones plantilla

Cuando se declaran plantillas de funciones con más de un parámetro, para evitar errores es preciso tener mucha precaución.

Así, por ejemplo, si la función se declara con múltiples parámetros y devuelve un valor de tipo T:

```
template <class T> T f(int a, T b)
{
   //cuerpo de la función
}
```

Esta versión de la función plantilla f(c) devuelve un tipo T y tiene dos parámetros: un parámetro int llamado a y un tipo objeto no especificado T llamado b. El usuario de la función plantilla ha de proporcionar el tipo de dato para T. Por ejemplo, un programa puede especificar el prototipo:

```
double f(int a, double b);
```

Consideremos otro ejemplo, la función min definida anteriormente:

```
// archivo MINAUX.CPP
template <class T> T min(T a, T b)
{
  if (a < b)
          return a;
  else
          return b;
}

void main()
{
  char c1 = 'J', c2 = '1';
  int n1 = 25, n2 = 65;
  long n3 = 50000;
  float n4 = 84.25, n5 = 9.999;

  min(c1, c2);                       // correcto
  min(n1, n2);                       // correcto
  min(n4, n5);                       // correcto
  min(c1, n1);                       // error
  min(n3, n4);                       // error
  min(n2, n3);                       // error
}
```

La compilación de este programa genera errores debido a la discordancia de tipos en las siguientes líneas:

```
min(c1, n1);                    // c1 y n1 tipos distintos
min(n3, n4);                    // n3 y n4 tipos distintos
min(n2, n3);                    // n2 y n3 tipos distintos
```

CAPÍTULO

[5]

Estructura de datos: arrays, estructuras y uniones

[Notas]

Estructura de datos: arrays, estructuras y uniones

En capítulos anteriores se han descrito las características de los tipos de datos básicos o simples (carácter, entero y coma flotante). Asimismo, se ha aprendido a definir y utilizar constantes simbólicas utilizando `const`, `#define` y el tipo `enum`. En este capítulo continuaremos el examen de los restantes tipos de datos de C++, examinando especialmente el tipo *array* (lista o tabla), la estructura, la unión y una breve introducción al objeto.

En este capítulo aprenderá el concepto y tratamiento de los arrays. Un array almacena muchos elementos del mismo tipo, tales como veinte enteros, cincuenta números de coma flotante o quince caracteres. El array es muy importante por diversas razones. Una muy importante es almacenar secuencias o *cadenas de texto*. Hasta el momento C++ proporciona datos de un solo carácter; utilizando el tipo array, se puede crear una variable que contenga un grupo de caracteres.

También se estudiará el concepto de *estructura*. Una estructura contiene múltiples variables, que pueden ser de tipos diferentes. La estructura es importante para la creación de programas potentes, tales como bases de datos u otras aplicaciones que requieren grandes cantidades de datos. Además se estudiará el uso de la estructura como un tipo primitivo de dato denominado *objeto*. Por otra parte, se analizará el concepto de *unión*, otro tipo de dato no tan importante como las estructuras array y estructura, pero sí necesarias en algunos casos.

ARRAYS[1]

Un *array* (lista o tabla) almacena muchos elementos del mismo tipo. El tipo de elementos almacenados en el array puede ser cualquier tipo de dato de C++, incluyendo estructuras definidas por el usuario, como se describirá más tarde. Normalmente el array se utiliza para almacenar tipos tales como `char`, `int` o `float`.

Un array puede contener, por ejemplo, la edad de los alumnos de una clase, las temperaturas de cada día de un mes en una ciudad determinada o el número de personas que residen en cada una de las diecisiete comunidades autónomas españolas. Cada ítem del array se denomina *elemento*.

Declaración de un array

Al igual que con cualquier tipo de variable, se debe declarar un array antes de utilizarlo. Un array se declara de modo similar a otros tipos de datos, excepto que se debe indicar al compilador el *tamaño* o *longitud* del array. Para indicar al compilador el tamaño del array se debe hacer seguir al nombre el tamaño encerrado entre corchetes. La sintaxis para declarar un array de una dimensión determinada es:

```
tipo nombreArray[numeroDeElementos];
```

Por ejemplo, para crear un array (lista) de diez variables enteras, se escribe:

```
int numeros[10];
```

Esta declaración hace que el compilador reserve espacio suficiente para contener diez valores enteros. En C++ los enteros ocupan 2 bytes, de modo que un array de diez enteros ocupa 20 bytes de memoria. La Figura 5.1 muestra el esquema de un array de diez elementos; cada elemento puede tener su propio valor.

Figura 5.1. Almacenamiento de un array en memoria.

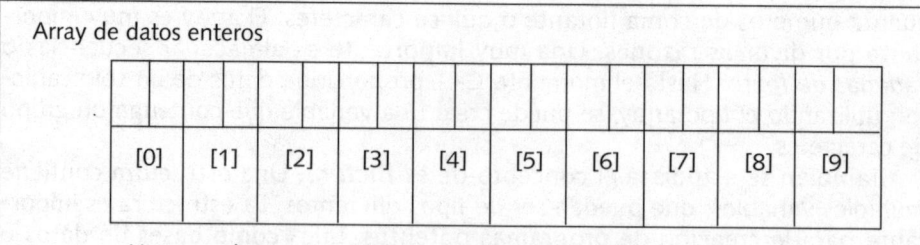

Array de datos enteros

| [0] | [1] | [2] | [3] | [4] | [5] | [6] | [7] | [8] | [9] |

Un array de enteros se almacena en bytes consecutivos de memoria. Cada elemento utiliza dos bytes. Se accede a cada elemento de array mediante un índice que comienza en cero. Así el elemento número [4] ocupa los bytes 9° y 10°.

---

[1] En Hispanoamérica, el término *array* se traduce al español, casi siempre, por el término **arreglo**.

Se puede acceder a cada elemento del array utilizando un índice en el array. Por ejemplo,

```
cout << numeros[4] << endl;
```

visualiza el valor del elemento 5 del array. Los arrays siempre comienzan en el elemento 0. Así, pues, el array numeros contiene los siguientes elementos individuales:

numeros[0]	numeros[1]	numeros[2]	numeros[3]
numeros[4]	numeros[5]	numeros[6]	numeros[7]
numeros[8]	numeros[9]		

PRECAUCIÓN: C++ no comprueba que los índices del array están dentro del rango definido. Así, por ejemplo, se puede intentar acceder a numeros[12] y el compilador no producirá ningún error, lo que puede producir fallo en su programa, dependiendo del contexto en que se encuentre el error.

Subíndices de un array

El índice de un array se denomina, con frecuencia, *subíndice del array*. El término procede de las matemáticas, en las que un subíndice se utiliza para representar un elemento determinado.

Numeros$_0$ *equivale a*   numeros[0]
Numeros$_3$ *equivale a*   numeros[3]

Ejemplos de arrays

```
int edad[5];          ────▶  Array edad contiene 5 elementos:
                             el primero, edad[0] y el último edad[4]

int pesos[25], longitudes[100];  ────▶  declara 2 arrays de enteros

float salarios[25];   ────▶  Declara un array de 25 elementos float

double temperaturas[50];  ────▶  Declara un array de 50 elementos double

char letras[15];      ────▶  Declara un array de caracteres
```

En los programas se pueden referenciar elementos utilizando fórmulas para los subíndices. Mientras que el subíndice puede evaluar a un entero, se puede utilizar una constante, una variable o una expresión para el subíndice. Así, algunas referencias individuales a elementos son:

```
edad[4]
ventas[total+5]
```

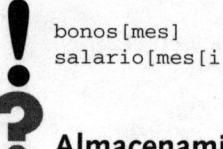

```
bonos[mes]
salario[mes[i] * 5]
```

Almacenamiento en memoria de los arrays

Los elementos de los arrays se almacenan en bloques contiguos. Así, por ejemplo, los arrays

```
int edades[5];
char codigos[5];
```

se representan gráficamente en memoria en la Figura 5.2.

 IMPORTANTE: Todos los subíndices de los arrays comienzan con 0.

 PRECAUCIÓN: C++ permite asignar valores fuera de rango a los subíndices. Se debe tener cuidado para no hacer esta acción, debido a que se sobreescribirían datos o códigos.

Los arrays de caracteres funcionan de igual forma que los arrays numéricos, partiendo de la base que cada carácter ocupa normalmente un byte. Así, por ejemplo, un array llamado nombre se puede representar en la Figura 5.3.

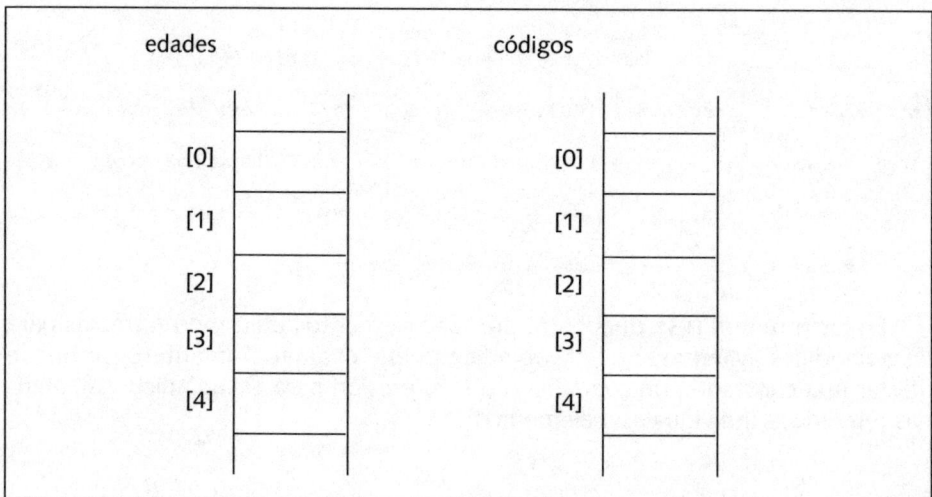

Figura 5.2. Almacenamiento en memoria de arrays.

```
        char nombre[]   = "Mortimer"
        char nombre[10] = "McKoy"
```

M	[0]
O	[1]
R	[2]
T	[3]
I	[4]
M	[5]
E	[6]
R	[7]

Figura 5.3. Almacenamiento de un array de caracteres en memoria.

El tamaño de los arrays en memoria

El operador `sizeof` devuelve el número de bytes necesarios para contener su argumento. Si se usa `sizeof` para solicitar el tamaño de un array, esta función devuelve el número de bytes reservados para el array completo.

Por ejemplo, supongamos que se declara un array de enteros de 100 elementos denominado `edades`; si se desea producir el tamaño del array, se puede utilizar una sentencia similar a:

```
n = sizeof(edades);
```

donde *n* tomará el valor 200. Si se desea solicitar el tamaño de un elemento individual del array, tal como

```
n = sizeof(edades[6]);
```

n almacenará el valor 2 (número de bytes que contienen un entero).

INICIALIZACIÓN DE UN ARRAY

Se deben asignar valores a los elementos del array antes de utilizarlos, tal como se asignan valores a variables. Para asignar valores a cada elemento del array de enteros `precios`, se puede escribir:

```
precios[0] = 10;
precios[0] = 10;
precios[1] = 20;
precios[3] = 30;
precios[4] = 40;
...
```

La primera sentencia fija `precios[0]` al valor 10, `precios[1]` al valor 20, etcétera. Sin embargo, este método no es práctico cuando el array contiene

muchos elementos. El método utilizado normalmente es inicializar el array completo en una sola sentencia.

Cuando se inicializa un array, el tamaño del array se puede determinar automáticamente por las constantes de inicialización. Estas constantes se separan por comas y se encierran entre llaves, como en los siguientes ejemplos:

```
int numeros[6] = {10, 20, 30, 40, 50, 60};
int n[] = {3, 4, 5};                 // Declara un array de 3
                                     // elementos
char c[n] = {´L´, ´u ´, ´i´, ´s´, }; // Declara un array de 4
                                     // elementos
```

El array `numeros` tiene 6 elementos, `n` tiene 3 elementos y el array `c` tiene 4 elementos. Los arrays de caracteres se pueden inicializar con una constante de cadena, como en

```
char s[] = {"Mortimer"};
```

IMPORTANTE: C++ puede dejar los corchetes vacíos, sólo cuando se asignan valores al array, como

```
int cuenta[] = {15, 25, -45, 0, 50};
```

El compilador asigna automáticamente cinco elementos a cuenta.

El método de inicializar arrays mediante valores constantes después de su definición es adecuado cuando el número de elementos del array es pequeño. Por ejemplo, para inicializar un array (lista) de 10 enteros a los valores 10 a 1, y a continuación visualizar dichos valores en un orden inverso, se puede escribir:

```
int cuenta[10] = {10, 9, 8, 7, 6, 5, 4, 3, 2, 1, 0};
for (i = 9; i >= 1; i--)
  cout << "\n cuenta descendente" << i << "=" << cuenta[i];
```

Se pueden asignar constantes simbólicas como valores numéricos, de modo que las sentencias siguientes son válidas:

```
const int     ENE = 31, FEB = 28, MAR = 31, ABR = 30, MAY = 31,
              JUN = 30, JUL = 31, AGO = 31, SEP = 30, OCT = 31,
              NOV = 30, DIC = 31;
...
int meses[12] = {ENE, FEB, MAR, ABR, MAY, JUN, JUL, AGO, SEP,
              OCT, NOV, DIC};
```

Se puede asignar valores a un array utilizando un bucle `for` o `while/do-while`, y éste suele ser el sistema más empleado normalmente. Por ejemplo, para inicializar todos los valores del array números al valor 0, se puede utilizar la siguiente sentencia:

CAPÍTULO [5] Estructura de datos: arrays, estructuras y uniones

```
for (i = 0; i <= 5; i++)
    numeros[i] = 0;
```

debido a que el valor del subíndice *i* varía de 0 a 5, cada elemento del array números se inicializa y establece a cero.

Ejemplo 5.1

El programa `INICIALI.CPP` asigna ocho enteros, mediante `cin`; a continuación visualiza el total de los números.

```
#include <iostream.h>
const NUM = 8
main()
{
  int nums[NUM];
  int total = 0;
  for (int i = 0; i < NUM; i++)
  {
      cout << "Por favor, introduzca el número";
      cin >> nums[i];
      total += nums[i];
      cout << endl;
  }
  cout << "El total de números es" << total << endl;
  return 0;
}
```

Las variables globales que representan arrays se inicializan a 0 por defecto. Por ello, la inicialización siguiente no es correcta, y se visualiza 0 para los 10 valores del array al ejecutarse el programa

```
int lista[10];
main()
{
  int j;
  for (j = 0; j <= 9; j++)
      cout << "\n lista[" << j << "] =" << lista[i];
}
```

Así, por ejemplo, en

```
int Notas[5];
main()
{
static char Nombres[5];
}
```

Si se define un array globalmente o un array estático y no se proporciona ningún valor de inicialización, el compilador inicializará el array con un valor por

[125]

defecto (cero para arrays de elementos enteros y reales –como flotante– y carácter nulo para arrays de caracteres).

El array de enteros se ha definido globalmente y el array de caracteres se ha definido como un array local estático dentro de **main()**. Si se ejecuta ese segmento de programa, se obtendrán las siguientes asignaciones a los elementos de los arrays.

Notas		Nombres	
[0]	0	[0]	'\0'
[1]	0	[1]	'\0'
[2]	0	[2]	'\0'
[3]	0	[3]	'\0'
[4]	0	[4]	'\0'

ARRAYS DE CARACTERES Y CADENAS DE TEXTO

Una cadena de texto es un conjunto de caracteres, tales como "ABCDEFG". C++ soporta cadenas de texto utilizando un array de caracteres que contenga una secuencia de caracteres;

```
char cadena[] = "ABCDEFG";
```

Es importante comprender la *diferencia* entre un array de caracteres y una cadena de caracteres. Las *cadenas* contienen un carácter nulo al final del array de caracteres.

PRECAUCIÓN: Las cadenas se deben almacenar en arrays de caracteres, pero no todos los arrays de caracteres contienen cadenas.

Examine la Figura 5.4 donde se muestra una cadena de caracteres y un array de caracteres.

Las cadenas se señalan incluyendo un carácter al final de la cadena: *el carácter nulo* (\0), cuyo valor en el código ASCII es 0. El medio más fácil de inicializar un array es hacer la inicialización de la declaración

```
char Cadena[7] = "ABCDEFG";
```

El compilador inserta automáticamente un carácter nulo al final de la cadena, de modo que la secuencia real sería:

```
char Cadena[7] = "ABCDEFG"
```

Cadena	A	B	C	D	E	F	\0

CAPÍTULO [5]   Estructura de datos: arrays, estructuras y uniones

Cad [0]	M
[1]	O
[2]	R
[3]	T
[4]	I
[5]	M
[6]	E
[7]	R
[8]	

a)

Cad [0]	M
[1]	O
[2]	R
[3]	T
[4]	I
[5]	M
[6]	E
[7]	R
[8]	\0

b)

Figura 5.4.
a) Array de caracteres;
b) cadena.

```
Cadena[0] = 'A';
Cadena[1] = 'B';
Cadena[2] = 'C';
Cadena[3] = 'D';
Cadena[4] = 'E';
Cadena[5] = 'F';
Cadena[6] = '\0';
```

Sin embargo, no se puede asignar una cadena a un array del siguiente modo:

```
Cadena = "ABCDEF";
```

Para copiar una constante cadena o copiar una variable de cadena a otra variable de cadena se debe utilizar la función de la biblioteca estándar `strcpy()` ("copiar cadenas"). `strcpy()` permite copiar una constante de cadena en una cadena. Para copiar el nombre "Abracadabra" en el array nombre, se puede escribir

```
strcpy(nombre, "Abracadabra");        // Copia Abracadabra en nombre
```

`strcpy` añade un carácter nulo al final de la cadena. A fin de que no se produzcan errores en la sentencia anterior, se debe asegurar que el array de caracteres nombre tenga elementos suficientes para contener la cadena situada a su derecha.

Ejemplo 5.2

Rellenar los elementos de un array con datos procedentes del teclado.

```
// Rellenado de datos de una lista
#include <iostream.h>
```

```
// Constantes y variables globales

const int MAX = 10;
int Muestra[MAX];

void main()
{
  cout <<"Introduzca una lista de" << MAX << "elementos y pulse la
           tecla Intro (ENTER) después de cada entrada \n\n";
  for (int i = 0, i < MAX ; ++i)
      cin >> Muestra[i];
}
```

Ejemplo 5.3

Visualizar un array después de introducir datos en el mismo.

```
// Visualizar los elementos de un array
#include <iostream.h>

// Constantes y variables globales
const int MAX = 10;
int Muestra[MAX];

void main()
{
  for (int i = 0 ; i < MAX ; ++i)
      Muestra[i] = i*i;
  for (i = 0, i < MAX; ++i)
      cout << Muestra[i] << '\t';
}
```

La salida del programa anterior sería:

0   1   4   9   16   25   36   49   64   81

ARRAYS MULTIDIMENSIONALES

Los arrays vistos anteriormente se conocen como arrays *unidimensionales* (una sola dimensión) y se caracterizan por tener un solo subíndice. Estos arrays se conocen también por el término *listas*. Los *arrays multidimensionales* son aquellos que tienen más de una dimensión y, en consecuencia, más de un índice. Los arrays más usuales son los de dos dimensiones, conocidos también por el nombre de *tablas* o *matrices*. Sin embargo, es posible crear arrays de tantas dimensiones como requieran sus aplicaciones, esto es, tres, cuatro o más dimensiones.

Un array de dos dimensiones equivale a una tabla con múltiples filas y múltiples columnas (Figura 5.5).

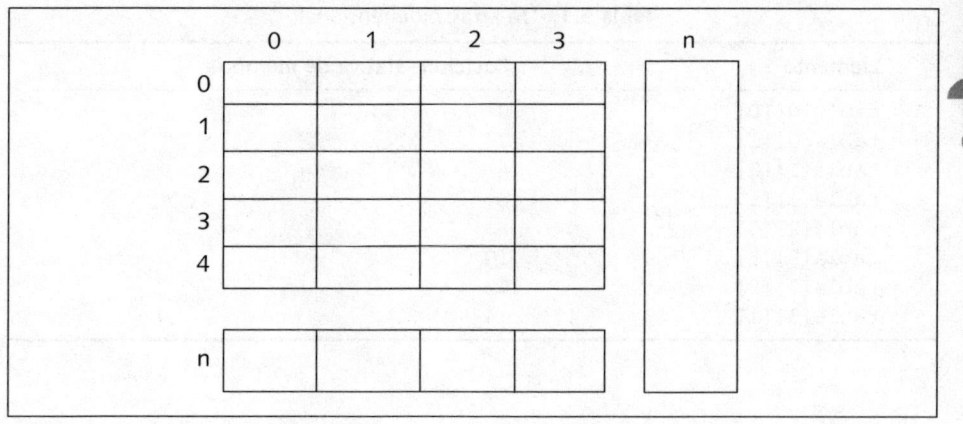

Figura 5.5. Estructura de un array de dos dimensiones.

Obsérvese que en el array bidimensional de la Figura 5.5 si las filas se etiquetan de *0* a *m* y las columnas de *0* a *n*, el número de elementos que tendrá el array será el resultado del producto (m+1) x (n+1). El sistema de localizar un elemento será por las coordenadas representadas por su número de fila y su número de columna (*a, b*). La sintaxis para la declaración de un array de dos dimensiones es:

```
<tipodatoElemento> <nombre array> [<NúmeroDeFilas>][<NúmeroDeColumnas>]
```

Algunos ejemplos de declaración de tablas son:

```
char Pantalla[25] [80];
int puestos[6] [8];
int equipos[4] [30];
int matriz[4] [2];
```

 IMPORTANTE: Al contrario que otros lenguajes, C++ requiere que cada dimensión esté encerrada entre corchetes. La sentencia

```
int equipos[4, 30]
```

no es válida.

Un array de dos dimensiones en realidad es un *array de arrays*. Es decir, es un array unidimensional, y cada elemento no es un valor entero de coma flotante o carácter, sino que cada elemento es otro array.

Los elementos de los arrays se almacenan en memoria, de modo que el subíndice más próximo al nombre del array es la fila y el otro subíndice la columna. En la Tabla 5.1 se representan todos los elementos y sus posiciones relativas en memoria del array.

```
int tabla[4] [2];
```

Tabla 5.1. Un array bidimensional.

Elemento	Posición relativa de memoria
tabla[0][0]	0
tabla[0][1]	2
tabla[1][0]	4
tabla[1][1]	6
tabla[2][0]	8
tabla[2][1]	10
tabla[3][0]	12
tabla[3][1]	14

Inicialización de arrays multidimensionales

Los arrays multidimensionales se pueden inicializar, al igual que los de una dimensión, cuando se declaran. La inicialización consta de una lista de constantes separadas por comas y encerradas entre llaves, como en

```
1. int tabla1[2][3] = {51, 52, 53, 54, 55, 56};
```

o bien en los formatos:

```
int tabla[2][3]     = {{51, 52, 53},
                       {54, 55, 56}};
int tabla[2][3]     = {{51, 52, 53}, 54, 55, 56}};
int tabla[2][3]     = {
                       ...{51, 52, 53}
                       .  {54, 55, 56}
                       ..};
2. int tabla2[3][4] = {
                       {1, 2, 3, 4},
                       {5, 6, 7, 8},
                       {9, 10, 11, 12}
                       };
```

IMPORTANTE: Los arrays multidimensionales (a menos que sean globales) no se inicializan a valores específicos a menos que se les asignen valores en el momento de la declaración o en el programa. Si se inicializan uno o más elementos, pero no todos, C++ rellena el resto con ceros o valores nulos (´\0´). Si se desea inicializar a cero un array multidimensional, utilice una sentencia tal como ésta:

```
float ventas[3] [4] [5] = {0.0};
```

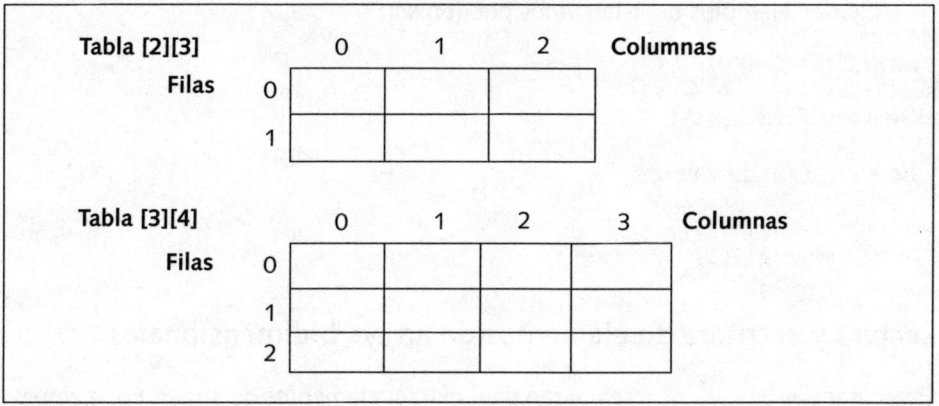

Figura 5.6.
Tablas de dos dimensiones.

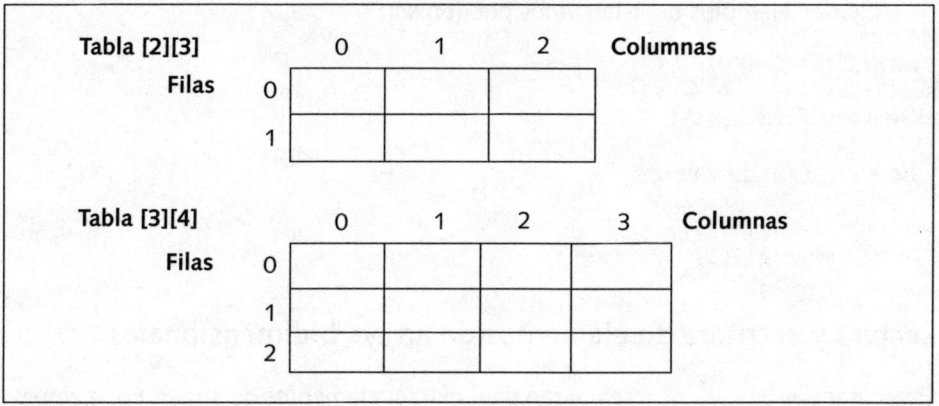

Figura 5.7.
Almacenamiento en memoria de tabla[3][4].

Acceso a los elementos de los arrays bidimensionales

Se puede acceder a los elementos de arrays bidimensionales de igual forma que a los elementos de un array unidimensional. La diferencia reside en que los elementos bidimensionales deben especificar los índices de la fila y la columna.

El formato general para asignación directa de valores a los elementos es:

inserción de elementos

  <nombre array>[indice fila][indice columna] = valor elemento;

extracción de elementos
  <variable> = <nombre array> [indice fila] [indice columna];

Algunos ejemplos de inserciones pueden ser:

```
Tabla[2][3] = 4.5;
Resistencias[2][4] = 50;
AsientosLibres[5][12] = 5;
```

y de extracción de valores:

```
Ventas = tabla[1][1];
Dia = Semana[3][6];
```

Lectura y escritura de elementos de arrays bidimensionales

Las sentencias cin y cout se utilizan para extraer elementos de arrays. Por ejemplo:

```
cin >> Tabla[2][3];
cout << Tabla[1][1];
cin >> Resistencias[2][4];
if (AsientosLibres[3][4])
   cout << "VERDADERO" << endl;
else
   cout << "FALSO" << endl;
```

Acceso a elementos mediante bucles

Se puede acceder a los elementos de arrays bidimensionales mediante bucles anidados. Su sintaxis es:

```
for (int IndiceFila = 0; IndiceFila < NumFilas; ++IndiceFila)
   for (int IndiceCol = 0; IndiceCol < NumCol; ++IndiceCol)
        Procesar elemento[IndiceFila][IndiceCol]
```

Ejemplo 5.4

```
// Rellenar la tabla
float discos[2][4];
int fila, col;
for (fila = 0 ; fila < 2; fila++) {
   for (col = 0; col < 4; col++)
   {
        cin >> discos[fila][col];
   }
}

// Visualizar la tabla
for (fila = 0 ; fila < 2; fila++) {
   for (col = 0 ; col < 4; col++)
   {
        cout << "Pts" << discos[fila][col << "\n";
   }
}
```

Arrays de más de dos dimensiones

C++ proporciona la posibilidad de almacenar varias dimensiones, aunque raramente los datos del mundo real requieren más de dos o tres dimensiones. El medio más fácil de dibujar un array de tres dimensiones es imaginar un cubo tal como se muestra en la Figura 5.8.

Un array tridimensional se puede considerar como un conjunto de arrays bidimensionales combinados juntos para formar, en profundidad, una tercera dimensión. El cubo se construye con filas (dimensión vertical), columnas (dimensión horizontal) y planos (dimensión en profundidad). Por consiguiente, un elemento dado se localiza especificando su plano, fila y columna. Una definición de un array tridimensional `equipos` es:

```
int equipos[3] [15] [10];
```

Un ejemplo típico de un array de tres dimensiones es el modelo *libro*, en el que cada página del libro es un array bidimensional construido por filas y columnas. Así, por ejemplo, cada página tiene cuarenta y cinco líneas que forman las filas del array y ochenta caracteres por línea, que forman las columna del array. Por consiguiente, si el libro tiene quinientas páginas, existirán quinientos planos y el número de elementos será 500 x 80 x 45 = 1.800.000

Una aplicación práctica

El array `libro` tiene tres dimensiones, [PAGINAS] [LINEAS] [COLUMNAS], que definen el tamaño del array. El tipo de datos del array es `char`, ya que los elementos son caracteres.

¿Cómo se puede acceder a la información del libro? El método más fácil es mediante bucles anidados. Dado que el libro se compone de un conjunto de

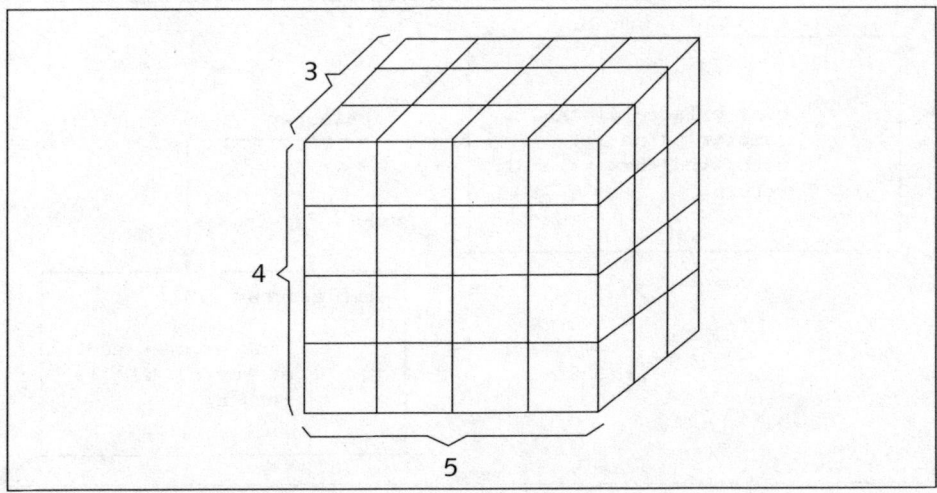

Figura 5.8.
Un array
de tres
dimensiones
(4x5x3).

páginas, el bucle más externo será el bucle de página y el bucle de columnas el bucle más interno. Esto significa que el bucle de las filas se insertará entre los bucles página y columna. El código siguiente permite procesar el array.

```
for (int Pagina = 0; Pagina < PAGINAS; ++Pagina)
   for (int Linea = 0; Linea <LINEAS; ++Linea)
      for (int Columna = 0; Columna < COLUMNAS; ++Columna)
            < procesar Libro[Pagina] [Linea] [Columna] >
```

UTILIZACIÓN DE ARRAYS COMO PARÁMETROS

En C++ *todos los arrays se pasan por referencia* (dirección). Esto significa que cuando se llama a una función y se utiliza un array como parámetro, se debe tener cuidado de no modificar los arrays en una función llamada. C++ trata automáticamente la llamada a la función como si hubiera situado el operador de dirección & delante del nombre del array. La Figura 5.9 ayuda a comprender el mecanismo.

Dadas las declaraciones

```
const int MAX = 100;
double datos[MAX];
```

se puede declarar una función que acepte un array de valores double como parámetro. Se puede prototipar una función `SumaDeDatos`, de modo similar a:

```
double SumaDeDatos(double datos[MAX]);
```

Incluso mejor si se dejan los corchetes en blanco y se añade un segundo parámetro que indica el tamaño del array:

```
double SumaDeDatos(double datos[], int n);
```

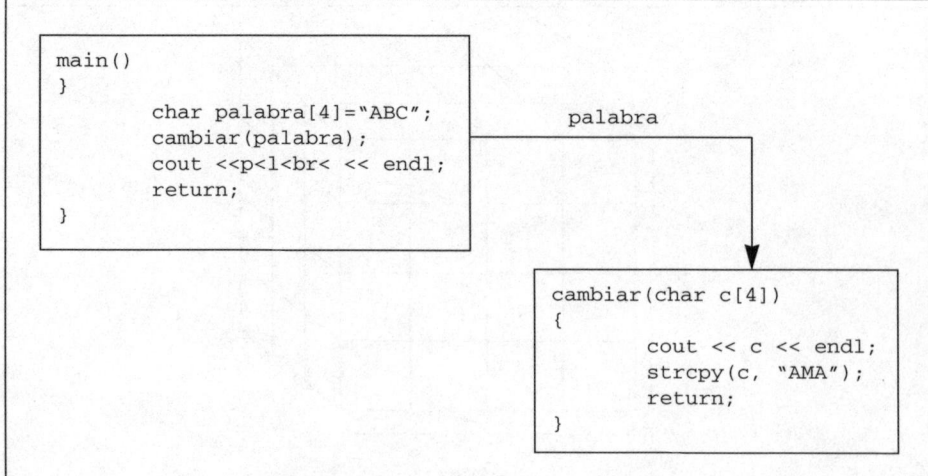

Figura 5.9. Paso de un array por dirección.

CAPÍTULO [5]   Estructura de datos: arrays, estructuras y uniones

A la función `SumaDeDatos` se pueden entonces pasar argumentos de tipo array junto con un entero n, que informa a la función sobre cuántos valores contiene el array. Por ejemplo, esta sentencia visualiza la suma de valores de los datos del array:

```
cout << "Suma de" << SumaDeDatos(datos, MAX);
```

La función `SumaDeDatos` es fácil de escribir. Un simple bucle while suma los elementos del array y una sentencia return devuelve el resultado de nuevo al llamador.

```
double SumaDeDatos(double datos[], int n)
{
    double Suma = 0;

    while (n > 0)
        Suma += datos[--n];

    return suma;
}
```

Precauciones

Cuando se utiliza una variable array como argumento, la función receptora puede no conocer cuántos elementos existen en el array. Sin su conocimiento una función no puede utilizar el array. Aunque la variable array puede apuntar al comienzo del array, no proporciona ninguna indicación de dónde termina el array.

Una función `SumaDeEnteros` suma los valores de todos los elementos de un array y devuelve el total.

```
int SumaDeEnteros(int *ArrayEnteros)
{
  // ...
}

main()
{
  int Lista[5] = {10, 11, 12, 13, 14};
  SumaDeEnteros (Lista);
  // ...
}
```

Aunque `SumaDeEnteros()` conoce dónde comienza el array, no conoce cuántos elementos hay en el array; en consecuencia, no sabe cuántos elementos hay que sumar.

AHORRE TIEMPO: Se pueden utilizar dos métodos alternativos para permitir que una función conozca el número de argumentos asociados con un array que se pasa como argumento de una función:

- situar un valor de señal al final del array, que indique a la función que se ha de detener el proceso en ese momento;
- pasar un segundo argumento que indica el número de elementos del array.

Todas las cadenas terminadas en nulo utilizan el primer método. Una segunda alternativa es pasar el número de elementos del array siempre que se pasa el array como un argumento.

El array y el número de elementos se convierten entonces en una pareja de argumentos que se asocian con la función llamada. La función `SumaDeEnteros()`, por ejemplo, se puede actualizar así:

```
int SumaDeEnteros(int *ArrayEnteros, int NoElementos)
{
  // ...
}
```

El segundo argumento, `NoElementos`, es un valor entero que indica a la función `SumaDeEnteros` cuántos elementos se procesarán en el array `ArrayEnteros`.

Este método suele ser el utilizado para arrays de elementos que no son caracteres.

Ejemplo 5.5

```
#include <iostream.h>

int SumaDeEnteros(int *ArrayEnteros, int NoElementos)
{
  int i, Total = 0;
  for (i = 0; i < NoElementos; i++)
      Total += ArrayEnteros[i];

  return Total;
}

main()
{
  int Items[10*;
  int Total, i;

  cout << "Introduzca 10 números, seguidos por return" << endl;
  for (i = 0; i < 10; i++)
      cin >> Items[i];

  // Suma del array
  Total = SumaDeEnteros(Items, 10);
```

CAPÍTULO [5]   Estructura de datos: arrays, estructuras y uniones

```
   // Visualizar el resultado
   cout << Total;
   return 0;
}
```

El siguiente programa muestra cómo se pasa un array de enteros a una función de ordenación, `ordenar()`.

```
main()
{
  int ListaEnt[ ] = {9, 8, 7, 6, 5, 4, 3, 2, 1, 10};
  int LongLista = sizeof(ListaEnt) / sizeof(int);
  void ordenar(int *, int);            // prototipo de ordenar
  for (unsigned i = 0; i < LongLista; i++)// nuestra orden inicial
       cout << ListaEnt[i] << " " ;
  ordenar (ListaEnt, LongLista);
  for (unsigned := 0; i < LongLista; i++) // muestra orden final
            cout << ListaEnt[i] << " ";
  return 0 ;
}
void ordenar(int *lista, int numElementos)
{
   // cuerpo de la función ordenar el array
}
```

Como C++ trata las cadenas como arrays de caracteres, las reglas para pasar arrays como argumentos a funciones se aplican también a cadenas. El siguiente ejemplo de una función de cadena que convierte los caracteres de sus argumentos a mayúsculas muestra el paso de parámetros tipo cadena.

Paso de cadenas como parámetros

La técnica de pasar arrays como parámetros se utiliza para pasar cadenas de caracteres a funciones. Las cadenas terminadas en nulo utilizan el primer método dado anteriormente para controlar el tamaño de un array. Las cadenas son arrays de caracteres. Cuando una cadena se pasa a una función, tal como `strlen()` la función conoce que se ha almacenado el final del array cuando ve un valor de 0 en un elemento del array.

Las cadenas utilizan siempre un 0 para indicar que es el último elemento del array de caracteres, pero 0 no es el único indicador de final de cadena que se puede utilizar. Se puede utilizar cualquier valor para indicar el elemento final de sus arrays.

Consideremos estas declaraciones de una constante y una función que acepta un parámetro cadena y un valor de su longitud.

```
const MAXLON = 128;
void FuncDemo(char s[], int lon);
```

El parámetro s es un array de caracteres de longitud no especificada. El parámetro lon indica a la función cuántos bytes ocupa s (que puede ser diferente del número de caracteres almacenados en s). Dadas las declaraciones siguientes:

```
char presidente[MAXLON] = "Manual Martínez" ;
FuncDemo(presidente, MAXLON);
```

la primera línea declara e inicializa un array de caracteres llamado presidente, capaz de almacenar hasta MAXLON-1 caracteres más un byte de terminación nulo. La segunda línea pasa la cadena a la función.

ESTRUCTURAS

Los arrays son estructuras de datos que contienen un número dado de elementos (su tamaño) y el tipo de dato de los elementos. Todos los elementos han de ser del mismo tipo de datos. Esta característica supone una gran limitación cuando se requieren grupos de elementos con tipos diferentes de datos cada uno. Por ejemplo, si se dispone de una lista de temperaturas, es muy útil un array; sin embargo, si se necesita una lista de información de clientes que contenga elementos tales como el nombre, la edad, la dirección, el número de la cuenta, etc., los arrays no son adecuados. La solución a este problema es utilizar un tipo de dato *estructura*.

IMPORTANTE: Una estructura es una colección de uno o más tipos de elementos denominados miembros, cada uno de los cuales puede ser un tipo de dato diferente.

Una estructura puede contener cualquier número de miembros, cada uno de los cuales tiene un nombre único, denominado *nombre* del miembro. Supongamos que se desea almacenar los datos de una colección de discos compactos (**CD**) de música. Estos datos pueden ser:

- título,
- artista,
- número de canciones,
- precio,
- fecha de compra.

La estructura CD contiene cinco miembros. Tras decidir los miembros, se debe decidir cuáles son los tipos de datos para utilizar por los miembros. Esta información se representa en la tabla siguiente:

Nombre miembro	Tipo de dato
Título	Array de caracteres de tamaño 30.
Artista	Array de caracteres de tamaño 25.
Número de canciones	Entero.
Precio	Coma flotante.
Fecha de compra	Array de caracteres de tamaño 8.

Título	Ay, ay, ay, se me ha muerto el canario
Artista	No me pises que llevo chanclas
Número de canciones	10
Precio	2222.25
Fecha de compra	8-10-1992

Figura 5.10. Representación gráfica de una estructura CD.

La Figura 5.10 contiene la estructura CD, mostrando gráficamente los tipos de datos dentro de la estructura. Obsérvese que cada miembro es un tipo de dato diferente.

Declaración de una estructura

Una estructura es un tipo de dato definido por el usuario que se debe declarar antes de que se pueda utilizar. El formato de la declaración es:

```
struct <nombre de la estructura>
{
  <tipo de dato miembro1> <nombre miembro1>
  <tipo de dato miembro2> <nombre miembro2>
  ...
  <tipo de dato miembron> nombremiembron>
};
```

La declaración de la estructura CD es

```
struct colección_CD
{
  char titulo[30];
  char artista[25];
  int num_canciones;
  float precio;
  char fecha_compra[8];
};
```

Definición de variables de estructuras

Al igual que a los tipos de datos enumerados, a una estructura se accede utilizando una variable o variables que se deben definir después de la declaración de la estructura. Del mismo modo que sucede en otras situaciones, en C++ existen dos conceptos similares a considerar, *declaración* y *definición*. La diferencia técnica es la siguiente. Una declaración especifica simplemente el nombre y el formato de la estructura de datos, pero no reserva almacenamiento en memoria. Por con-

 siguiente, cada definición de variable para una estructura dada crea un área en memoria en donde los datos se almacenan de acuerdo al formato estructurado declarado. Las variables de estructuras se pueden definir de dos formas: *1)* listándolas inmediatamente después de la llave de cierre de la declaración de la estructura, o *2)* listando el nombre de la estructura seguida por las variables correspondientes en cualquier lugar del programa antes de utilizarlas. La definición y declaración de la estructura `colecciones_CD` se puede hacer por cualquiera de los dos métodos:

```
1. struct colecciones_CD

     char titulo[30];
     char artista[25];
     int num_canciones;
     float precio;
     char fecha_compra[8];
   } cd1, cd2, cd3;

2. colecciones_CD cd1, cd2, cd3;
```

Obsérvese que esta definición difiere del sistema empleado en el lenguaje C, en donde es obligatorio el uso de la palabra reservada en la definición

```
struct colecciones_CD cd1, cd2, cd3;
```

Otro ejemplo de definición/declaración

Consideremos un programa que gestione libros y procese los siguientes datos: título del libro, nombre del autor, editorial y año de publicación. Una estructura `info_libro` podría ser:

```
struct info_libro
{
  char titulo[60];
  char autor[30];
  char editorial[30];
  int anyo;
};
```

La definición de la estructura se puede hacer así :

```
1. info_libro libro1, libro2, libro3;
2. struct info_libro {
          char titulo[60];
          char autor[30];
          char editorial[30];
          int anyo;
   } libro1, libro2, libro3;
```

Uso de estructuras en asignaciones

Como una estructura es un tipo de dato similar a un `int` o un `char`, se puede asignar una estructura a otra. Por ejemplo, se puede hacer que `libro3`, `libro4` y `libro5` tengan los mismos valores en sus miembros que `libro1`. Por consiguiente, sería necesario realizar las siguientes sentencias:

```
libro3 = libro1;
libro4 = libro1;
libro5 = libro1;
```

De modo alternativo se puede escribir

```
libro4 = libro5 = libro6 = libro1;
```

Inicialización de una declaración de estructuras

Se puede inicializar una estructura de dos formas. Se puede inicializar una estructura dentro de la sección de código de su programa, o bien se puede inicializar la estructura como parte de la declaración. Cuando se inicializa una estructura como parte de la declaración, se especifican los valores iniciales, entre llaves, después de la declaración. El formato general en este caso;

```
struct <nombre variable estructura> =
   {    valor miembro1,
        valor miembro2,
...
valor miembron };

struct info_libro
{
  char titulo[60];
  char autor[30];
  char editorial[30];
  int anyo;
} libro1={"C++ Iniciación y referencia","Luis Joyanes","McGraw-Hill",
1999};
```

Otro ejemplo podría ser

```
struct colección_CD
{
  char titulo[30];
  char artista[25];
  int num_canciones;
  float precio;
  char fecha_compra[8];
} cd1 = {
            "El humo nubla tus ojos",
            "Col Porter",
            15,
            2545,
            "02/6/94"
        };
```

ACCESO A ESTRUCTURAS

Cuando se accede a una estructura se almacena información en la estructura o se recupera la información de la estructura. Se puede acceder a los miembros de una estructura de una de estas dos formas: *1)* utilizando el operador punto (.), o bien *2)* utilizando el operador puntero –>.

Almacenamiento de información en estructuras

Se puede almacenar información en una estructura mediante inicialización, asignación directa o lectura del teclado. El proceso de inicialización ya se ha examinado, veamos ahora la asignación directa y la lectura del teclado.

Acceso a una estructura de datos mediante el operador punto

La asignación de datos a estructuras se puede hacer mediante el operador punto. La sintaxis en C++ es:

```
<nombre variable estructura> . <nombre miembro> = datos;
```

Algunos ejemplos son:

```
cd1.titulo = "Granada";
cd1.precio = 3450.75;
cd1.num_canciones = 7;
```

El operador punto proporciona el camino directo al miembro correspondiente. Los datos que se almacenan en un miembro dado deben ser del mismo tipo que el tipo declarado para ese miembro.

Acceso a una estructura de datos mediante el operador puntero

El operador puntero –> sirve para acceder a los datos de la estructura. Para utilizar este operador se debe definir primero una variable puntero para apuntar a la estructura. A continuación, utilice simplemente el operador puntero para apuntar a un miembro dado. La asignación de datos a estructuras utilizando el operador puntero tiene el formato:

```
<puntero estructura> -> <nombre miembro> = datos;
```

Así, por ejemplo, una estructura estudiante

```
struct estudiante
{
  char Nombre[20];
  int Num_Estudiante;
```

```
    int Anyo_de_matricula;
    float Nota;
};
```

Se puede definir Mortimer como un puntero a la estructura

```
Estudiante *Mortimer;
```

A los miembros de la estructura Estudiante se pueden asignar datos como sigue (siempre y cuando la estructura ya tenga creado su espacio de almacenamiento, por ejemplo, con `malloc()`);

```
Mortimer -> Num_Estudiante = 3425;
Mortimer -> Nota = 7.5;
```

 IMPORTANTE: Previamente habría que crear espacio de almacenamiento en memoria; por ejemplo, con la función `malloc()`.

Lectura de información de una estructura

Si ahora se desea introducir la información en la estructura mediante el teclado, basta con emplear una sentencia de entrada utilizando el operador punto o puntero. Así, si Mortimer es una variable ordinaria de tipo estructura

```
Estudiante Mortimer;
...
cout << "\n Introduzca el nombre del estudiante: ";
gets(Mortimer .Nombre);
cout << "\n Introduzca el número de estudiante: ";
cin >> Mortimer .Num_Estudiante;
...
```

Ahora, si Mortimer está definido como una variable puntero a la estructura

```
Estudiante *Mortimer;            // puntero a una estructura ya creada.
cout << "\n Introduzca el nombre del estudiante: ";
gets(Mortimer -> Nombre);
cout << "\n Introduzca el número de estudiante: ";
cin >> Mortimer -> Num_Estudiante;
...
```

Recuperación de información de una estructura

Se recupera información de una estructura utilizando el operador de asignación o una sentencia `cout`. Igual que antes, se puede emplear el operador punto o el operador puntero. El formato general toma uno de estos formatos:

1. <nombre variable> =
                    <nombre variable estructura>.<nombre miembro>;

   o bien,

   <nombre variable> =
                    puntero de estructura> -> <nombre miembro>;

2. cout << <nombre variable estructura>.<nombre miembro>

   o bien,

   cout << <puntero de estructura> -> <nombre del miembro>;

   Algunos ejemplos del uso de la estructura `Estudiante` son

```
Numero = Mortimer .Num_Estudiante;
Grado = Mortimer -> Nota;
cout << Mortimer .Nombre;
cout << Mortimer -> Anyo_de_matricula;
```

ESTRUCTURAS ANIDADAS

Una estructura puede contener otras estructuras llamadas *estructuras anidadas*. Las estructuras anidadas ahorran tiempo en la escritura de programas que utilizan estructuras similares. Se han de definir los miembros comunes sólo una vez en su propia estructura y a continuación utilizar esa estructura como un miembro de otra estructura.

Consideremos las dos definiciones siguientes de estructuras:

```
struct empleado
{
  char nombre_emp[30];               // Nombre del empleado
  char dirección[25];         // Dirección del empleado
  char ciudad[20];
  char provincia[20];
  long int cod_postal;
  double salario;             // salario anual
};

struct clientes
{
  char nombre_cliente[30];    // Nombre del cliente
  char direccion[25];         // Dirección del cliente
  char ciudad[20];
  char provincia[20];
  long int cod_postal;
  double saldo;               // Saldo de la compañía
};
```

Estas estructuras contienen muchos datos diferentes, aunque hay datos que están solapados. Así, se podría disponer de una estructura, info_dir, que contuviera los miembros comunes

CAPÍTULO [5]   Estructura de datos: arrays, estructuras y uniones

```
struct info_dir
{
  char direccion[25];
  char ciudad[20];
  char provincia[20];
  long int cod_postal;
};
```

Esta estructura se puede utilizar como un miembro de las otras estructuras, es decir, *anidarse*.

```
struct empleado
{
  char nombre_emp[30];
  struct info_dir direccion_emp;
  double salario;
};

struct clientes
{
  char nombre_cliente[30];
  struct info_dir direccion_clien;
  double saldo;
};
```

Gráficamente se podrían mostrar estructuras anidadas en la Figura 5.11.

Un ejemplo de estructuras

Se desea diseñar una estructura que contenga información de operaciones financieras. Esta estructura debe constar de un número de cuenta, una cantidad de dinero, el tipo de operación (depósito o retirada de fondos) y la fecha y hora en que la operación se ha realizado. A fin de realizar el acceso correcto a los campos día, mes y año, así como el tiempo (la hora y minutos) en que se efectuó la operación, se define una estructura `registro_operacion` de la forma siguiente:

```
#include <iostream.h>

enum tipo_de_operación {DEPOSITO, RETIRADA};
struct registro_operación {
```

empleado			cliente:		
nombre_emp			nombre_cliente		
info_dir		dirección ciudad provincia cod_postal	infor_dir		dirección ciudad provincia cod_postal
salario			saldo		

Figura 5.11. Estructuras anidadas.

```
  long numero_cuenta;
  float cantidad;
  tipo_de_operación tipo_operación;
  struct {
      int mes, dia, anyo;
}     fecha;
struct {
  int horas, minutos;
} tiempo;
};

void main() {
  struct registro_operación operación;
  operación.cantidad = 500.00;
  operación.tipo_transaccion = DEPOSITO;
  operación.fecha.mes = 10;
  operación.fecha.dia = 25;
  operación.tiempo.horas = 8;
  operación.tiempo.minutos = 45;
}
```

ARRAYS DE ESTRUCTURAS

Se puede crear un array de estructuras tal como se crea un array de otros tipos. Los arrays de estructuras son idóneos para almacenar un archivo completo de empleados, un archivo de inventario o cualquier otro conjunto de datos que se adapte a un formato de estructura. Mientras que los arrays proporcionan un medio práctico de almacenar diversos valores del mismo tipo, los arrays de estructuras le permiten almacenar juntos diversos valores de diferentes tipos, agrupados como estructuras.

Muchos programadores de C++ utilizan arrays de estructuras como un método para almacenar datos en un archivo de disco. Se pueden introducir y calcular sus datos de disco en arrays de estructuras y, a continuación, almacenar esas estructuras en memoria. Los arrays de estructuras proporcionan también un medio de guardar datos que se leen del disco.

La declaración de un array de estructuras `info_libro` se puede hacer de un modo similar a cualquier array, es decir,

```
info_libro libros[100];
```

asigna un array de 100 elementos denominado `libros`. Para acceder a los miembros de cada uno de los elementos estructura se utiliza una notación de array. Para inicializar el primer elemento de `libros`, por ejemplo, su código debe hacer referencia a los miembros de `libros[0]` de la forma siguiente:

```
strcpy(libros[0].titulo, "C++ a su alcance");
strcpy(libros[0].autor, "Luis Joyanes");
strcpy(libros[0].editorial, "McGraw-Hill);
libros[0].anyo = 1994;
```

Se puede también inicializar un array de estructuras en el punto de la declaración encerrando la lista de inicializaciones entre llaves, {}. Por ejemplo,

```
info_libro libros[3] = {"C++ Iniciación y referencia", "Luis Joyanes",
  "McGraw-Hill", 1999, "The Annotated C++. Reference
  Manual", "Stroustrup", Addison_Wesley", 1992, "The Design and
  Evolution of C++", "Stroustrup", "Addison-Wesley", 1994, .
  "Object Orientation", "Hares, Smart", Wiley", 1994};
```

Arrays como miembros

Los miembros de las estructuras pueden ser asimismo arrays. En este caso, será preciso extremar las precauciones cuando se accede a los elementos individuales del array.

Considérese la siguiente definición de estructura. Esta sentencia declara un array de 100 estructuras, cada estructura contiene información de datos de empleados de una compañía.

```
struct nomina
{
  char nombre[30] ;              // Array nombre
  int dependientes ;
  char departamento[10] ;        // Array departamento
  float salario ;
} empleado[100] ;                // Un array de 100 empleados
```

Ejemplo 5.6

Una librería desea catalogar su inventario de libros. El siguiente programa crea un array de 100 estructuras, donde cada estructura contiene diversos tipos de variables, incluyendo arrays.

```
// Nombre del archivo : LIBROS.CPP

#include <iostream.h>
#include <stdio.h>
#include <ctype.h>

struct inventario
{
  char titulo[25];
  char fecha_pub[20];
  char autor[30];
  int num;
  int pedido;
  float precio_venta;
};

main()
}
```

```
    struct inventario libro[100];
    int total = 0;
    char resp;

    do{
        cout << "Total libros" << (total+1) << "\n";
        cout << "¿Cual es el titulo ?";
        gets(libro[total].titulo);

        cout << "¿Cual es la fecha de publicación ?";
        gets(libro[total].fecha_pub);

        couts << "¿Quién es el autor ?";
        gets(libro[total].autor);

        cout << "¿Cuántos libros existen ?";
        cin >> libro[total].num;

        cout << "¿Cuántos ejemplares existen pedidos ?";
        cin >> libro[total].pedido;

        cout << "¿Cuál es el precio de venta ?";
        cin >> libro[total].precio_venta;
        fflush(stdin);

        cout << "\n ¿Hay más libros ? (S/N)";
        cin >> resp;
        fflush(stdin);
        resp = toupper(resp);
        if (resp == 'S')
        {
                total++;
                continue;
        }
    } while (resp == 'S');
    return 0;
}
```

UTILIZACIÓN DE ESTRUCTURAS COMO PARÁMETROS

C++ permite pasar estructuras bien por valor o bien por referencia. Si la estructura es grande, el tiempo necesario para copiar un parámetro struct a la pila puede ser prohibitivo. En tales casos, se debe considerar el método de paso por referencia.

El listado ESTRUCT1.CPP muestra un programa que pasa una estructura a una función utilizando el método de paso por valor.

```
// ESTRUCT1.CPP
// Muestra el paso por valor de una estructura
#include <iostream.h>
// Definir el tipo estructura InfoPersona
struct InfoPersona{
```

CAPÍTULO [5] Estructura de datos: arrays, estructuras y uniones

```
  char nombre[20];
  char calle[30];
  char ciudad[25];
  char provincia[25];
  char codigoPostal[5];
};

void verInfo(InfoPersona Datos)
{
  cout << Datos.nombre << endl
       << Datos.calle << endl
       << Datos.ciudad << " " << Datos.provincia
       << " " << Datos.codigoPostal << endl;
}
void main(void)
{
  // Declarar RegistroDatos como tipo estructura
  InfoPersona RegistroDatos = {"Pepe Luis Mackoy"

      "3 de mayo", "Cazorla",
                       "Jaen", "63441"};
  VerInfo(InfoPersona) ;

  cout << "Pulsa Intro (Enter) para continuar";
  cin.get();
}
```

Si se desea pasar la estructura por referencia, necesita situar un operador de referencia & entre `InfoPersona` y `Datos` en la cabecera de la función `VerInfo()`.

UNIONES

Las uniones son casi idénticas a las estructuras, pero producen resultados diferentes. Una estructura (`struct`) permite almacenar variables relacionadas juntas y almacenadas en posiciones contiguas en memoria. Las uniones declaradas con la palabra reservada `union` almacenan también miembros múltiples en un paquete; sin embargo, en lugar de situar sus miembros unos detrás de otros, en una unión, todos los miembros se solapan entre sí en la misma posición.

La sintaxis de una unión es:

```
union nombre {
  tipo1 miembro1;
  tipo2 miembro2;
      ...
};
```

Un ejemplo es:

```
union PruebaUnion {
  float Item1;
  long Item2 ;
};
```

 La cantidad de memoria reservada para una unión es igual a la anchura de la variable más grande. En el tipo union, cada uno de los miembros dato comparten memoria con los otros miembros de la unión. La cantidad total de memoria utilizada por la unión `PruebaUnionTest` es de 4 bytes, ya que el elemento `float` es el miembro dato mayor de la unión.

```
union PruebaUnionTest {
  char letra;
  int elemento;
  float precio;
  char tecla;
};
```

Una razón para utilizar una unión es ahorrar memoria. En muchos programas se deben tener varias variables, pero no necesitan utilizarse todas al mismo tiempo. Consideremos la situación en que se necesitan tener diversas cadenas de caracteres de entrada. Se pueden crear varios arrays de cadenas de caracteres, tales como los siguientes:

```
char linea_ordenes[80];
char mensaje_error[80];
char ayuda[80];
```

Estas tres variables ocupan 240 bytes de memoria. Sin embargo, si su programa no necesita utilizar las tres variables simultáneamente, ¿por qué no permitirle compartir la memoria utilizando una unión? Cuando se combinan en el tipo unión frases, estas variables ocupan un total de sólo 80 bytes.

```
union frases {
  char linea_ordenes[80];
  char mensaje_error[80];
  char ayuda[80];
} cadenas;
```

Para referirse a los miembros de una unión se utiliza el operador punto (.).

```
cadenas.ayuda
cadenas.mensaje_error
```

Definición de tipos union

Una vez que una unión ha sido declarada se puede utilizar para definir objetos de ese tipo con la declaración típica de variables. Así,

```
union nombre {
  tipo1 miembro1;
  tipo2 miembro2;
  ...
};

nombre n1, nx;
```

declara n1 y nx de tipo union *nombre*. Esta propiedad sólo está disponible en C++. En C debería escribir

```
union nombre n1, nx;
```

La declaración

```
union intDoble
{
  int vali;
  double vald;
}
```

crea una unión `intDoble` que se puede utilizar en

```
intDoble x;
```

para declarar una variable unión x, que puede contener valores enteros (*int*) o bien valores doble (*double*).

```
x.vali = 99;          // x como variable int
x.vald = 4.325;       // x como variable double, sobreescribe un
                      //valor int
```

Por consiguiente, un objeto `union` contiene sólo un tipo de valor al mismo tiempo.

Ejemplo 5.7

```
union Longitud {
  unsigned mPalabra[2];
  long mLongitud;
};

main()
{
  Longitud n;
  long m = 0xffffffff;
  n.Longitud = m;
  cout << "Palabra alta es" << n.mPalabra[1] << endl;
       << "Palabra baja es" << n.mPalabra[0] << endl;
}
```

Una aplicación de unión

```
// union.cpp Se visualiza el alfabeto (códigos ASCII,65 a 91)

#include <iostream.h>
```

```
main()
{
  union carent {
        char c;
        int i;
  } ci;

  int i;

  for (i = 65; i < 91; i++)
  {
        ci.i = i;                    // Asigna i a ci.i
        cout << ci.i         // Visualizar el miembro c de ci
  }
  return 0;
}
```

Uniones anónimas

C++ tiene un tipo especial de unión denominada *unión anónima*. Una unión anónima es una unión sin nombre (etiqueta), que declara un conjunto de miembros que comparten la misma dirección de memoria. Al no tener nombre la unión, implica que se puede acceder a los elementos directamente; esto puede suponer ahorro de tiempo en la entrada de código fuente cuando se utilizan programas que procesan uniones.

Veamos la diferencia entre la unión estándar y la unión anónima. La unión estándar prueba se define por:

```
union prueba
{
  int x;
  float y;
  double x;
};
```

y se maneja en un programa principal, tal como

```
main()
{
  union prueba acceso;

  acceso.x = 21;
  acceso.y = 24.345;
  acceso.z = 321.121;
}
```

En C++ el programa siguiente realiza la misma operación anterior:

```
int main()
{
  union {
        int x;
```

```
        float y;
        double z;
  };
  x = 21;
  y = 24.345;
  z = 321.121;
}
```

Las variables x, y, z comparten las mismas posiciones de memoria y espacio de datos.

CAPÍTULO [6]

Punteros (Apuntadores)

[Notas]

[Punteros (Apuntadores)]

Los punteros en C y C++ tienen la fama, en el mundo de la programación, de dificultad, tanto en el aprendizaje como en su uso. En este capítulo se tratará de mostrar que los punteros no son más difíciles de aprender que cualquier otra herramienta de programación ya examinada o por examinar a lo largo de este libro. El *puntero* no es más que una herramienta muy potente que puede utilizar en sus programas para hacerlos más eficientes y flexibles. Los punteros son, sin género de dudas, una de las razones fundamentales para que el lenguaje C/C++ sea tan potente y tan utilizado.

Una *variable puntero* (o *puntero*, como se llama normalmente) es una variable que contiene direcciones de otras variables. Todas las variables vistas hasta este momento contienen valores de datos; por el contrario, las variables punteros contienen valores que son direcciones de memoria donde se almacenan datos. En resumen, un puntero es una variable que contiene una dirección de memoria y utilizando punteros su programa puede realizar muchas tareas que no sería posible utilizando tipos de datos estándar.

En este capítulo se estudiarán los diferentes aspectos de los punteros:

- punteros;
- utilización de punteros;
- asignación dinámica de memoria;
- aritmética de punteros;
- arrays de punteros;
- punteros a punteros, funciones y estructuras.

Los programas pueden crear variables globales o locales. Las variables declaradas globales en sus programas se almacenan en posiciones fijas de memoria, en la zona conocida como *segmento de datos* del programa, y todas las funciones pueden utilizar estas variables. Las variables locales se almacenan en la **pila** (*stack*) y existen *sólo* mientras son activas las funciones que están declaradas. Es posible, también, crear variables `static` (similares a las globales) que se almacenan en posiciones fijas de memoria, pero sólo están disponibles en el módulo (es decir, el archivo de texto) o función en que se declaran; su espacio de almacenamiento es el segmento de datos.

Todas estas clases de variables comparten una característica común: se definen cuando se compila el programa. Esto significa que el compilador reserva (define) espacio para almacenar valores de los tipos de datos declarados. Es decir, en el caso de las variables globales y locales se ha de indicar al compilador exactamente cuántas y de qué tipo son las variables a asignar. O sea, el espacio de almacenamiento se reserva en el momento de la compilación.

Sin embargo, no siempre es posible conocer con antelación a la ejecución cuánta memoria se debe reservar al programa.

En C++ se asigna memoria en el momento de la ejecución en el *montículo* o *montón* (*heap*), mediante las funciones `malloc()` y `free()`. C++ ofrece un método mejor y más eficiente que C para realizar la gestión dinámica (en tiempo de ejecución) de la memoria. En lugar de llamar a una función para asignar o liberar memoria, C++ invoca un operador. C++ proporciona dos operadores para la gestión de la memoria: `new()` y `delete()`, que asignan y liberan la memoria de una zona de memoria denominada *almacén libre* (*free store*).

CONCEPTO DE PUNTERO (APUNTADOR)[1]

Cada vez que se declara una variable C++, el compilador establece un área de memoria para almacenar el contenido de la variable. Cuando se declara una variable `int` (entera), por ejemplo, el compilador asigna dos bytes de memoria. El espacio para esa variable se sitúa en una posición específica de la memoria, conocida como *dirección de memoria*. Cuando se referencia (se hace uso) al valor de la variable, el compilador de C++ accede automáticamente a la dirección de memoria donde se almacena el entero. Se puede ganar en eficacia en el acceso a esta dirección de memoria utilizando un *puntero*.

Cada variable que se declara en C++ tiene una dirección asociada con ella. Un *puntero* es una dirección de memoria. El concepto de punteros tiene correspondencia en la vida diaria. Cuando se envía una carta por correo, su información se entrega basada en un puntero que es la dirección de esa carta. Cuando se telefonea a una persona, se utiliza un puntero (el número de teléfono que se marca). Así pues, una dirección de correo y un número de teléfono tienen en común que ambos indican dónde encontrar algo. Son punteros a edificios y teléfonos, respectivamente. Un puntero en C o en C++ también indica dónde encontrar algo, ¿dónde encontrar los datos que están asociados con una variable? Un

---

[1] En Latinoamérica es usual emplear el término *apuntador*.

puntero C++ es la dirección de una variable. Los punteros se rigen por estas reglas básicas:

- un *puntero* es una *variable* como cualquier otra;
- una variable puntero contiene una *dirección* que apunta a otra posición en memoria;
- en esa posición se almacenan los datos a los que apunta el puntero;
- un puntero apunta a una variable de memoria.

Declaración de punteros

Al igual que cualquier variable, las variables punteros han de ser declaradas antes de utilizarlas. Las declaración de una variable puntero debe indicar al compilador el tipo de dato al que apunta el puntero; para ello se hace preceder a su nombre con un asterisco (*), mediante el siguiente formato:

```
<tipo de dato apuntado> *<identificador de puntero>
```

Algunos ejemplos de variables punteros son:

```
int   *ptr1;   // Puntero a un tipo de dato entero (int)
long  *ptr2;   // Puntero a un tipo de dato entero largo (long int)
char  *ptr3;   // Puntero a un tipo de dato char
float *f;      // Puntero a un tipo de dato float
```

Un operador * (que está *sobrecargado*) en una declaración indica que la variable declarada almacena una dirección de un tipo de dato especificado. La variable `ptr1` almacena la dirección de un entero, la variable `ptr2` almacena la dirección, etc.

IMPORTANTE: Siempre que aparezca un asterisco (*) en una definición de una variable, ésta es una variable puntero.

Inicialización (iniciación) de punteros

Al igual que otras variables, C++ no inicializa los punteros cuando se declaran y es preciso inicializarlos antes de su uso. La inicialización de un puntero proporciona a ese puntero la dirección del dato correspondiente. Después de la inicialización se puede utilizar el puntero para referenciar los datos direccionados. Para asignar una dirección de memoria a un puntero se utiliza el operador de referencia &. Así, por ejemplo,

```
&valor
```

significa "la dirección de valor". Por consiguiente, el método de inicialización (iniciación), también denominado *estática*, requiere:

- Asignar memoria (estáticamente) definiendo una variable y a continuación hacer que el puntero apunte al valor de la variable.

```
int i;          //declara una variable i
int *p;         //declara un puntero a un entero p
p = &i;         //asigna la dirección de i a p
```

- Asignar un valor a la dirección de memoria.

```
*p = 50
```

Cuando ya se ha definido un puntero, el asterisco delante de la variable puntero indica *"el contenido de"* de la memoria apuntada por el puntero y será del tipo dado.

Este tipo de inicialización es **estática**, ya que la asignación de memoria utilizada para almacenar el valor es fijo y no puede desaparecer. Una vez que la variable se define, el compilador establece suficiente memoria para almacenar un valor del tipo de dato dado. La memoria permanece reservada para esta variable y no se puede utilizar para otra cosa durante la ejecución del programa. En otras palabras, no se puede liberar la memoria reservada para una variable. El puntero a esa variable puede ser cambiado, pero la cantidad de memoria reservada permanecerá.

IMPORTANTE: El operador & devuelve la dirección de una variable.

Otros ejemplos de inicialización estáticos son:

1.
```
int edad = 50;            //declara una variable edad de valor 50
int *p_edad = &edad;      //declara un puntero de enteros
                          //inicializándolo con la dirección de edad
```

2.
```
char *p;                  //Figura 6.1
char alfa = 'A';
p = &alfa;
```

Existe un segundo método para inicializar un puntero, es mediante *asignación dinámica de memoria*. Este método utiliza los operadores new y delete, y se analizará más adelante en este capítulo.

Indirección de punteros

Después de definir una variable puntero, el siguiente paso es inicializar el puntero y utilizarlo para direccionar algún dato específico en memoria. El uso de un pun-

CAPÍTULO [6]   Punteros (Apuntadores)

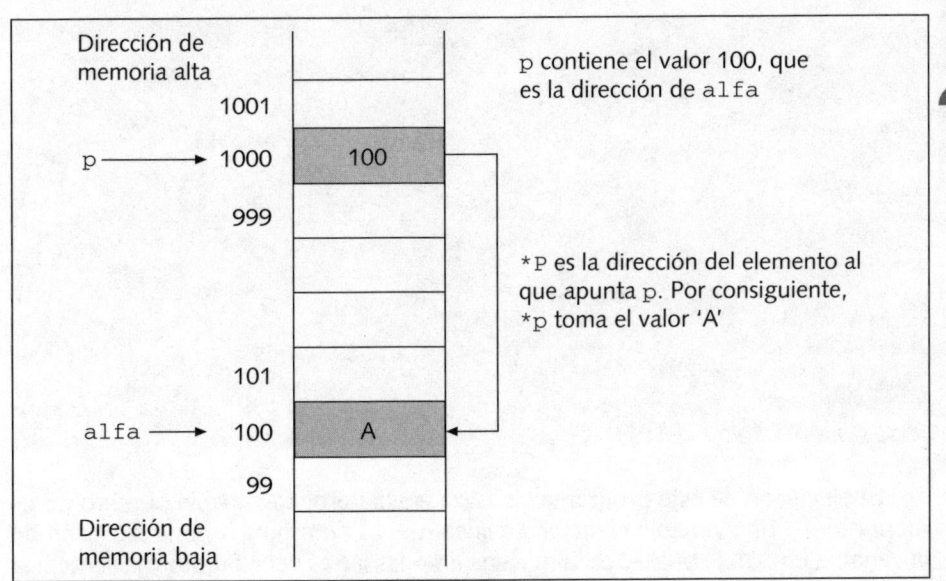

Figura 6.1.
Relaciones entre *p y el valor de p (dirección de alfa).

tero para obtener su dato apuntado se denomina *indireccionar el puntero* ("desrreferenciar el puntero"); para ello, se utiliza el operador de indirección * (también *sobrecargado*).

Las dos sentencias anteriores se describen en la Figura 6.2. Si se desea imprimir el valor de edad, se puede utilizar la siguiente sentencia cout:

```
cout << edad;              // imprime el valor de edad
```

También se puede imprimir el valor de edad con esta otra cout:

```
cout << *p_edad;           //indirecciona p_edad
```

El listado PUNTERO1.CPP muestra el concepto de creación, inicialización e indirección de una variable puntero.

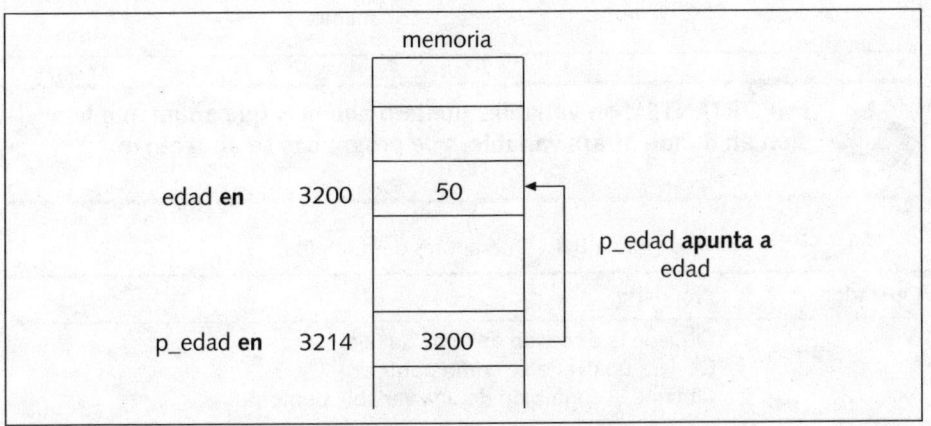

Figura 6.2.
p_edad contiene la dirección de edad, p_edad apunta a la variable edad.

[161]

```
// PUNTERO1.CPP

#include <iostream.h>

char c;                              // una variable carácter

main()
{
  char *pc;                          // un puntero a una varialbe carácter
      pc = &c;

  for (c = 'A' ; c <= 'Z' ; c++)

      cout << *pc;
      return 0;
}
```

La ejecución de este programa visualiza el alfabeto. La variable puntero `pc` es un puntero a una variable carácter. La línea `pc = &c` asigna a `pc` la dirección de la variable `c` (`&c`). El bucle `for` almacena en `c` las letras del alfabeto y la sentencia `cout << *pc;` visualiza el contenido de la variable apuntada por `pc`. `c` y `pc` se refieren a la *misma* posición en memoria. Si la variable `c`, que se almacena en cualquier parte de la memoria, y `pc`, que apunta a esa misma posición, se refiere a los mismos datos, de modo que el cambio de una variable debe afectar a la otra. `pc` y `c` se dice que son *alias*, debido a que `pc` actúa como otro nombre de `c`.

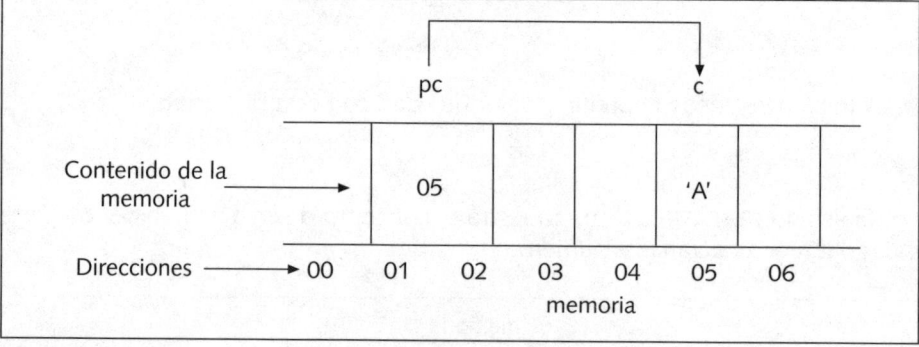

Figura 6.3. *pc* y *c* direccionan la misma posición de memoria

IMPORTANTE: Son variables puntero aquellas que apuntan a la posición en donde otra/s variable/s de programas se almacenan.

Tabla 6.1. Operadores de punteros.

Operador	Propósito
&	Obtiene la dirección de una variable.
*	Declara una variable como puntero.
*	Obtiene el contenido de una variable puntero.

Punteros y verificación de tipos

Los punteros se enlazan a tipos de datos específicos, de modo que C++ verificará si se asigna la dirección de un tipo de dato al tipo correcto de puntero. Así, por ejemplo, si se declara un puntero a `float`, no se le puede asignar la dirección de un carácter o un entero. Por ejemplo, este segmento de código no funcionará:

```
float *fp;
char c;
fp = &c;            // no es válido
```

C++ no permite la asignación de la dirección de `c` a `fp`, ya que `fp` es una variable puntero que apunta a datos de tipo real, `float`.

 PARA LOS MANITAS: C++ requiere que las variables puntero direccionen realmente variables del mismo tipo de dato que está ligado a los punteros en sus declaraciones.

PUNTEROS *NULL* Y *void*

Normalmente un puntero inicializado adecuadamente apunta a alguna posición específica de la memoria. Sin embargo, un puntero no inicializado, como cualquier variable, tiene un valor aleatorio hasta que se inicializa el puntero. En consecuencia, será preciso asegurarse que las variables puntero utilicen direcciones de memoria válida.

Existen dos tipos de punteros especiales muy utilizados en el tratamiento de sus programas: los punteros `void` y `null` (nulo).

Un *puntero nulo* no apunta a ninguna parte –objeto válido– en particular, es decir, "un puntero nulo no direcciona ningún dato válido en memoria". Un puntero nulo se utiliza para proporcionar a un programa un medio de conocer cuando un puntero direcciona válida. Para declarar un puntero nulo se utiliza la macro NULL, definida en los archivos de cabecera STDEF.H, STDIO.H, STDLIB.H y STRING.H. Se debe incluir uno o más de estos archivos de cabecera antes de que se pueda utilizar la macro NULL. Ahora bien, se puede definir NULL en la parte superior de su programa (o en un archivo de cabecera personal) con la línea

```
#define NULL 0
```

Un sistema de declarar un puntero nulo es:

```
char *p = NULL;
```

Algunas funciones C++ también devuelven el valor NULL si se encuentra un error. Se pueden añadir test para el valor NULL comparando el puntero con NULL:

```
if (p == NULL) ...
```

o bien

```
if (p != NULL) ...
```

Otra forma de declarar un puntero nulo es asignar un valor de 0. Por ejemplo,

```
int *ptr = (int *) 0;          // ptr es un puntero nulo
```

Nunca se utiliza un puntero nulo para referenciar un valor. Como antes se ha comentado, los punteros nulos se utilizan en un test condicional para determinar si un puntero se ha inicializado. En el ejemplo

```
if (ptr)
  cout << "Valor de la variable apuntada por ptr es:"
       << *ptr << "\n";
```

se imprime un valor si el puntero es válido y no es un puntero nulo.

Los punteros nulos se utilizan con frecuencia en programas con arrays de punteros.

En C++ se puede declarar un puntero de modo que apunte a cualquier tipo de dato, es decir, no se asigna a un tipo de dato específico. El método es declarar el puntero como un puntero `void *`.

```
void *ptr;                     // declara un puntero void
```

El puntero `ptr` puede direccionar cualquier posición en memoria, pero el puntero no está unido a un tipo de dato específico. De modo similar, los punteros `void` pueden direccionar una variable `float`, una `char` o una posición arbitraria o una cadena.

PARA LOS MANITAS: No confundir punteros `void` y `NULL`. Un puntero nulo no direcciona ningún dato válido. Un puntero `void` direcciona datos de un tipo no especificado. Un puntero `void` se puede igualar a nulo si no se direcciona ningún dato válido. Nulo es un valor; `void` es un tipo de dato.

PUNTEROS A PUNTEROS

Un puntero puede apuntar a otra variable puntero. Este concepto se utiliza con mucha frecuencia en programas complejos de C++. Para declarar un puntero a un puntero se hace preceder a la variable con dos asteriscos (**).

En el ejemplo siguiente `ptr5` es un puntero a un puntero.

```
int valor_e = 100;
int *ptr1 = &valor_e;
int **ptr5 = &ptr1;
```

`ptr1` y `ptr5` son punteros. `ptr1` apunta a la variable `valor_e` de tipo `int`. `ptr5` contiene la dirección de `ptr1`. En la Figura 6.4 se muestran las declaraciones anteriores.

Se pueden asignar valores a `valor_e` con cualquiera de las sentencias siguientes:

```
valor_e = 95;
*ptr1   = 105;         // Asigna 105 a valor_e
**ptr5  = 99;          // Asigna 99 a valor_e
```

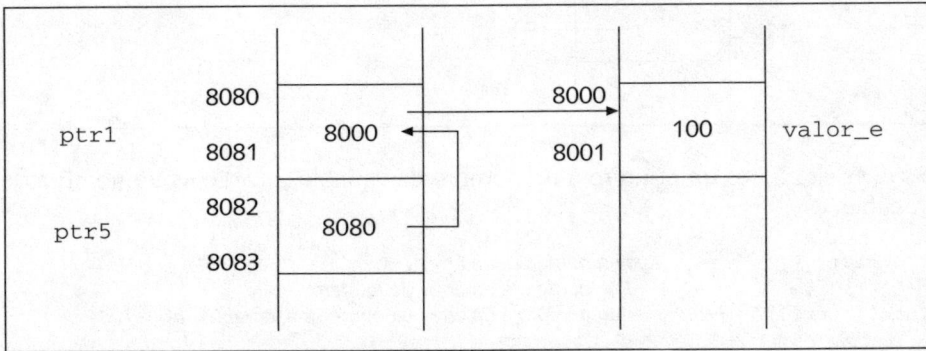

Figura 6.4.
Un puntero a un puntero.

ARRAYS DE PUNTEROS

Si se necesita reservar muchos punteros a muchos valores diferentes, se puede declarar un *array de punteros*. Un array de punteros es un array que contiene como elementos punteros, cada uno de los cuales apunta a un tipo de dato específico.

La línea siguiente reserva un array de diez variables puntero a enteros:

```
int *ptr[5];           //reserva un array de 5 punteros a enteros
```

La Figura 6.5 muestra cómo C++ organiza este array. Cada elemento contiene una dirección que *apunta* a otros valores de la memoria. Cada valor apuntado debe ser un entero. Se puede asignar a un elemento de ptr una dirección, tal como para variables puntero no arrays. Así, por ejemplo,

```
ptr[3] = &edad         // ptr[3] apunta a la dirección de edad
```

Otro ejemplo de arrays de punteros, en este caso de caracteres, es:

```
char *puntos[25];      // array de 25 punteros caracteres
```

De igual forma, se podría declarar un puntero a un array de punteros a enteros.

```
int *(*ptr10)[ ]
```

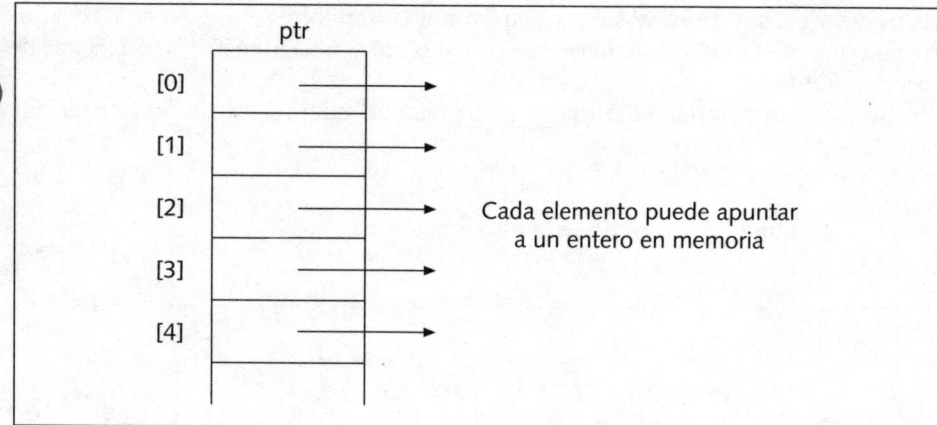

Figura 6.5.
Un array de 5 punteros a enteros.

(*ptr10) es un puntero a un nombre de variable, ptr10 es un nombre de variable.

```
(*ptr10)[ ]          es un puntero a un array
*(*ptr10)[ ]         es un puntero a un array de punteros
int *(*ptr10)[ ]     es un puntero a un array de punteros a variables int
```

Inicialización de un array de punteros a cadenas

La inicialización de un array de punteros a cadenas se puede realizar con una declaración similar a ésta:

```
char *nombres_meses[12] =    { "Enero", "Febrero", "Marzo",
                               "Abril", "Mayo", "Junio",
                               "Julio", "Agosto", "Septiembre",
                               "Octubre", "Noviembre", "Diciembre" };
```

PUNTEROS Y ARRAYS

Los arrays y punteros están fuertemente relacionados en el lenguaje C++. Se pueden direccionar arrays como si fueran punteros y punteros como si fueran arrays. La posibilidad de almacenar y acceder a punteros y arrays implica que se pueden almacenar cadenas de datos en elementos de arrays. Sin punteros eso no es posible, ya que no existe el tipo de dato cadena (*string*) en C++. No existen variables de cadena, únicamente constantes de cadena.

Nombres de arrays como punteros

Un nombre de un array es simplemente un puntero. Supongamos que se tiene la siguiente declaración de un array:

```
int lista[5] = {10, 20, 30, 50};
```

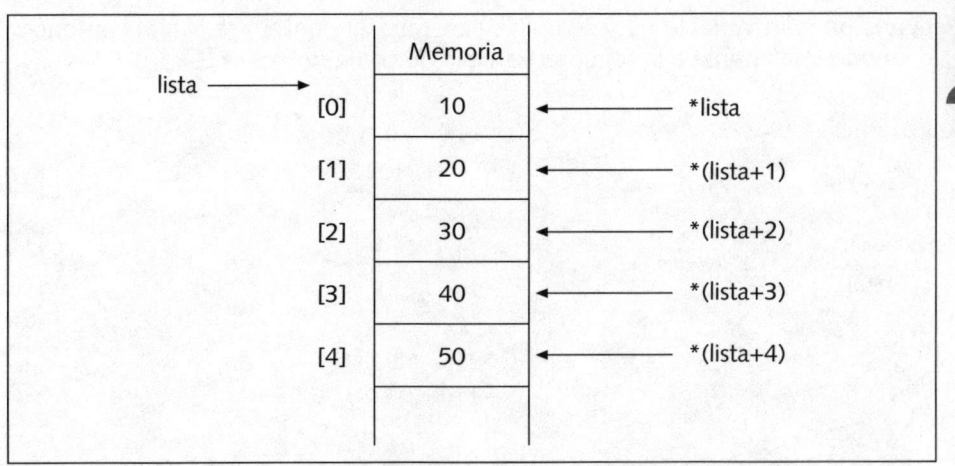

Figura 6.6.
Un array almacenado en memoria.

Si se manda visualizar lista[0] se verá 10. Pero, ¿qué sucederá si se manda visualizar *lista? Como un nombre de un array es un puntero, también se verá 10.

Esto significa que

```
lista + 0      apunta a      lista[0]
lista + 1      apunta a      lista[1]
lista + 2      apunta a      lista[2]
lista + 3      apunta a      lista[3]
lista + 4      apunta a      lista[4]
```

Por consiguiente, para imprimir (visualizar), almacenar o calcular un elemento de un array se puede utilizar notación de subíndices o notación de punteros. Dado que un nombre de un array contiene la dirección del primer elemento del array, se debe indireccionar el puntero para obtener el valor del elemento.

Ventajas de los punteros

Un nombre de un array es una *constante puntero*, no una variable puntero. No se puede cambiar el valor de un nombre de array, como no se pueden cambiar constantes. Esto explica por qué no se pueden asignar valores nuevos a un array durante una ejecución de un programa. Por ejemplo, si cnombre es un array de caracteres, la siguiente sentencia no es válida en C++:

```
cnombre = "Hermanos Daltón";
```

Se pueden asignar valores a un array sólo en tiempo de declaración, un elemento cada vez durante la ejecución o bien utilizando funciones, tales como (ya se ha hecho anteriormente) **strcpy()**.

Se pueden cambiar punteros para hacerlos apuntar a valores diferentes en memoria. El siguiente programa muestra cómo cambiar punteros. El programa define primero dos valores de coma flotante. Un puntero de coma flotante apun-

ta a la primera variable *v1* y se utiliza en `cout`. El puntero se cambia entonces, de modo que apunta a la segunda variable de coma flotante *v2*.

```
#include <iostream.h>

main()
{
  float v1 = 756.423;
  float v2 = 900.545;
  float *p_v;

  p_v = &v1;
  cout << "El primer valor es" << *p_v << endl;
  //se imprime 756.423

  p_v = &v2;
  cout << "El segundo valor es" << *p_v << endl;
  //se imprime 900.545;
  return 0;
}
```

PUNTEROS DE CADENAS

Los punteros se pueden utilizar en lugar de índices de arrays. Considérese la siguiente declaración de un array de caracteres que contiene las veintiséis letras del alfabeto internacional (no se considera la ñ).

```
char alfabeto[27] = "ABCDEFGHIJKLMNOPQRSTUVWXYZ";
```

Declaremos ahora p un puntero a char

```
char *p;
```

Se establece que p apunta al primer carácter de alfabeto escribiendo

```
p = &alfabeto[0];
```

de modo que si escribe la sentencia

```
cout << *p << endl;
```

se visualiza la letra A, ya que p apunta al primer elemento de la cadena.
Se puede hacer también

```
p = &alfabeto[16];
```

de modo que p apuntará al carácter 17 (la letra Q). Sin embargo, no se puede hacer

```
p = &alfabeto
```

ya que alfabeto es un array cuyos elementos son de tipo char, y se produciría un error al compilar.

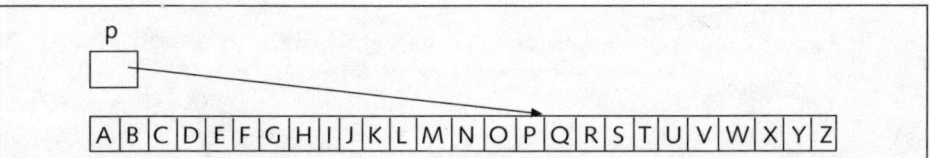

Figura 6.7. Un puntero a alfabeto[16].

Es posible, entonces, considerar dos tipos de definiciones de cadena:

```
char cadena1[]="Hola viejo mundo";   //array contiene cadena
char *cptr = "C++ a su alcance";     //un puntero a la cadena
```

Punteros frente a arrays

El siguiente programa implementa una función para contar el número de caracteres de una cadena. En el primer programa la cadena se describe utilizando un array y en el segundo se describe utilizando un puntero.

```
//Implementación con un array
#include <iostream.h>

int strlen(const char cad[ ]);

void main()
{
  static char cad[ ] = "Universidad Pontificia";

  cout    << "La longitud de" << cad << "es"
          << strlen(cad) << "caracteres" << endl;
}

int strlen(const char cad[ ])
{
  int posicion = 0;
  while (cad[posicion] != '\0')
  {
        posicion++;
  }
  return posicion;
}
```

El segundo programa utiliza un puntero para contar los caracteres de la cadena.

```
#include <iostream.h>

int strlen(const register char*);
```

```
void main()
{
  static char cad[ ] = "Universidad Pontificia";

  cout << "La longitud de" << cad << "es"
       << strlen(cad) << "caracteres" << endl;
}

int strlen(const register char* cad)
{
  int cuenta = 0;
  while (*cad++) cuenta++;
  return(cuenta);
}
```

En ambos casos se imprimirá:

```
La longitud de Universidad Pontificia es 22 caracteres
```

Comparaciones:

```
int *ptr1[ ];        // Arrays de punteros a int
int (*ptr2)[ ];      // Puntero a un array de elementos int
int *(*ptr3)[ ];     // Puntero a un array de punteros a int
```

ARITMÉTICA DE PUNTEROS

Al contrario que un nombre de array, que es un puntero constante y no se puede modificar, un puntero es un puntero variable que se puede modificar. Como consecuencia, se pueden realizar ciertas operaciones aritméticas sobre punteros.

Recuérdese que un puntero es una dirección. Por consiguiente, sólo aquellas operaciones de "sentido común" son legales. Se pueden sumar o restar una constante puntero a o desde un puntero. Sumar o restar un entero. Sin embargo, no tiene sentido sumar o restar una constante de coma flotante.

PRECAUCIÓN: Operaciones no válidas con punteros
- No se pueden sumar dos punteros.
- No se pueden multiplicar dos punteros.
- No se pueden dividir dos punteros.

Si p apunta a la letra A en alfabeto, si se escribe

```
p = p+1;
```

ahora p apunta a la letra B.

Se puede utilizar esta técnica para explorar cada elemento de alfabeto sin utilizar una variable de índice. Un ejemplo puede ser

```
p = &alfa[0];
for (i = 0; i < strlen(alfa); i++)
{
  cout << *p << endl;
  p = p+1;
};
```

Las sentencias del interior del bucle se pueden sustituir por

```
cout << *p++ << endl;
```

El ejemplo anterior con el bucle `for` puede ser abreviado, haciendo uso de la característica de *terminador* nulo al final de la cadena. Utilizando la sentencia `while` para realizar el bucle y poniendo la condición de terminación de nulo o byte cero al final de la cadena. Esto elimina la necesidad del bucle `for` y su variable de control. El bucle `for` se puede sustituir por

```
while (*p) cout << *p++ << endl;
```

mientras que *p toma un valor de carácter distinto de cero, el bucle `while` se ejecuta, el carácter se imprime y p se incrementa para apuntar al siguiente carácter. Al alcanzar el byte cero al final de la cadena, *p toma el valor de '\0' o cero. El valor cero hace que el bucle termine.

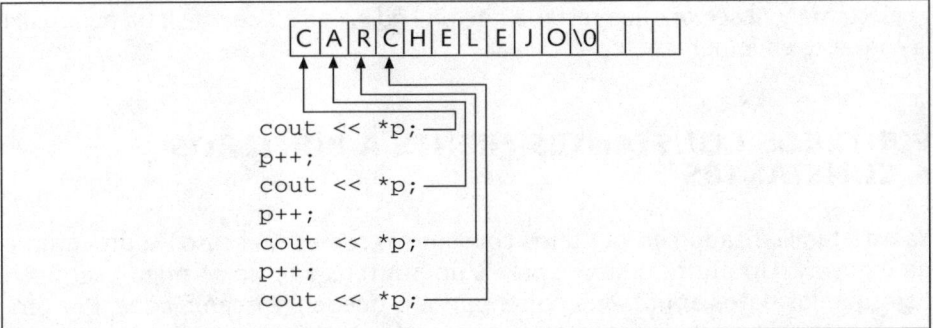

Figura 6.8.
*p++ se utiliza para acceder de modo incremental en la cadena.

Una aplicación de punteros

El listado PTRMAYMI.CPP muestra un puntero que recorre una cadena de caracteres y convierte cualquier carácter en minúsculas a caracteres mayúsculas.

```
// PTRMAYMIN.CPP
// Utiliza un puntero como índice de un array de caracteres
// y convierte caracteres minúsculas a mayúsculas

void main()
```

```
{
    char *p;
    char CadenaTexto[80];

    cout << "Introduzca cadena a convertir:";
    cin.getline(CadenaTexto, sizeof(CadenaTexto));

    // p apunta al primer carácter de la cadena
    p = &CadenaTexto[0];

    // Repetir mientras *p no sea cero
    while (*p)
            // restar 32, constante de código ASCII
        if (*p >= 'a') && (*p <= 'Z')) *p++ = *p-32;
                else p++;

    cout << "La cadena convertida es:" << endl;
    cout << CadenaTexto << endl;

    cout << "Pulse Intro(Enter) para continuar";
    cin.get();
}
```

Obsérvese que si el carácter leído cae entre 'a' y 'z', es decir, es una letra minúscula, la asignación

```
*p++ = *p-32;
```

se ejecutará y observará que restar 32 de un código ASCII de una letra minúscula la convierte en letra mayúscula.

PUNTEROS CONSTANTES FRENTE A PUNTEROS A CONSTANTES

Ya está familiarizado con punteros constantes, como es el caso de un nombre de un array. Un puntero constante es un puntero que no se puede cambiar, pero que los datos apuntados por el puntero pueden ser cambiados. Por otra parte, un puntero a una constante se puede modificar para apuntar a una constante diferente, pero los datos apuntados por el puntero no se pueden cambiar.

Punteros constantes

Para crear un puntero constante diferente de un nombre de un array, se debe utilizar el siguiente formato:

```
<tipo de dato elemento> *const <nombre puntero>
        <dirección de variable o valor real>;
```

Como ejemplo de una definición de punteros constantes, considérense las siguientes:

```
int x;
int y;
int *const p1 = &x;
```

`p1` es un puntero constante que apunta a `x`. Esto hace a `p1` una constante, pero `*p1` es una variable. Por consiguiente, se puede cambiar el valor de `*p1` pero no `p1`. Por ejemplo, la siguiente asignación es legal, dado que se cambia el contenido de memoria a donde `p1` apunta, pero no el puntero en sí.

```
*p1 = y;
```

Por otra parte, la siguiente asignación no es legal, ya que se intenta cambiar el valor del puntero

```
p1 = &y;
```

El sistema para crear un puntero constante a una cadena es:

```
char *const nombre = "Luis";
```

`nombre` no se puede modificar para apuntar a una cadena diferente en memoria. Por consiguiente,

```
*nombre = 'C';
```

es legal, ya que se modifica el dato apuntado por nombre. Sin embargo, no es legal

```
nombre = &Otra_Cadena;
```

dado que se intenta modificar el propio puntero.

Punteros a constantes

El formato para definir un puntero a una constante es

```
const <tipo de dato elemento> *<nombre puntero> =
      <dirección de const o valor real >;
```

Algunos ejemplos son:

```
const int x = 25;
const int y = 50;
const int *p1 = &x;
```

en los que p1 se define como un puntero a la constante x. Los datos son constantes y no el puntero; en consecuencia, se puede hacer que p1 apunte a otra constante.

```
p1 = &y;
```

Sin embargo, cualquier intento de cambiar el contenido almacenado en la posición de memoria a donde apunta p1 creará un error de compilación. Así, la siguiente sentencia no se compilará correctamente:

```
*p1 = 15;
```

La creación de un *puntero a una constante cadena* se puede hacer del modo siguiente:

```
const char *apellido = "Mortimer";
```

IMPORTANTE: Una definición de un puntero constante tiene la palabra reservada `const` delante del nombre del puntero, mientras que el puntero a una definición constante requiere que la palabra reservada `const` se sitúe antes del tipo de dato. Así, la definición en el primer caso se puede leer como "punteros constante o de constante", mientras que en el segundo caso la definición se lee "tipo constante de dato".

Punteros constantes a constantes

El último caso a considerar es crear punteros constantes a constantes utilizando el formato siguiente:

```
const <tipo de dato elemento> *const <nombre puntero> =
      <dirección de const o cadena real>;
```

Esta definición se puede leer como "un tipo constante de dato y un puntero constante". Un ejemplo puede ser:

```
const int x = 25;
const int *const p1 = &x;
```

que indica: "p1 es un puntero constante que apunta a la constante entera x". Cualquier intento de modificar p1 o bien *p1 producirá un error de compilación.

AHORRE TIEMPO:
- Si sabe que un puntero siempre apuntará a la misma posición y nunca necesita ser reubicado (recolocado), defínalo como un puntero constante.
- Si sabe que el dato apuntado por el puntero nunca necesitará cambiar, defina el puntero como un puntero a una constante.

PUNTEROS COMO ARGUMENTOS DE FUNCIONES

Con frecuencia se desea que una función calcule y devuelva más de un valor, o bien se desea que una función modifique las variables que se pasan como argumentos. Cuando se pasa una variable a una función (*paso por valor*) no se puede cambiar el valor de esa variable. Sin embargo, si se pasa un puntero a una variable a una función (*paso por dirección*) se puede cambiar el valor de la variable.

Cuando una variable es local a una función, se puede hacer la variable visible a otra función pasándola como argumento. Se puede pasar un puntero a una variable local como argumento y cambiar la variable en la otra función.

Considere la siguiente definición de la función Incrementar5, que incrementa un entero en 5:

```
void Incrementar5(int *i)
{
  *i = *i + 5;
}
```

La llamada a esta función se realiza pasando una dirección que utilice esa función. Por ejemplo, para llamar a la función Incrementar5 utilice:

```
int i;
i = 10;
Incrementar5(&i);
```

Es posible mezclar paso por referencia y por valor. Por ejemplo, la función func1 definida como

```
int func1(int *s, int t)
{
  *s = 6;
   t = 25;
}
```

y la invocación a la función podría ser:

```
int i, j;
i = 5;
j = 7;
func1(&i, j);         //llamada a func1
```

Cuando se retorna de la función func1 tras su ejecución, *i* será igual a 6 y *j* seguirá siendo 7, ya que se pasó por valor.

El paso de un nombre de array a una función es lo mismo que pasar un puntero al array. Se pueden cambiar cualquiera de los elementos del array. Cuando se pasa un elemento a una función, sin embargo, el elemento se pasa por valor. En el ejemplo

```
int lista[] = {1, 2, 3};
func(lista[1], lista[2]);
```

ambos elementos se pasan por valor.

PRECAUCIÓN: Los parámetros dirección son más comunes en C, dado que en C++ existen los parámetros por referencia que resuelven mejor la modificación de los parámetros dentro de funciones.

Paso por referencia frente a paso por dirección

Aunque el paso por referencia es más eficiente que el paso por dirección, vamos a mostrar las diferencias con un ejemplo. Supongamos que se crea una estructura para registrar las temperaturas más alta y más baja de un día determinado.

```
struct temperatura {
  float alta;
  float baja;
};
```

Un caso típico podría ser almacenar las lecturas de un termómetro conectado de algún modo posible a una computadora. Una función clave del programa lee la temperatura actual y modifica el miembro adecuado, alta o baja, en una estructura temperatura pasada por referencia a la función.

Método C++

```
void registrotemp(temperatura &t)
{
  float actual;

  leertempactual(actual);
  if (actual > t.alta)
      t.alta = actual;
  else if (actual < t.baja)
      t.baja = actual;
}
```

Como el parámetro de `registrotemp` se pasa por referencia, la función actúa directamente sobre la variable pasada; por ejemplo, `temp`, mediante las sentencias

```
temperatura temp;
registrotemp(temp);
```

Método C

En C todos los parámetros se pasan por valor; en consecuencia, para referirse a un argumento real que se desea modificar habrá que pasar la dirección del argumento a un puntero parámetro. La misma función registrotemp escrita en C sería:

```
void registrotemp(temperatura *t)
{
  float actual;
  leertempactual(actual);
  if (actual > t -> alta);
        t -> alta = actual;
  else if (actual < t -> baja)
        t -> baja = actual;
}
```

PUNTEROS A FUNCIONES

Hasta este momento se han analizado punteros a datos. Es posible declarar punteros a cualquier tipo de variables, estructura o array. De igual modo, las funciones pueden declarar parámetros punteros para permitir que sentencias pasen las direcciones de los argumentos a esas funciones.

Es posible también crear punteros que apunten a funciones. En lugar de direccionar datos, los punteros de funciones apuntan a código ejecutable. Al igual que los datos, las funciones se almacenan en memoria y tienen direcciones iniciales. En C++ (y en C) se pueden asignar las direcciones iniciales de funciones a punteros. Tales funciones se pueden llamar en un modo indirecto, es decir, mediante un puntero cuyo valor es igual a la dirección inicial de la función en cuestión.

La sintaxis general para la declaración de un puntero a una función es:

```
Tipo_de_retorno (*PunteroFunción) (<lista de parámetros>);
```

Este formato indica al compilador que `PunteroFunción` es un puntero a una función que devuelve el tipo `Tipo_de_retorno` y una lista de parámetros.

Ejemplo 6.1

```
double (*fp) (int n);
float (*p) (int i, int j);
void (*qshort) (int* ArrayEnt, unsigned n);
unsigned (*search)(int BuscarClave,int* ArrayEnt,unsigned n);
```

El primer identificador, `fp`, apunta a una función que devuelve un tipo `double` y tiene un único parámetro de tipo `int`. El segundo puntero, `p`, apunta a una función que devuelve un tipo `float` y acepta dos parámetros de tipo `int`. El tercer puntero, `qshort`, es un puntero a una función que devuelve un tipo `void` y toma dos parámetros: un puntero a `int` y un tipo `unsigned`. Por último, `search` es un puntero a una función que devuelve un tipo `unsigned` y tiene tres parámetros: un `int`, un puntero a un `int` y un `unsigned`.

Inicialización de un puntero a una función

La sintaxis general para inicializar un puntero a una función es:

```
PunteroFunción = unaFunción
```

La función asignada debe tener el mismo tipo de retorno y lista de parámetros que el puntero a función; en caso contrario, se producirá un error de compilación.

Ejemplo 6.2

Supongamos un puntero p a una función tal como

```
float (*p) (int i, int j);
```

a continuación se puede asignar la dirección de la función `ejemplo`:

```
float ejemplo(int i, int j)
{
  return 3.14159 * i * i + j;
}
```

al puntero p escribiendo

```
p = ejemplo;
```

Después de esta asignación se puede escribir la siguiente llamada a la función:

```
(*p) (12, 45)
```

Su efecto es el mismo que

```
ejemplo (12, 45)
```

También se puede omitir el asterisco (así como los paréntesis) en la llamada `(*p) (12, 45)`, que proporciona

```
p (12, 45)
```

La *utilidad de las funciones a punteros* se ve más claramente si se imagina un programa grande, al principio del cual se desea elegir una entre varias funciones, de modo que la función elegida se llama, entonces, muchas veces. Mediante un puntero, la elección sólo se hace una vez: después de asignar (la dirección de) la función seleccionada a un puntero y después se puede llamar a través de ese puntero. *Los punteros a funciones también permiten pasar una función como un argumento a otra función.* Para pasar el nombre de una función como un argumento función, se especifica el nombre de la función como argumento. Supongamos que se desea pasar la función `mifunc()` a la función `sufunc()`. El código siguiente realiza las tareas anteriores:

```
void sufunc(int (*f) ());    // prototipo de sufunc
int mifunc(int i);           // prototipo de mifunc
main()
{
  ...
  sufunc(mifunc);
}

int mifunc(int i)
{
  return 5*i;
}
```

En la función llamada se declara la función pasada como un puntero función.

```
void sufunc(void (*f) ())
{
  ...
      j = f(5);
  ...
}
```

Como ejemplo práctico veamos cómo escribir una función general que calcule la suma de algunos valores, es decir,

```
f(1) + f(2) + ... + f(n)
```

para cualquier función f que devuelva el tipo `double` y con un argumento `int`. Diseñaremos una función `funcsuma` que tiene dos argumentos: n, el número de términos de la suma, y `f`, la función utilizada. Así, pues, la función `funcsuma` se va a llamar dos veces, y va a calcular la suma de

```
inversos(k)  = 1.0/k           (k = 1, 2, 3, 4, 5)
cuadrados(k) = k²              (k = 1, 2, 3)
```

El programa `PUNTFUN1.CPP` muestra la función `funcsuma`, que utiliza la función `f` en un caso inversos y en otro cuadrados.

```
// PUNTFUN1.CPP
#include <iostream.h>

double inversos(int k);
double cuadrados(int k);
double funcsuma(int n, double (*f) (int k));

main()
{
  cout     << "Suma de cinco inversos:"
```

```
                    << funcsuma(5, inversos) << endl;
  cout    << "Suma de tres cuadrados:"
                    << funcsuma(3, cuadrados) << endl;
  return 0;
}

double funcsuma(int n, double (*f) (int k))
{
  double s = 0;
  int i;
  for (i = 1; i <= n;. i++)
          s += f(i);
  return s;
}

double inversos(int k)
{
  return 1.0/k;
}

double cuadrados(int k)
{
  return (double)k * k;
}
```

El programa anterior calcula las sumas de

a)
$$1 + \frac{1.0}{2} + \frac{1.0}{3} + \frac{1.0}{4} + \frac{1.0}{5}$$

b) `1.0 + 4.0 + 9.0`

y su salida será:

```
Suma de cinco inversos: 2.283333
Suma de tres cuadrados: 14
```

Arrays de punteros de funciones

Ciertas aplicaciones requieren disponer de numerosas funciones, basadas en el cumplimiento de ciertas condiciones. Un método para implementar tal aplicación es utilizar una sentencia `switch` con muchas sentencias `case`. Otra solución es utilizar un array de punteros de función. Se puede seleccionar una función de la lista y llamarla.

La sintaxis general de un array de punteros de función es:

```
tipoRetorno(*PunteroFunc[LongArray])(<Lista de parámetros>);
```

Una aplicación práctica

El listado `CALCULA1.CPP` es un programa calculador que puede sumar, restar, multiplicar o dividir números. Se escribe una expresión simple por teclado y el programa visualiza la respuesta.

```
// CALCULA1.CPP. Ilustra uso de punteros a funciones
#include <iostream.h>
float sumar(float x, float y);
float restar(float x, float y);
float mult(float x, float y);
float div(float x, float y);
float (*f) (float x, float y);

void main()
{
  char signo, operadores[] = {'+', '-', '*', '/'};
  float(*func[])(float, float) = {sumar, restar, mult, div};
  int t, i;
  float x, y, z;
  char imagen[80];

  cout << "    Calculador\n Expresión:";
  cin >> x >> signo >> y;
  for (i = 0; i < 4; i++)
  {
        if (signo == operadores[i])
        {
              f = func[i];
              z = f(x, y);
              cout     << "\n" << x
                       << " " << signo
                       << " " << y
                       << " " << z;
        } break;
  }
}

float sumar(float x, float y)
{
  return x + y;
}

float restar(float x, float y)
{
  return x - y;
}

float mult(float x, float y)
{
  return x * y;
}

float div(float x, float y)
{
  return x / y;
}
```

PUNTEROS A ESTRUCTURAS

Un puntero también puede apuntar a una estructura. Se puede declarar un puntero a una estructura tal como se declara un puntero a cualquier otro objeto.

Se declara un puntero estructura tal como se declara cualquier otra variable estructura: especificando un puntero en lugar del nombre de la variable estructura.

```
struct persona
{
  char nombre[30];
  int edad;
  int altura;
  int peso;
};

persona empleado = {"Mortimer, Pepe", 47, 182, 85};

persona *p;           // se crea un puntero de estructura
p = &persona;
```

Cuando se referencia un miembro de la estructura utilizando el nombre de la estructura, se especifica la estructura y el nombre del miembro separado por un punto (.). Para referenciar el nombre de una persona, utilice empleado.nombre.

Cuando se referencia una estructura utilizando el puntero estructura, se emplea el operador ->.

Ejemplo 6.3

```
// PUNTEST1.CPP
#include <iostream.h>

struct persona
{
  char nombre[30];
  int edad;
  int altura;
  int peso;
}

void mostrar_persona(persona *ptr);
void main()
{
  int i;
  persona empleados[] = { {"Mortimer, Pepe", 47, 182, 85},
                          {"García, Luis", 39, 170, 75},
                          {"Jiménez, Tomás",18, 175, 80} };
  persona *p;                  // puntero a estructura
  p = empleados;
  for (i = 0; i < 3; i++, p++);
         mostrar_persona(persona *ptr);
}
```

```
void mostrar_persona(persona *ptr)
{
  cout << "Nombre:      " << ptr -> nombre
       << "Edad:        " << ptr -> edad
       << "Altura:      " << ptr -> altura
       << "Peso:        " << ptr -> peso << "\n";
}
```

Al ejecutar este programa se visualiza la salida siguiente:

```
Nombre: Mortimer, Pepe    Edad: 47    Altura: 180    Peso: 85
Nombre: García, Luis      Edad: 39    Altura: 170    Peso: 75
Nombre: Jiménez, Tomás    Edad: 18    Altura: 175    Peso: 80
```

GESTIÓN DINÁMICA DE LA MEMORIA

Consideremos un programa que evalúe las calificaciones de los estudiantes de una asignatura. El programa almacena cada una de las calificaciones en los elementos de una lista o tabla (*array*). El tamaño del array debe ser lo suficientemente grande para contener el total de alumnos matriculados en la asignatura. La sentencia

```
int asignatura [40];
```

reserva, por ejemplo, 40 enteros. Los arrays son un método muy eficaz cuando se conoce su longitud o tamaño en el momento de escribir el programa. Sin embargo, presentan un grave inconveniente si el tamaño del array *sólo* se conoce en el momento de la ejecución. Las sentencias siguientes producirían un error durante la compilación:

```
cin >> num_estudiantes;
int asignatura[num_estudiantes];
```

ya que el compilador requiere que el tamaño del array sea constante. Sin embargo, en numerosas ocasiones no se conoce la memoria necesaria hasta el momento de la ejecución. Por ejemplo, si se desea almacenar una cadena de caracteres tecleada por el usuario, no se puede prever, *a priori*, el tamaño del array necesario, a menos que se reserve un array de gran dimensión y se malgaste memoria cuando no se utilice. En el ejemplo anterior, si el número de alumnos de la clase aumenta, se debe variar la longitud del array y volver a compilar el programa. El método para resolver este inconveniente es recurrir a punteros y a técnicas de *asignación dinámica de memoria*.

Un espacio de la variable asignada dinámicamente se crea durante la ejecución del programa, al contrario que en el caso de una variable local cuyo espacio se asigna en tiempo de compilación. La asignación dinámica de memoria proporciona control directo sobre los requisitos de memoria de su programa. El programa puede crear o destruir la asignación dinámica en cualquier momento durante

la ejecución. Se puede determinar la cantidad de memoria necesaria en el momento en que se haga la asignación. Dependiendo del modelo de memoria en uso, se pueden crear variables mayores de 64K.

El código del programa compilado se sitúa en segmentos de memoria denominados *segmentos de código*. Los datos del programa, tales como variables globales, se sitúan en un área denominada *segmento de datos*. Las variables locales y la información de control del programa se sitúan en un área denominada *pila*. La memoria que queda se denomina *memoria del montículo* o *almacén libre*. Cuando el programa solicita memoria para una variable dinámica, se asigna el espacio de memoria deseado desde el montículo.

Almacén libre (*free store*)

El mapa de memoria del modelo de un programa grande es muy similar al mostrado en la Figura 6.9. El diseño exacto dependerá del modelo de programa que se utilice. Para grandes modelos de datos, el almacén libre (*heap*) se refiere al área de memoria que existe dentro de la pila del programa. Y el almacén libre es, esencialmente, toda la memoria que queda libre después de que se carga el programa.

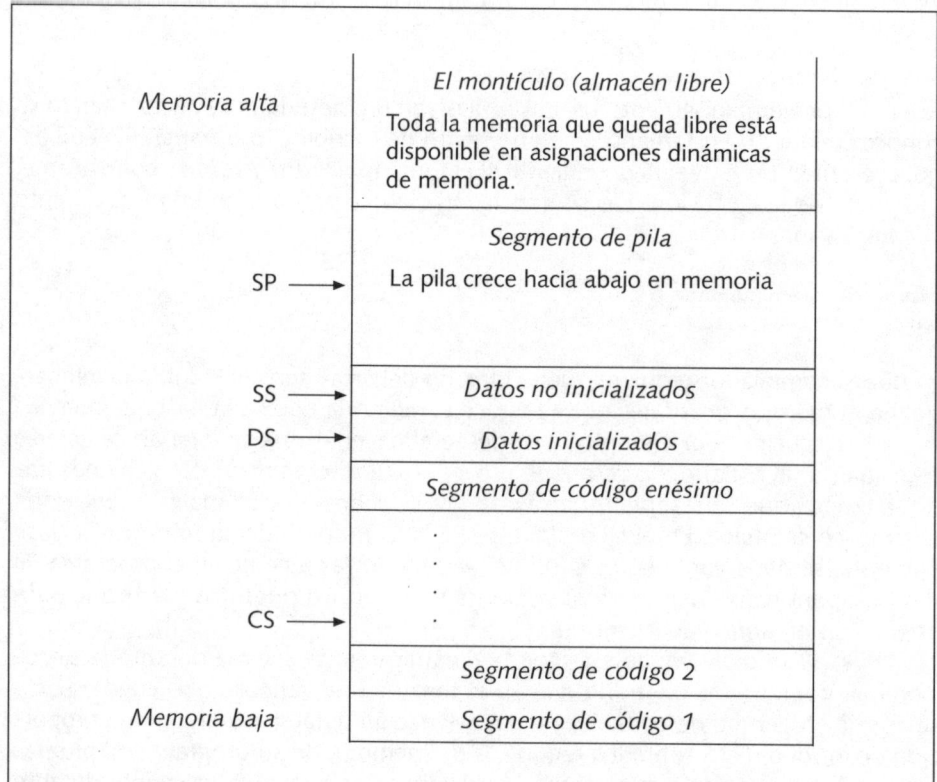

Figura 6.9. Mapa de memoria de un programa.

PRECAUCIÓN: Error típico de programación en C/C++
La declaración de un array exige especificar su longitud como una expresión constante, así s declara un array de 100 elementos:

```
char s[100];
```

Si se utiliza una variable o una expresión que contiene variables se producirá un error.

```
int n;
...
cin >> n;
char s[n];            // error
```

Ventajas de la asignación dinámica de memoria en C++

En C las funciones `malloc()` y `free()` asignan y liberan memoria de un bloque de memoria denominado el *montículo del sistema*. La función `malloc()` asigna memoria utilizando *asignación dinámica* debido a que puede gestionar la memoria utilizando la ejecución de un programa.

C++ ofrece un nuevo y mejor método para gestionar la asignación dinámica de memoria, los operadores `new` y `delete`, que asignan y liberan la memoria de una zona de memoria llamada *almacén libre*.

Los operadores `new` y `delete` son más versátiles que `malloc()` y `free()`, ya que ellos pueden asociar la asignación de memoria con el medio que lo utiliza. Son más fiables, ya que el compilador realiza verificación de tipos cada vez que un programa asigna memoria con `new`.

Otra ventaja proviene del hecho de que `new` y `delete` se implementan como operadores y no como funciones. Esto significa que `new` y `delete` se construyen en el propio lenguaje de modo que los programas pueden utilizar `new` y `delete` sin incluir ningún archivo de cabecera.

Existe otra característica importante de los operadores `new` y `delete` y es que ellos nunca requieren *moldeado* (conversión forzosa de tipos) de tipos y eso hace a `new` y `delete` más fáciles de utilizar que `malloc()` y `free()`.

Los objetos creados con `new` residen en el *almacenamiento libre*. Los objetos del almacenamiento libre se eliminan con el operador `delete`.

EL OPERADOR *new*

C++ proporciona otro método para obtener bloques de memoria: el operador **new**. El operador `new` asigna un bloque de memoria que es el tamaño del tipo de dato. El dato u objeto dato puede ser un `int`, un `float`, una estructura, un array o cualquier otro tipo de dato. El operador `new` devuelve un puntero, que es la dirección del bloque asignado de memoria. El puntero se utiliza para referenciar el bloque de memoria.

El formato del operador new es:

```
puntero = new nombreTipo (inicializador opcional)
```

o bien

```
1. tipo *puntero = new tipo                    //Datos básicos   estructuras
2. tipo *puntero = new tipo[dimensiones]       // Arrays
```

> **Sintaxis de los operadores new y delete.**
>
> ```
> Puntero = new tipo;
> 
> delete puntero;
> ```
>
> El operador new devuelve la dirección de la variable asignada dinámicamente. El operador delete elimina la memoria asignada dinámicamente a la que se accede por un puntero.
>
> **Sintaxis de asignación-desasignación de un array dinámico.**
>
> ```
> Puntero Array = new tipo [tamaño Array ;
> 
> delete Puntero Array;
> ```

Figura 6.10. Sintaxis de los operadores new y delete.

Cada vez que se ejecuta una expresión que invoca al operador new, el compilador realiza una verificación de tipo para asegurar que el tipo del puntero especificado en el lado izquierdo del operador es el tipo correcto de la memoria que se asigna en la derecha. Si los tipos no coinciden, el compilador produce un mensaje de error.

El formato 1 es para tipos de datos básicos y estructuras y el segundo es para arrays. El elemento *tipo* se especifica dos veces y ambos deben ser del mismo tipo. La primera instancia de *tipo* define el tipo de datos del puntero y la segunda instancia define el tipo de dato del objeto. El campo *puntero* es el nombre del puntero al que se asigna la dirección del objeto dato, o NULL, si falla la operación de asignación de memoria. En el segundo formato, al *puntero* se le asigna la dirección de memoria de un bloque lo suficientemente grande para contener un array con *dimensiones* elementos.

El siguiente código utiliza new para asignar espacio para un valor entero:

```
int *pEnt;
...
pEnt = new int;
```

La llamada a new asigna espacio para un int (entero) y almacena la dirección de la asignación en pEnt. pEnt apunta ahora a la posición en el almacén libre (montículo) donde se establece la memoria. La Figura 6.11 muestra cómo pEnt apunta a la asignación del almacén libre.

CAPÍTULO [6] Punteros (Apuntadores)

Así, por ejemplo, para reservar memoria para un array de 100 enteros:

```
int *BloqueMem;
BloqueMem = new int[100];
```

o bien, de un modo más conciso

```
int *BloqueMem = new int[100];
```

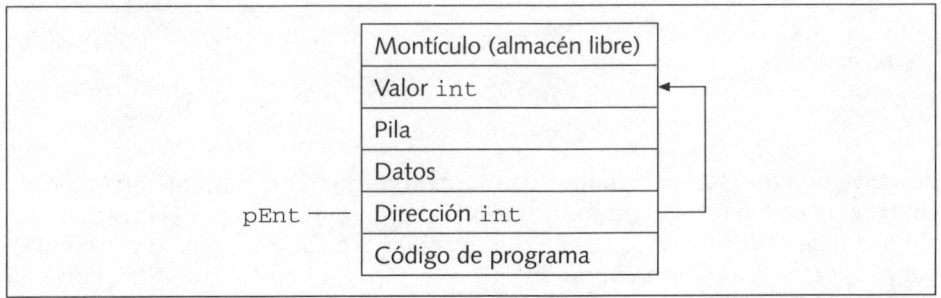

Figura 6.11. Después de new, sobre un entero, pEnt apunta a la posición del montículo donde se ha asignado espacio para el entero.

Ambos ejemplos declaran un puntero denominado BloqueMem y lo inicializan a la dirección devuelta por new. Si un bloque del tamaño solicitado está disponible, new devuelve un puntero al principio de un bloque de memoria del tamaño especificado. Si no hay bastante espacio de almacenamiento dinámico para cumplir la petición, new devuelve cero o NULL.

La reserva de *n* caracteres se puede declarar así:

```
int n;
char *s;
...
cin >> n;
s = new char[n];
```

El operador new está disponible de modo inmediato en C++, de forma que no se requiere ningún archivo de cabecera. El operador devuelve un puntero; en el caso anterior un puntero a un carácter.

Ejemplo 6.4

```
//demonew.cpp

#include <iostream.h>
#include <string.h>                    // uso de strcpy()

void main()
{
  char *cad = "Sierras de Cazorla, Segura y Magina";
  int lon = strlen(cad);
```

```
char *ptr;
ptr = new char[lon+1];

strcpy(ptr, cad);                       // copia cad a nueva área de
                                        // memoria apuntada por ptr
cout << endl << "ptr =" << ptr;         // cad está ahora en
                                        // ptr
delete ptr;                             // libera memoria de ptr
}
```

La expresión

```
ptr = new char[lon+1];
```

devuelve un puntero que apunta a una sección de memoria bastante grande para contener la cadena de longitud `strlen()` más un byte extra por el carácter '\0' al final de la cadena. La Figura 6.12 muestra un gráfico de la memoria obtenida por el operador `new` en la expresión anterior.

 IMPORTANTE: El almacenamiento libre no es una fuente inagotable de memoria. Si el operador `new` se ejecuta con falta de memoria, se devuelve un puntero NULL. Es responsabilidad del programador comprobar siempre el puntero para asegurar que es válido antes de que se asigne un valor al puntero.

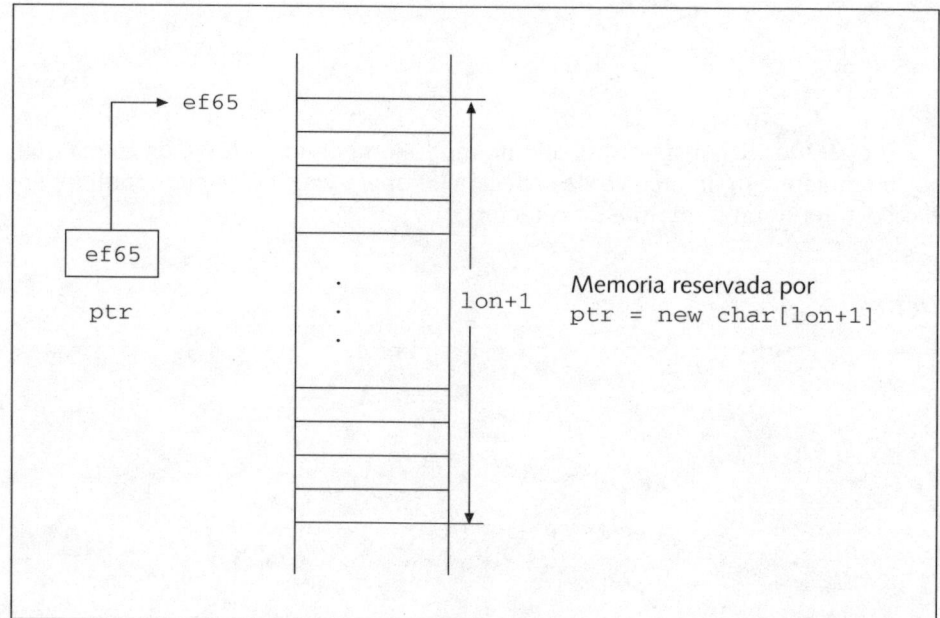

Figura 6.12. Memoria obtenida por el operador new.

Supongamos, por ejemplo, que se desea asignar un array de 8.000 enteros:

```
int *ptr_lista = new int[8000];
if (ptr_lista == NULL)
{
  cout << "Falta memoria" << endl;
  return -1;          // Hacer alguna acción de recuperación
}

for (int i = 0; i < 8000; i++)
  ptr_lista[i] = lista(i);
```

Existe otro sistema que realiza la misma tarea anterior: utilizar la función _set_new_handler().

PARA LOS MANITAS: Si no existe espacio de almacenamiento suficiente, el operador `new` devuelve `NULL`. La escritura de un programa totalmente seguro exige comprobar el valor devuelto por `new` para asegurar que no es `NULL`. `NULL` es una constante predefinida en C++. Se debe referenciar los archivos de cabecera `#include <iostream.h>`, `<stdlib.h>` y otros para obtener la definición de `NULL`.

Ejemplo 6.5

El programa `TESTMEM.CPP` comprueba aproximadamente cuánta memoria se puede asignar (está disponible).

```
// TESTMEM.CPP: Este programa comprueba cuanta memoria hay
// disponible
#include <iostream.h>

main()
{
  char *p;
  for (int i = 1;  ; i++)
  {
          p = new char[10000];
          if (p == 0) break;
          cout << "Asignada:" << 10 * i << "kB\n";
  }
}
```

Se asigna repetidamente 10 Kb (Kilobytes) hasta que falla la asignación de memoria y el bucle se termina.

Asignación de memoria de un tamaño desconocido

Se puede invocar al operador new para obtener memoria para un array, incluso si no se conoce con antelación cuanta memoria requieren los elementos del array. Todo lo que se ha de hacer es invocar al operador new utilizando un puntero al array. Si new no puede calcular la cantidad de memoria que se necesita cuando se compile su sentencia, new espera hasta el momento de la ejecución, cuando se conoce el tamaño del array, y asigna, a continuación, la memoria necesaria.

Por ejemplo, este segmento de código asigna memoria para un array de diez cadenas en el momento de la ejecución:

```
miCadena *miTexto;
miTexto = new miCadena[10];
```

Inicialización de memoria con un valor

Cuando se asigna memoria con el operador new, se puede situar un valor o expresión de inicialización dentro de paréntesis al final de la expresión que invoca el operador new. C++ inicializa entonces la memoria que se ha asignado al valor que se ha especificado.

Por ejemplo, esta sentencia inicializa y asigna almacenamiento para un entero, inicializa el almacenamiento que se asigna a un valor de 0 y a continuación guarda un puntero al bloque de memoria asignado en la variable puntero memPtr:

```
int *memPtr = new int(0);
```

Sin embargo, no se puede utilizar la sentencia anterior para inicializar almacenamiento para cada elemento de un array.

```
int *memPtr = new int[100](0);                    // No funciona
```

La inicialización no está disponible para los tipos de datos array.

Uso de new para arrays multidimensionales

Para asignar un array multidimensional, se indica cada dimensión del array de igual forma que se declara un array multidimensional. Por ejemplo, para asignar un puntero a un array de nombre meses de dimensiones [12] por [10], escriba

```
p = new char[12][10]
```

Cuando se utiliza new para asignar un array multidimensional, sólo el tamaño más a la izquierda puede ser una variable. Cada una de las otras dimensiones debe ser un valor constante.

[190]

EL OPERADOR *delete*

Cuando se ha terminado de utilizar un bloque de memoria previamente asignado por new, se puede liberar el espacio de memoria y dejarlo disponible para otros usos, mediante el operador delete. El bloque de memoria suprimido se devuelve al espacio de almacenamiento libre, de modo que habrá más memoria disponible para asignar otros bloques de memoria. El formato es

```
delete puntero
```

Así, por ejemplo, para las declaraciones

1. ```
   int *ad;
   ad = new int              o bien              int *ad = new int
   ```
2. ```
   char *adc;
   adc = new char[100]
   ```

el espacio asignado se puede liberar con las sentencias

```
delete ad;
```

o bien

```
delete adc;
```

Ejemplo 6.6

```
gato *pgato = new gato[55];      // Asignar pgato
if (pgato == NULL)
  cout << "Memoria agotada" << endl;
else
{
  ...
  delete pgato;                  // Liberar memoria asignada por pgato
}
```

EJEMPLOS QUE UTILIZAN *new* Y *delete*

Se puede utilizar el operador new con cualquier tipo de dato, incluyendo char, int, arrays, estructuras e identificadores de typedef. El uso de new es adecuado para manejo de arrays.

Consideremos una cadena de caracteres formado por un array de caracteres (char). Utilizando new se puede crear un puntero a un array de longitud variable, de modo que se puede ajustar la cantidad de memoria necesaria para la cadena de texto durante la ejecución del programa. En primer lugar, se realiza la asignación de una cadena de caracteres de 80 bytes. Crear un puntero a char, como:

```
char *p;
```

Para asignar la cadena de caracteres se escribe

p = new char[80];

El sistema de gestión de memoria reserva 80 bytes de memoria para el array de caracteres y la dirección de la asignación se almacena en p.

Ejemplo 6.7

```
// ASIGMEM1.CPP
// Muestra la asignación dinámica de una cadena de caracteres

#include <iostream.h>
#include <string.h>

void main(void)
{
  char *p;

  p = new char[80];

  strcpy(p, "Carchelejo está en la Sierra Magina" << endl;
  cout << p << endl;

  delete p;

  cout << "Pulse Intro para continuar";
  cin.get();
}
```

Una nueva característica de new es que no ha de utilizar una constante para el tamaño de la asignación. Utilizando una variable se puede ajustar el tamaño de la dimensión del array a medida que se ejecuta el programa. El programa siguiente muestra cómo asignar una cantidad variable de memoria, a medida que se necesita.

```
// ASIGMEM2.CPP
// Asignación dinámica de una cadena de caracteres

#include <iostream.h>
#include <string.h>

void main(void)
{
  int tama_cadena;
  char *p;

  cout << "¿Cuántos caracteres se asignan?"
  cin.tama_cadena;
  cin.ignore(1);
```

```
    p = new char[tama_cadena];

    strcpy(p, "Carchel también está en Sierra Magina");

    cout << p << endl;
    delete p;

    cout << "Pulse Intro para continuar";
    cin.get();
}
```

ASIGNACIÓN DE MEMORIA PARA ARRAYS

La gestión de listas y tablas mediante arrays es una de las operaciones más usuales en cualquier programa. La asignación de memoria para arrays es, en consecuencia, una de las tareas que es preciso conocer en profundidad.

El listado `ASIGMEM3.CPP` muestra cómo se puede utilizar el operador `new` para asignar memoria a un array. El programa imprime un mensaje en la salida estándar (normalmente la pantalla).

```
// ASIGMEM3.CPP
// Asignación de memoria para un array

#include <iostream.h>

int main()
{
  int *Dias = new int[3];
  Dias[0] = 15;
  Dias[1] = 8;
  Dias[2] = 1999;
  cout    << "Las fiestas del pueblo son en Agosto"
          << Dias[0] << "/ "
          << Dias[1] << "/ "
          << Dias[2];
  delete [] Dias;                    // Libera memoria
  return 0;
}
```

La salida del programa anterior es:

`Las fiestas del pueblo son en Agosto 15/8/1999`

Asignación de memoria interactivamente

El programa `ASIGMEM4.CPP` muestra cómo se puede invocar a `new` para asignar memoria para un array. Cuando se ejecuta el programa, se pide al usuario teclear el tamaño de un array. Cuando se contesta adecuadamente el programa imprime su array, que contiene el número de números consecutivos que se han solicitado.

```
// ASIGMEM4.CPP
// Asignación dinámica de arrays

#include <iostream.h>
#include <stdlib.h>

int main()
{
  cout << "¿Cuántas entradas de su array?";
  int lon;
  cin >> lon;
  int *miArray = new int[lon];
   for (int n = 0; n < lon; n++)
            miArray[n] = n + 1;
  for (n = 0; n < lon; n++)
            cout << '\n' << miArray[n];
  delete [] miArray;
  return 0;
}
```

Asignación de memoria para un array de estructuras

El programa ASIGNAES.CPP define un modelo de estructura perro. A continuación, el programa utiliza el operador new para asignar espacio suficiente para contener un array de tres estructuras animal. La dirección del bloque de memoria se almacena en el puntero panimal. Después de comprobar si tiene éxito la operación de asignación del bloque de memoria, el programa asigna valores a los miembros de cada elemento de la estructura. La función de biblioteca **strcpy()** se utiliza para copiar una constante de cadena en los miembros arrays de caracteres raza y color de la estructura perro. Por último, el programa visualiza el contenido de los tres elementos estructura del array pperro.

```
// ASIGNAES.CPP
#include <iostream.h>
#include <string.h>

struct perro
{
  char raza[20];
  int edad;
  int altura;
  int color[15];
};

void main()
{
  perro *pperro = new perro[3];
  if (pperro == NULL)
            cout << "**Falta de memoria**" << endl;
  else
  {
```

```
{
            strcpy(pperro[0].raza, "Pastor alemán");
            strcpy(pperro[0].color, "Rubio");
            pperro[0].edad = 4;
            pperro[0].altura = 120;

            strcpy(pperro[1].raza, "dálmata");
            strcpy(pperro[1].color, "blanco y negro");
            pperro[1].edad = 5;
            pperro[1].altura = 130;

            strcpy(pperro[2].raza, "doberman");
            strcpy(pperro[2].color, "negro");
            pperro[2].edad = 4;
            pperro[2].altura = 155;

            for (int i = 0; i < 3; i++)
            {
                cout << "Raza:"   << pperro[i].raza << endl;
                cout << "Color:"  << pperro[i].color << endl;
                cout << "Altura:" << pperro[i].altura << endl;
                cout << "Edad:"   << pperro[i].edad << endl;
            }
    }
}
```

Al ejecutarse el programa se visualiza

```
Raza:         Pastor alemán
Color:        Rubio
Altura:       120
Edad:         4

Raza:         Dálmata
Color:        Blanco y negro
Altura:       130
Edad:         5

Raza:         Doberman
Color:        Negro
Altura:       155
Edad:         4
```

GESTIÓN DEL DESBORDAMIENTO DE MEMORIA:
set_new_handler

Cuando en un programa se examina el operador new y se detecta falta de espacio en memoria, C++ permite definir una función que se puede llamar para manejar los errores. Esta función es _set_new_handler(), que se define en el archivo de cabecera *new.h*, tiene un puntero a una función como argumento. Cuando se llama a _set_new_handler(), el puntero que se posiciona se fija para apuntar a una función de manejo de error, que también se proporciona.

Ejemplo 6.8

El siguiente programa ejecuta un bucle que consume memoria en incrementos de 10.000 bytes, hasta que se agota la memoria. Entonces, se detiene la asignación de memoria y se visualiza la cantidad total de memoria actualmente asignada y se imprime el mensaje "Almacenamiento libre vacio".

```
#include <iostream.h>
#include <stdlib.h>
#include <new.h>

int agotada_mem(size_t tamanyo);

void main()
{
  _set_new_handler(agotada_mem);
  long total = 0;
  while (1)
  {
        char *EspMem = new char[10000];
        total += 10000;
        cout << "Gasto de 10000 bytes" << total << endl;
  }
}

int agotada_mem(size_t tamanyo)
{
  cerr << "\n Almacenamiento libre vacío \n";
  exit(1);
  return 0;
}
```

Obsérvese que en el programa anterior la función **agotada_mem** toma un parámetro de tipo `size_t`, que representa el tamaño del bloque solicitado cuando falla `new`.

REGLAS DE FUNCIONAMIENTO DE *new* Y *delete*

Como ya se ha comentado, se puede asignar espacio para cualquier objeto dato de C y C++.

Las reglas para utilizar `new` como medio para obtener espacio libre de memoria son las siguientes:

1. *El operador new es un operador unitario.*

   ```
   int* datos;
   ...
   datos = new int;
   ```

2. *El operando de* new *es un nombre de un tipo.*

```
#include <iostream.h>

void main()
{
    int* valor;                // Puntero a un entero

    valor = new int;           // Asigna espacio en
                               // almacenamiento libre
    cout << valor << "\r\n";;
    delete valor;              // Destruir enteros
}
```

3. *El operador* new *devuelve un puntero del tipo correcto.*
   Si no se encuentra espacio libre disponible, se devuelve un puntero nulo.
4. *El operador* new *calcula automáticamente el tamaño del objeto para el que está asignando memoria* new.
5. *Se puede utilizar new para asignar espacio para objetos más complejos, tales como arrays, en el almacenamiento libre.*
   Para utilizar new en asignación de memoria para una cadena o un array, escriba simplemente el nombre del tipo y a continuación el tamaño del array encerrado por el declarador del array ([ ]). El listado siguiente demuestra este uso de new.

```
#include <string.h>
#include <iostream.h>

void main()
{
    char* cad;                          // Puntero a una cadena

    cad = new char[41];      // Asignar array
    strcpy(cad, "Un programa de saludo: \r\n");
    cout << cad;
    delete cad;                         // Destruir cadena
}
```

6. *Se pueden crear arrays multidimensionales de objetos con new, pero con algunas restricciones.*

    ```
    print = new int[2][2][2];
    ```

    La primera dimensión puede ser cualquier expresión legítima, tal como:

    ```
    int i = 2;
    print = new int[i][2][2];
    ```

7. *No se pueden crear referencias con* new.
8. *Los objetos creados con* new *no se inicializan automáticamente a ningún valor.*

    ```
    int* i = new int(35);        // Fija contenido de i a 35
    ```

[197]

Las reglas para utilizar el operador delete son también sencillas:

1. *Al igual que* new, *el operador* delete *es un operador unitario.*

   ```
   double* x = new double;
   delete x;
   ...
   int* i = new int[256];
   delete[256] i;
   ```

2. *Utilizar el operador* delete *sólo para almacenamiento libre adquirido por* new.
3. *No se puede eliminar un puntero a una constante.*

CAPÍTULO [7]

Cadenas y funciones de cadena

[Notas]

[Cadenas y funciones de cadena]

C++ (y su lenguaje padre, C) no tienen datos predefinidos tipo cadena (*string*). En su lugar, C++, como C, manipula cadenas mediante arrays de caracteres que terminan con el carácter nulo ASCII (`'\0'`).

Una *cadena* se considera como un array unidimensional de tipo `char` o `unsigned char`.

En este capítulo se estudiarán temas tales como:

- cadenas en C++;
- lectura y salida de cadenas;
- uso de funciones de cadena de la biblioteca estándar;
- asignación de cadenas;
- operaciones diversas de cadena (longitud, concatenación, comparación y conversión);
- localización de caracteres y subcadenas;
- inversión de los caracteres de una cadena.

CONCEPTO DE CADENA

Una *cadena* es un tipo de dato compuesto, un array de caracteres (`char`), terminado por un carácter nulo (`'\0'`) (Figura 7.1).

Una cadena (también llamada *constante de cadena o literal de cadena*) es "`ABC`". Cuando la cadena aparece dentro de un programa se verá como si se

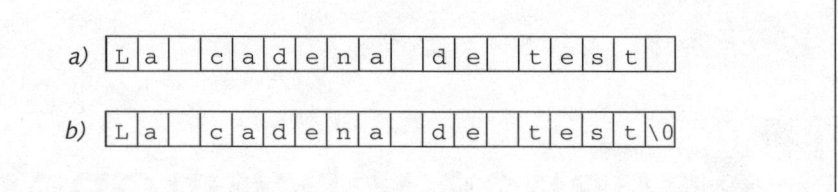

Figura 7.1.
a) Array de caracteres;
b) cadena de caracteres

almacenaran cuatro elementos: 'A', 'B', 'C' y '\0'. En consecuencia, se considerará que la cadena "ABC" es un array de cuatro elementos de tipo char. El valor real de esta cadena es la dirección de su primer carácter y su tipo es un puntero a char. Aplicando el operador * a un objeto de tipo se obtiene el carácter que forma su contenido; es posible también utilizar aritmética de direcciones con cadenas:

```
*"ABC"                es igual a              'A'
*("ABC" + 1)          es igual a              'B'
*("ABC" + 2)          es igual a              'C'
*("ABC" + 3)          es igual a              '\0'
```

De igual forma, utilizando el subíndice del array se puede escribir:

```
"ABC"[0]              es igual a              'A'
"ABC"[1]              es igual a              'B'
"ABC"[2]              es igual a              'C'
"ABC"[3]              es igual a              '\0'
```

Declaración de variables de cadena

Las cadenas se declaran como los restantes tipos de arrays. El operador postfijo [] contiene el tamaño máximo del objeto. El tipo base, naturalmente, es char, o bien unsigned char.

```
char texto[80];            // una línea de caracteres de texto
char orden[40];            // cadena utilizada para recibir una
                           // orden del teclado
unsigned char datos;       // activación de bit de orden alto
```

El tipo unsigned char puede ser de interés en aquellos casos en que los caracteres especiales presentes puedan tener el bit de orden alto activado. Si el carácter se considera con signo, el bit de mayor peso (orden alto) se interpreta como *bit de signo* y se puede propagar a la posición de mayor orden (peso) de nuevo tipo.

Observe que el tamaño de la cadena ha de incluir el carácter '\0'. En consecuencia, para definir un array de caracteres que contenga la cadena "ABCDEF". escriba

```
char UnaCadena[7];
```

> **IMPORTANTE:** A veces se puede encontrar una declaración como ésta:
>
> ```
> char *s;
> ```
>
> ¿Es realmente una cadena s? No es un puntero a un carácter (el primer carácter de una cadena).

Inicialización de variables de cadena

Todos los tipos de arrays requieren una *inicialización* que consiste en una lista de valores separados por comas y encerrados entre llaves.

```
char texto[81] = "Esto es una cadena";
char textodemo[255] = "Esta es una cadena muy larga";
char cadenatest[] = "¿Cuál es la longitud de esta cadena?";
```

Las cadenas `texto` y `textodemo` pueden contener 80 y 254 caracteres, respectivamente, más el carácter nulo. La tercera cadena, `cadenatest`, se declara con una especificación de tipo incompleta y se completa sólo con el inicializador. Dado que en el literal hay 36 caracteres y el compilador añade el carácter '\0', un total de 37 caracteres se asignarán a `cadenatest`.

Ahora bien, una cadena no se puede inicializar fuera de la declaración. Por ejemplo, si se trata de hacer

```
UnaCadena = "ABC";
```

C++ le dará un error al compilar. La razón es que un identificador de cadena, como cualquier identificador de array, se trata como un valor de dirección. *¿Cómo se puede inicializar una cadena fuera de la declaración?* Más adelante se verá, pero podemos indicar que será necesario utilizar una función de cadena denominada `strcpy()`.

LECTURA DE CADENAS

La lectura usual de datos con el objeto `cin` y el operador `>>`, cuando se aplica a datos de cadena, producirá normalmente anomalías. Así, por ejemplo, trate de ejecutar el siguiente programa:

```
// Este programa muestra cómo cin lee datos de cadena
// utilizando el operador cin

#include <iostream.h>

void main()
{
```

```
    char Nombre[30];              // Definir array de caracteres

    cin >> Nombre;                // Leer la cadena Nombre
    cout << '\n' << Nombre;       // Escribir la cadena Nombre
```

El programa define `Nombre` como un array de caracteres de 30 elementos. Suponga que introduce la entrada `Pepe Mackoy`, cuando ejecuta el programa se visualizará en pantalla `Pepe`. Es decir, la palabra `Mackoy` no se ha asignado a la variable cadena `Nombre`. La razón es que el objeto `cin` termina la operación de lectura siempre que se encuentra un espacio en blanco.

Así, pues, ¿cuál será el método correcto para lectura de cadenas, cuando estas cadenas contienen más de una palabra (caso muy usual)? El método recomendado será utilizar una función denominada **getline()**, en unión con `cin`, en lugar del operador >>. La función **getline** permitirá a `cin` leer la cadena completa, incluyendo cualquier espacio en blanco.

`cin` es un objeto de la clase `istream` y **getline()** es una función miembro de la clase `iostream`; en consecuencia, `cin` puede llamar a **getline()** para leer una línea completa incluyendo cualquier espacio en blanco.

La sintaxis de la función **getline()** es:

```
istream& getline(signed char* buffer, int lon,
                 char separador = '\n';
```

La lectura de cadenas con `cin` se realiza con el siguiente formato:

```
cin.getline(<var_cad>, <max_long_cadena+2>, <separador'>);
```

La función **getline()** utiliza tres argumentos. El primer argumento es el identificador de la variable cadena (nombre de la cadena). El segundo argumento es la longitud máxima de cadena (el número máximo de caracteres que se leerán), que debe ser al menos dos caracteres mayor que la cadena real, para permitir el carácter nulo '\0' y el '\n'. Por último, el carácter separador se lee y almacena como el siguiente al último carácter de la cadena. La función **getline()** inserta automáticamente el carácter nulo como el último carácter de la cadena.

El ejemplo anterior para leer la cadena `Nombre` se convierte en:

```
#include <iostream.h>

void main()
{
    char Nombre[32];              // Define el array de caracteres
    cin.getline(Nombre, 32);      // Lee la cadena Nombre
    cout << Nombre;               // Visualiza la cadena Nombre
```

Si se introduce la cadena `Pepe Mackoy`, el array `Nombre` almacenará los caracteres siguientes:

Nombre

P	e	p	e		M	a	c	k	o	y	'\n'	'\0'	... *datos aleatorios*
[0]	[1]	[2]	[3]	[4]	[5]	[6]	[7]	[8]	[9]	[10]	[11]	[12]	

Ejemplo 7.1

```
#include <isotream.h>
main()
{
   char nombre[80];
   cout << "Introduzca su nombre";
   cin.getline(nombre, sizeof(nombre)-1);
   cout << "Hola" << nombre << "¿cómo está usted?";
   return 0;
}
```

El siguiente programa lee y escribe el nombre, dirección y teléfono de un usuario.

```
#include <iostream.h>

void main()
{
   char Nombre[32];
   char Calle[32];
   char Ciudad[27];
   char Provincia[27];
   char CodigoPostal[5];
   char Telefono[10];

   // Leer cadenas nombre y dirección

   cin.getline(Nombre, 32);
   cin.getline(Calle, 32);
   cin.getline(Ciudad, 27);
   cin.getline(Provincia, 27);
   cin.getline(CodigoPostal, 5);
   cin.getline(Telefono, 10);

   // Visualizar cadenas nombre y dirección

   cout << Nombre;
   cout << Calle;
   cout << Ciudad;
   cout << Provincia;
   cout << CodigoPostal;
   cout << Telefono;
}
```

LA BIBLIOTECA STRING.H

La biblioteca estándar de C++ contiene la biblioteca de cadena STRING.H, que contiene las funciones de manipulación de cadenas utilizadas más frecuentemente. Los archivos de cabecera STDIO.H e IOSTREAM.H también soportan E/S de cadenas. Algunos fabricantes de C++ también incorporan otras bibliotecas para manipular cadenas, pero como *no son estándar* no se considerarán en esta sección.

El uso de las funciones de cadena tienen una variable parámetro declarada similar a:

```
char *s1
```

Esto significa que la función espera un puntero a una cadena. Cuando se utiliza la función, se puede usar un puntero a una cadena o se puede especificar el nombre de una variable array `char`. Cuando se pasa un array a una función, C++ pasa automáticamente la dirección del array `char`. La Tabla 7.1 resume algunas de las funciones de cadena más usuales.

La palabra reservada *const*

Las funciones de cadena declaradas en STRING.H, recogidas en la Tabla 7.1 y algunas otras, incluyen la palabra reservada **const**. La ventaja de esta palabra reservada es que se puede ver rápidamente la diferencia entre los parámetros de entrada y salida. Por ejemplo, el segundo parámetro *fuente* de strcpy representa el área fuente; se utiliza sólo para copiar caracteres de ella, de modo que este área no se modificará. La palabra reservada **const** se utiliza para esta tarea. Se considera un parámetro de *entrada*, ya que la función *recibe* datos a través de

Tabla 7.1. Funciones de cabecera.

Función	Cabecera de la función y prototipo
strlen	size_t strlen(const char *s); Devuelve la longitud de la cadena s.
strcpy	char *strcpy(char *dest, const char *fuente); Copia la cadena *fuente* a la cadena *destino*.
strcmp	in strcmp(const char *s1, const char *s2); Compara la cadena *s1* a *s2* y devuelve: 0 *si* s1 = s2 <0 *si* s1 < s2 >0 *si* s1 > s2
stricmp	int strcmpi(const char *s1, const char *s2); Igual que strcmp(), pero trata los caracteres como si fueran todos minúsculo.
strcat	char *strcat(char *destino, const char *fuente); Añade la cadena *fuente* al final de *destino*.
strnset	char *strnset(char *s, int ch, size_t n); Utiliza **strcmp()** sobre una cadena existente para fijar *n* bytes de la cadena al carácter *ch*.
strstr	char *strstr(const char *s1, const char *s2); Busca la cadena *s2* en *s1* y devuelve un puntero a los caracteres donde se encuentra *s2*.

ella. En contraste, el primer parámetro *dest* de strcmpy es el área de destino, la cual se sobrescribirá y, por consiguiente, no se debe utilizar **const** para ello. En este caso, el parámetro correspondiente se denomina *parámetro de salida*, ya que los datos se escriben en el área de destino.

ARRAYS Y CADENAS COMO PARÁMETROS DE FUNCIONES

Los arrays y cadenas se pueden pasar sólo por *referencia*, no por valor. En la función, las referencias a los elementos individuales se hacen por indirección de la dirección del objeto.

Considérese el programa C++ PASARRAY.CPP, que implementa una función **Longitud()** que calcula la longitud de una cadena terminada en nulo. El parámetro *cad* se declara como un array de caracteres de tamaño desconocido. Este ejemplo es un caso que muestra el paso de un array por valor, método no recomendado.

```
// PASARRAY.CPP
// Paso de un array como parámetro por valor a una función
// Este método no es eficiente

#include <iostream.h>

int Longitud(char cad[])
{
   int cuenta = 0;
   while (cad[cuenta++] != '\0');
   return cuenta;
}

void main(void)
{
   cout << Longitud("C++ es mejor que C") << end;

   cout << "Pulse Intro(Enter) para continuar";
   cin.get();
}
```

El programa principal contiene el código para la dirección de la constante de cadena a la función **Longitud()**. El cuerpo bucle while dentro de la función cuenta los caracteres no nulos y termina cuando se encuentra el byte nulo al final de la cadena.

Uso del operador de referencia para tipos array

Otro método de escribir la función **Longitud()** es utilizar el operador de referencia & de C++. Cuando se utiliza este operador, se pasa por el parámetro por referencia.

```
// PASARREF.CPP
// Paso de un array como parámetro por referencia

#include <iostream.h>

typedef cad80 char[80];

int Longitud(cad80 &cad)
{
   int cuenta = 0;
   while (cad[cuenta++] != '\0');
      return cuenta;
}

void main(void)
{
   cad80 s = "C++ es mejor que C";

   cout << Longitud(s) <<endl;

   cout << "Pulse Intro(Enter) para continuar";
   cin.get();
}
```

Obsérvese que se ha utilizado `typedef` debido a que el compilador no acepta `char cad[]`.

Uso de punteros para pasar una cadena

Los punteros se pueden utilizar para pasa arrays a funciones.

```
// EXTRAER.CPP
// Uso de punteros cuando se pasan arrays a funciones

#include <iostream.h>

// Función extraer copia num_cars caracteres
// de la cadena fuente a la cadena destino
int extraer(char *dest, char *fuente, int num_cars)
{
   in cuenta;
   for(cuenta = 0; cuenta <<num_carb; cuenta++)
      *dest++ = *fuente++;
   *dest = '\0';
   return cuenta;// devuelve número de caracteres
}
void main(void)
{
   char s1[40] = "Sierra de Cazorla";
   char s2[40];

   extraer(&s2[0], &s1[0], 3);

   cout << s2 << endl;
```

[208]

CAPÍTULO [7] Cadenas y funciones de cadena

```
    cout << "Pulse Intro para continuar";
    cin.get();
}
```

Observe que en las declaraciones de parámetros ningún array está definido, sino punteros de tipo `char`. En la línea

```
*dest++ = *fuente++;
```

los punteros se utilizan para acceder a las cadenas fuente y destino, respectivamente. En la llamada a la función **extraer** se utiliza el operador & para obtener la dirección de las cadenas fuente y destino.

ASIGNACIÓN DE CADENAS

C++ soporta dos métodos para asignar cadenas. Unos de ellos ya se ha visto anteriormente cuando se inicializaban las variedades de cadena. La sintaxis utilizada era

```
char VarCadena[LongCadena] = ConstanteCadena;
```

Ejemplo 7.2

```
char Cadena[81] = "C++ versión 3.0"
char nombre[] = "Pepe Mackoy";
```

El segundo método para asignación de una cadena a otra es utilizar la función **strcpy**. La función **strcpy** copia los caracteres de la cadena fuente a la cadena destino. La función supone que la cadena destino tiene espacio suficiente para contener toda la cadena fuente. El prototipo de la función es:

```
char* strcpy(char* destino, const char* fuente);
```

Ejemplo 7.3

```
char nombre[41];
strcpy(nombre, "Cadena a copiar");
```

La función **strcpy()** copia "Cadena a copiar" en la cadena nombre y añade un carácter nulo al final de la cadena resultante. El siguiente programa muestra una aplicación de **strcpy()**.

```
#include <iostream.h>
#include <string.h>

main()
{
    char s[100] = "Buenos días Mr. Mackoy", t[100];
    strcpy(t, s);
```

```
        strcpy(t+12, "Mr. C++");
        cout << s << endl << t << endl;
}
```

Al ejecutarse el programa produce la salida:

```
Buenos días Mr. Mackoy
Buenos días Mr. C++
```

La expresión `t+12` obtiene la dirección de la cadena s en `Buenos días Mr. Mackoy`.

La función `strncpy`

El prototipo de la función `strncpy` es

```
char* strncpy(char* destino, const char* fuente, size_t num);
```

y su propósito es copiar *num* caracteres de la cadena fuente a la cadena destino. La función realiza truncamiento o rellenado de caracteres si es necesario.

Ejemplo 7.4

```
char cad1[] = "Pascal";
char cad2[] = "Hola mundo";
strncpy(cad1, cad2, 6);
```

La variable `cad1` contiene ahora la cadena `"Hola"`.

 IMPORTANTE: Los punteros pueden manipular las partes posteriores de una cadena, asignando la dirección del primer carácter a manipular.

```
char cad1[41] = "Hola Mundo";
char cad2[41];

p += 5;           // p apunta a la cadena "Mundo"
strcpy(cad2, p);
cout << cad2 << "\n";
```

La sentencia de salida visualiza la cadena `"Mundo"`.

LONGITUD Y CONCATENACIÓN DE CADENAS

Muchas operaciones de cadena requieren conocer el número de caracteres de una cadena (*longitud*), así como la unión (*concatenación*) de cadenas.

La función `strlen`

La función **strlen** calcula el número de caracteres del parámetro cadena, excluyendo el carácter nulo de terminación de la cadena. El prototipo de la función es:

```
size_t strlen(const char* cadena)
```

El tipo de resultado `size_t` representa un tipo entero general.

```
char cad[] = "1234567890";
unsigned i;
i = strlen(cad);
```

Estas sentencias asignan 10 a la variable *i*.

Las funciones `strcat` y `strncat`

En muchas ocasiones se necesita construir una cadena añadiendo una cadena a otra cadena, operación que se conoce como *concatenación*. Las funciones **strcat** y **strncat** realizan operaciones de concatenación.

strcat añade el contenido de la cadena fuente a la cadena destino, devolviendo un puntero a la cadena destino. Su propósito es:

```
char* strcat(char* destino, const char* fuente);
```

Ejemplo 7.5

```
char cadena[81];
strcpy(cadena, "Borland");
strcat(cadena, "C++");
```

La variable *cadena* contiene ahora "Borland C++".

Es posible limitar el número de caracteres a copiar utilizando la función **strncat**. La función **strncat** añade *num* caracteres de la cadena fuente a la cadena destino y devuelve el puntero a la cadena destino. Su prototipo es

```
char* strncat(char* destino, const char* fuente, size_t num)
```

y cuando se invoca con una llamada, tal como

```
strncat(t, s, n);
```

n representa los primeros *n* caracteres de *s* que se copian, a menos que se encuentre un carácter nulo, en cuyo momento se termina el proceso.

Ejemplo 7.6

```
char cad1[81] = "Hola soy yo";
char cad2[41] = "Luis Mortimer";
strncat(cad1, cad2, 4);
```

La variable *cad1* contiene ahora "Hola yo soy Luis".

COMPARACIÓN DE CADENAS

Dado que las cadenas son arrays de caracteres, la biblioteca STRING.H proporciona un conjunto de funciones que comparan cadenas. Estas funciones comparan los caracteres de dos cadenas utilizando el valor ASCII de cada carácter. Las funciones son **strcmp**, **stricmp**, **strncmp** y **strnicmp**.

La función strcmp

Cuando se desea determinar si una cadena es igual a otra, o mayor o menor que otra, se debe utilizar la función **strcmp()**.

strcmp() compara su primer parámetro con su segundo, y devuelve 0 si las dos cadenas son idénticas, un valor menor que cero si la cadena 1 es menor que la cadena 2 o un valor mayor que cero si la cadena 1 es mayor que la cadena 2 (los términos *"mayor que"* y *"menor que"* se refieren a la ordenación alfabética de las cadenas). Por ejemplo, Alicante es menor que Sevilla. Así, la letra *A* es menor que la letra *a*, la letra *Z* es menor que la letra *a*.

El prototipo de la función **strcmp** es:

```
int strcmp(const char* cad1, const char* cad2);
```

La función compara las cadenas *cad1* y *cad2*. El resultado entero es:

```
< 0    si    cad1    es menor que    cad2
= 0    si    cad1    es igual a      cad2
> 0    si    cad1    es mayor que    cad2
```

Ejemplo 7.7

```
char cad1[] = "Microsoft C++";
char cad2[] = "Microsoft Visual C++"
int i;
i = strcmp(cadena1, cadena2);         // i, toma un valor negativo

strcmp("Waterloo", "Windows")         < 0
strcmp("Mortimer", "Mortim")          > 0
strcmp("Jeronimo", "Jeronimo")        = 0
```

La comparación se realiza examinando los primeros caracteres de cad1 y cad2, a continuación los siguientes caracteres, y así sucesivamente. Este proceso termina cuando:

- se encuentran dos caracteres distintos del mismo orden: cad1[i] y cad2[i];
- se encuentra el carácter nulo en cad[i] o cad2[i].

```
Waterloo         es menor que        Windows
Mortimer         es mayor que        Mortim_carácter nulo
Jeronimo         es igual que        Jeronimo
```

La función stricmp

La función **stricmp** compara las cadenas cad1 y cad2 sin hacer distinción entre mayúsculas y minúsculas. El prototipo es:

```
int stricmp(const char* cad1,, const char* cad2);
```

Ejemplo 7.8

```
char cad1[] = "Turbo C++*";
char cad2[] = "TURBO C++";
int i;

i = stricmp(cad1, cad2);           // se asigna 0 aa la variable i
                                    // ya que las dos cadenas son
                                    // iguales
```

La función strncmp

La función **strncmp** compara los caracteres más a la izquierda de las dos cadenas cad1 y cad2. El prototipo es

```
int strcmp(const char* cad1, const char* cad2, size_t num);
```

y el resutado de la comparación será:

```
< 0    si    cad1    es menor que    cad2
= 0    si    cad1    es igual que    cad2
> 0    si    cad1    es mayor que    cad2
```

Ejemplo 7.9

```
char cadena1[] = "Turbo C++";
char cadena2[] = "Turbo Prolog"
int i;

i = strncmp(cadena1, cadena2, 7);
```

Esta sentencia asigna un número negativo a la variable *i*, ya que "Turbo C" es menor que "Turbo P".

La función strnicmp

La función **strnicmp** compara los caracteres *num* a la izquierda en las dos cadenas, cad1 y cad2, con independencia del tamaño de las letras. El prototipo es:

```
int strnicmp(const char* cad1, const char* cad2, size_t num);
```

El resultado será:

```
< 0    si    cad1    es menor que    cad2
= 0    si    cad1    es igual que    cad2
> 0    si    cad1    es mayor que    cad2
```

Ejemplo 7.10

```
char cadena1[] = "Turbo C++";
char cadena2[] = "TURBO C++";
int i;

i = strnicmp(cadena1, cadena2, 5);
```

Esta sentencia asigna 0 a la variable *i*, ya que las cadenas "Turbo" y "TURBO" difieren sólo en el tamaño de sus caracteres.

INVERSIÓN DE CADENAS

La biblioteca STRING.H incluye la función **strrev**, que sirve para invertir los caracteres de una cadena. Su prototipo es:

```
char *strrev(char *s);
```

strrev invierte el orden de los caracteres de la cadena especificada en el argumento *s*; devuelve un puntero a la cadena resultante.

Ejemplo 7.11

```
char cadena[] = "Hola";

strrev(cadena);
cout << cadena;        // visualiza "aloH"
```

El programa INVERTIR.CPP invierte el orden de la cadena Hola mundo.

```
#include <iostream.h>
#include <string.h>

int main(void)
{
   char *cadena = "Hola mundo";

   strrev(cadena);
   cout << "Cadena inversa:" <<cadena;

   return 0;
}
```

CONVERSIÓN DE CADENAS

La biblioteca `STRING.H` de la mayoría de los compiladores C++ suele incluir funciones para convertir los caracteres de una cadena a letras mayúsculas y minúsculas, respectivamente. Estas funciones se llaman **strlwr** y **strupr** en compiladores AT&T y Borland, mientras que en Microsoft (Visual C++ y la versión 7.0) se denominan **_strlwr** y **_strupr**.

Función `strupr`

La función **strupr** convierte las letras minúsculas de una cadena a mayúsculas. Su prototipo es:

```
char *strupr (char *s);
```

Ejemplo 7.12

```cpp
// archivo MAYUSUNO.CPP

#include <iostream.h>
#include <string.h>
int main(void)
{
   char *cadena = "abcdefg";

   strupr(cadena);
   cout << "La cadena convertida es:" <<cadena;

   return 0;
}
```

Función `strlwr`

La función **strlwr** convierte las letras mayúsculas de una cadena a letras minúsculas.

```cpp
// archivo MINUS.CPP

#include <iostream.h>
#include <string.h>

int main(void)
{
   char *cadena = "ABCDEFG";

   strlwr(cadena);
   cout << "La cadena convertida es:" << cadena;

   return 0;
}
```

CONVERSIÓN DE CADENAS A NÚMEROS

Es muy frecuente tener que convertir números almacenados en cadenas de caracteres a tipos de datos numéricos. C++ proporciona las funciones **atoi**, **atof** y **atol**, que realizan estas conversiones. Estas tres funciones se incluyen en la biblioteca STDLIB.H por lo que ha de incluir en su programa la directiva

```
#include <stdlib.h>
```
.

Función atoi

La función **atoi** convierte una cadena a un valor entero. Su prototipo es:

```
int atoi(const char *cad);
```

atoi convierte la cadena apuntada por cad a un valor entero. La cadena debe tener la representación de un valor entero y el formato siguiente:

```
[espacio en blanco] [signo] [ddd]
```

```
[espacio en blanco]  = cadena opcional de tabulaciones y espacios
[signo]              = un signo opcional para el valor
[ddd]                = la cadena de dígitos
```

Una cadena que se puede convertir a un entero es:

```
"1232"
```

Sin embargo, la cadena siguiente no se puede convertir a un valor entero:

```
"-1234596.495"
```

La cadena anterior se puede convertir a un número de coma flotante con la función **atof()**.

IMPORTANTE: Si la cadena no se puede convertir, **atoi()** devuelve cero.

Ejemplo 7.13

```
char *cadena = "4534";
valor = atoi(cadena);
```

Función atof

La función **atof** convierte una cadena a un valor de coma flotante. Su propositos es:

```
double atof(const char *cad);
```

atof convierte la cadena apuntada por cad a un valor double en coma flotante. La cadena de caracteres debe tener una representación de caracteres de un número de coma flotante. La conversión termina cuando se encuentre un carácter no reconocido. Su formato es:

[espacio en blanco][signo][ddd][.][ddd][e|E][signo][ddd]

Ejemplo 7.14

```
char *cadena = "545.7345";
valor = atof(cadena);
```

Función atol

La función **atol** convierte una cadena a un valor largo (long). Su prototipo es:

long atol(const char *cad);

La cadena a convertir debe tener un formato de valor entero largo:

[espacio en blanco] [signo] [ddd]

Ejemplo 7.15

```
char *cadena = "45743212";
valor = atol(cadena);
```

BÚSQUEDA DE CARACTERES Y CADENAS

La biblioteca STRING.H contiene un número de funciones que permiten localizar caracteres en cadenas y subcadenas en cadenas.

Funciones de búsqueda de caracteres	strchr strcspn	strrchr strpbrk	strspn
Funciones de búsqueda de cadenas	strstr	strtok	

La función strchr

El prototipo de la función **strchr** es:

char *strchr(const char *s, int c);

strchr permite buscar caracteres y patrones de caracteres en cadenas; localiza la primera occurencia de un carácter c en una cadena s. La búsqueda termina en la primera ocurrencia de un carácter coincidente.

Ejemplo 7.16

```
char cad[81] = "Turbo C++";
char *cadPtr;

cadPtr = strchr(cad, '+');
```

La función `strrchr`

La función **strrchr** localiza la última ocurrencia del patrón c en la cadena s. La búsqueda termina con la primera ocurrencia de un carácter coincidente. Si no se encuentra el carácter c en la cadena s, la función produce un resultado NULL. Su prototipo es:

char *strrchr(const char *s, int c);

cadena de búsqueda *carácter buscado*

Un ejemplo de aplicación de esta función es:

```
#include <iostream.h>
#include <string.h>

int main(void)
{
   char *cadena = "--x--";
   char *resultado;

   resultado = strrchrr(cadena, 'x');
   cout << "Valor devuelto:" <<resultado;
}
```

La función `strspn`

La función **strspn** devuelve el número de caracteres de la parte izquierda de una cadena *destino* que coincide con cualquier carácter de la cadena *patrón*. El prototipo de **strspn** es:

size_t strspn(const char *s1, const char *s2);

El siguiente ejemplo busca el segmento de cadena1 que tiene un subconjunto de cadena2.

CAPÍTULO [7] Cadenas y funciones de cadena

```cpp
#include <iostream.h>
#include <string.h>

int main(void)
{
   char *cadena1 = "123456";
   char *cadena2 = "abc123";
   int logitud;

   longitud = strspn(cadena1, cadena2);
   cout << "Longitud =" << longitud;
   return 0;
}
```

La función `strcspn`

La función **strcspn** encuentra una subcadena dentro de una cadena. Devuelve el índice del primer carácter de la primera cadena que está en el conjunto de caracteres especificado en la segunda cadena. El prototipo es:

```cpp
size_t strcspn(const char *s1, const char *s2);
```

Ejemplo 7.17

```cpp
char cadena[]  = "Los manolos de Carchelejo";
int i;

i = strcspn(cadena, " de");
```

El ejemplo anterior asigna 11 (la longitud de "Los manolos") a la variable *i*.

La función `strpbrk`

La función **strpbrk** recorre una cadena buscando caracteres pertenecientes a un conjunto de caracteres especificado. El prototipo es:

```cpp
char *strpbrk(const char *s1, const char *s2);
```

Esta función devuelve un puntero a la primera ocurrencia de cualquier carácter de s2 en s1. Si las dos cadenas no tienen caracteres comunes se devuelve NULL.

```cpp
char *cad = "Hello Dolly, hey Julio";
char *subcad = "hy";
char *ptr;

ptr = strpbrk(cad, subcad);
cout << ptr << "\n";
```

El segmento de programa visualiza "hey Julio", ya que "h" se encuentra en la cadena antes que la "y".

BÚSQUEDA DE CADENAS

La biblioteca STRING.H contiene las funciones **strstr** y **strtok**, que permiten localizar una subcadena en una cadena, o bien romper una cadena en subcadenas.

La función strstr

La función **strstr** busca una cadena dentro de otra cadena. El prototipo de la función es:

```
char *strste(const char *s1, const char *s2);
```

La función devuelve un puntero al primer carácter de la cadena s1 que coincide con la cadena s2. Si la subcadena s1 no está en la cadena s2, la función devuelve NULL.

```
char *cad1 = "123456789";
char *cad2 = "456";
char *resultado;

resultado = strstr(cad1, cad2);
cout << resultado << "\n";
```

El segmento de programa anterior visualiza 456789.

La función strtok

La función **strtok** permite romper una cadena en subcadenas, basada en un conjunto especificado de caracteres de separación. Su prototipo es:

```
char *strtok(char *s1, const char *s2);
```

strtok lee la cadena s1 como una serie de cero o más símbolos y la cadena s2 como el conjunto de caracteres que se utilizan como separadores de los símbolos de la cadena s1. Los símbolos en la cadena s1 pueden encontrarse separados por un carácter o más del conjunto de caracteres separadores de la cadena s2.

```
#include <iostream.h>
#include <string.h>
main()
{
   char *cad = "(Pepe_Luis + Mortimer) * Mackoy";
   char *separador = "+ * ()";
   char *ptr = cad;

   cout << cad << endl;
   ptr = strtok(cad, separador);
```

CAPÍTULO [7]   Cadenas y funciones de cadena

```
   cout << "se rompe en" << ptr;
   while (ptr) {
      cout << ptr;
      ptr = strtok(NULL, separador);
   }
}
```

Este ejemplo visualiza lo siguiente cuando se ejecuta el programa:

(Pepe_Luis * Mortimer) * Mackoy

La cadena anterior se rompe en tres subcadenas:

Pepe_Luis   Mortimer   Mackoy

CAPÍTULO

[8]

Entradas y salidas: Flujos (*Streams*)

[Notas]

Entradas y salidas: Flujos (*Streams*)

Hasta este momento se han realizado las operaciones básicas de entrada y salida. La operación de introducir (*leer*) datos en el sistema se denomina **lectura** y la generación de datos del sistema se denomina **escritura**. La lectura de datos se realiza desde su teclado e incluso desde su unidad de disco y la escritura de datos se realiza en el monitor y en la impresora de su sistema.

Al igual que sucede en C ANSI, las funciones de entrada/salida no están definidas en el propio lenguaje C++, sino que están incorporadas en cada compilador de C++ bajo la forma de *biblioteca de ejecución*. En C existe la biblioteca `stdio.h` estandarizada por ANSI; en C++ su biblioteca correspondiente es `iostream,` aunque en este caso todavía no está estandarizada. En consecuencia, el lector puede recurrir en las operaciones de E/S (Entrada/Salida) a cualquiera de las dos bibliotecas, aunque la biblioteca `iostream` se distingue positivamente de `stdio.h` en que la entrada/salida se realiza por **flujos** (*streams*), método que además de proporcionar la funcionalidad de C ofrece un método flexible y eficiente mediante la gestión de clases, que permite sobrecargar funciones y operadores, lo que hará que sus clases puedan ser manipuladas como si fueran tipos predefinidos.

La gran ventaja de la biblioteca `iostream` es que se pueden manipular las operaciones E/S sin necesidad de conocer los conceptos típicos de orientación a objetos, tales como clases, herencia, funciones virtuales, etc. Un resumen de estos conceptos se proporcionará en la última parte del libro, a título de introducción, en las técnicas orientadas a objetos, aunque no es el objeto principal del libro.

En este capítulo y en el siguiente aprenderá a utilizar las características típicas de E/S de C++ y a obtener el máximo rendimiento de las mismas.

FLUJOS

Un **flujo** (*stream*) es una abstracción que se refiere a un *flujo* o *corriente* de datos que fluyen entre un origen o fuente (*productor*) y un destino o sumidero (*consumidor*). Entre el origen y el destino debe existir una conexión o tubería (*pipe*) por la que circulen los datos. Estas conexiones se realizan mediante operadores (<< y >>) sobrecargados y funciones de E/S.

La biblioteca `iostream` se construye alrededor de la noción de *flujo*. Un **flujo** es un objeto C++ que representa la fuente de las operaciones de lectura de datos y el destino de las operaciones de escritura. Los flujos se pueden conectar a la pantalla o al teclado, a archivos y a *buffers* de memoria.

LA BIBLIOTECA DE CLASES `IOSTREAM`

La biblioteca **iostream** se basa en el concepto de *flujos*; incorpora la ventaja de las potentes características orientadas a objetos de C++.

La biblioteca de E/S de flujos se construye a base de una jerarquía de clases que se declaran en diversos archivos de cabecera. La biblioteca de clases tiene dos familias paralelas de clases: las derivadas de streambuf (Figura 8.1) y las derivadas de ios (Figura 8.2).

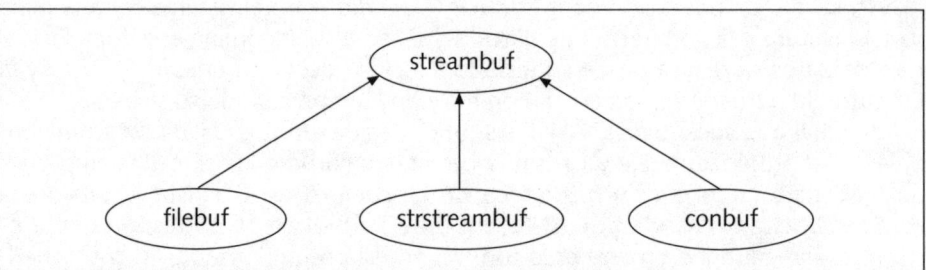

Figura 8.1. Clase streambuf.

La clase `streambuf`

La clase streambuf proporciona un interfaz a dispositivos físicos; proporciona métodos fundamentales para realizar operaciones con *buffer* y manejo de flujos cuando las condiciones de *formateado* no son muy exigentes.

Jerarquía de clases `ios`

La jerarquía de clases ios gestiona todas las operaciones de E/S y proporciona el interfaz de bajo nivel al programador. La clase ios contiene un puntero a streambuf.

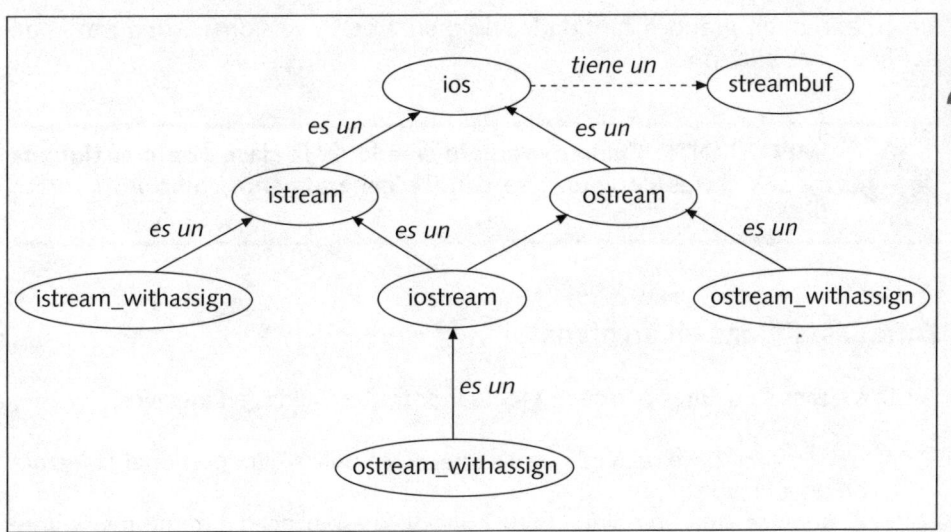

Figura 8.2.
Jerarquía de clases iostream.

Para acceder a la biblioteca iostream se deben incluir archivos de cabecera específicos; uno de ellos y ha sido utilizado por el lector, *iostream.h*, pero existen otros archivos de cabecera, como se verá en esta misma sección.

La clase istream (*input stream*) proporciona las operaciones de lectura de datos, mientras que la clase ostream (*output stream*) implementa las operaciones de escritura de datos. La clase iostream (*input-output stream*) se deriva simultáneamente de istream y ostream y proporciona operaciones bidireccionales de entrada/salida (es un ejemplo de *herencia múltiple*).

Flujos estándar

La biblioteca iostream define cuatro flujos estándar:

- El flujo cin, definido por la clase istream, está conectado al periférico de entrada estándar (el *teclado*, representado por el archivo STDIN).
- El flujo cout, definido por la clase ostream, está conectado al periférico de salida estándar (la *pantalla*, representado por el archivo STDOUT).
- El flujo cerr, definido por la clase ostream, está conectado al periférico de error estándar (la *pantalla*, representado por el archivo STDOUT). Este flujo no es a través de *buffer*.
- El flujo clog, definido por la clase ostream, está conectado igualmente al periférico de error estándar (la *pantalla*, representado por el archivo STDOUT). Al contrario que cerr, el flujo clog se realiza a través de *buffer*.

La ventaja de cerr sobre clog es que los *buffers* de salida se limpian (*vacían*) cada vez que cerr se utiliza, de modo que la salida está disponible más rápidamente en el dispositivo externo (que por defecto es la pantalla de vídeo).

Sin embargo, en grandes cantidades de mensajes, la versión clog a través de *buffer* es más eficiente.

IMPORTANTE: Cualquier objeto creado de la clase ios o cualquiera de sus clases derivadas se conoce generalmente como un «objeto flujo».

Entradas/salidas en archivos

Las tres clases siguientes permiten efectuar entradas/salidas en archivos:

- ifstream, clase derivada de istream; se utiliza para gestionar la lectura de un archivo.
  Cuando se crea un objeto ifstream y se especifican parámetros se abre un archivo.
- ofstream, clase derivada de ostream; gestiona la escritura en un archivo. Los objetos ofstream se utilizan para hacer operaciones de salida de archivos. Se declara un objeto ofstream si piensa escribir un archivo de disco. Si se proporciona un nombre de archivo cuando se declara un objeto ofstream, se abre el archivo. Se puede especificar que el archivo se cree en modo binario o en modo texto. Si un objeto de ofstream está ya declarado, se puede utilizar la función miembro open() para abrir el archivo. Por otra parte, se dispone de la función miembro close(), que sirve para cerrar el archivo.
- fstream, clase derivada de iostream; permite leer y escribir en un archivo. Los objetos fstream se utilizan cuando se desea simultanear operaciones de lectura y escritura en el mismo archivo.

Entradas/salidas en un buffer de memoria

Existen dos clases específicas destinadas a las entradas/salidas en un *buffer* en memoria:

- istrstream, clase derivada de istream, permite leer caracteres a partir de una zona de memoria, que sirve de flujo de entrada.
- ostrstream, clase derivada de ostream, permite escribir caracteres en una zona de memoria, que sirve de flujo de entrada.

Archivos de cabecera

Cualquier programa que utilice la biblioteca iostream debe incluir el archivo de cabecera <IOSTREAM.H>, y eventualmente otros archivos de cabecera suplementarios: `<IOS.H>`, `<ISTREAM.H>`, `<OSTREAM.H>`, `<IFSTREAM.H>`, `<OFSTREAM.H>`, `<FSTREAM.H>`, `<STRSTREAM.H>`, `<IOMANIP.H>`.

El archivo de cabecera `IO.H` declara clases de bajo nivel e identificadores. Los archivos `ISTREAM.H` y `OSTREAM.H` soportan las entradas y salidas básicas de los flujos. El archivo `IOSTREAM.H` combina las operaciones de las clases en los dos archivos de cabecera anteriores. Para realizar entradas/salidas en archivos se deben incluir los archivos de cabecera `FSTREAM.H` e `IOSTREAM.H`. El archivo `IOMANIP.H` permitirá *formatear* y organizar la salida de datos. La inclusión del archivo de cabecera `STRSTREAM.H` permite el acceso a las funciones de la biblioteca `iostream`, que permiten efectuar las entradas/salidas en memoria.

Entrada/salida de caracteres y flujos

C++ visualiza todas las entradas y salidas como flujos de caracteres. Si su programa obtiene la entrada del teclado, un archivo de disco, un modem o un ratón, C++ ve sólo un flujo de caracteres. C++ no conoce cuál es el tipo de dispositivo que le proporciona la entrada.

Estas operaciones de E/S de flujos significan que se utilizan las mismas funciones para obtener la entrada del teclado como del modem. Se pueden utilizar las mismas funciones para escribir en un archivo de disco, una impresora o una pantalla. Naturalmente se necesita algún medio para encaminar el flujo de entrada o salida al dispositivo adecuado. La Figura 8.3 muestra esta característica.

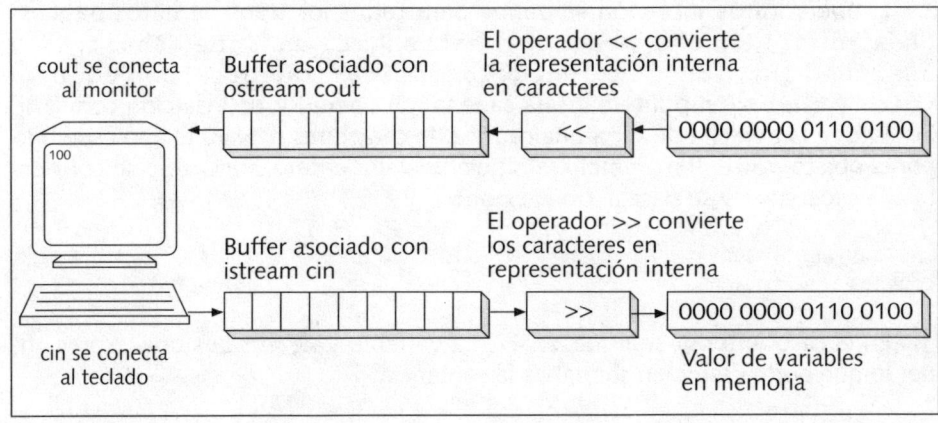

Figura 8.3. Las operaciones de E/S son como flujos de caracteres.

El flujo de datos irá de un dispositivo de entrada (teclado) al programa C++ y de un programa C++ al dispositivo de salida (la pantalla o la impresora).

SALIDA A LA PANTALLA Y A LA IMPRESORA

Cuando se ejecutan sus programas C++, normalmente deseará generar información en uno de los dos dispositivos hardware típicos: un monitor o una impreso-

ra. De hecho, habrá ocasiones en que se necesitará generar información en ambos dispositivos durante la ejecución de un programa.

Se puede escribir información en el dispositivo de salida utilizando el objeto cout, que está definido en el archivo de cabecera IOSTREAM.H. Los objetos son el núcleo de la programación orientada a objetos y su uso correcto en C++ potenciará sus programas.

El método más común de dirigir la salida a la pantalla es utilizar el objeto cout. El flujo de salida que se pasa al objeto cout se dirige al flujo de salida estándar. Mediante el operador de inserción (<<) se ponen datos en el flujo de salida.

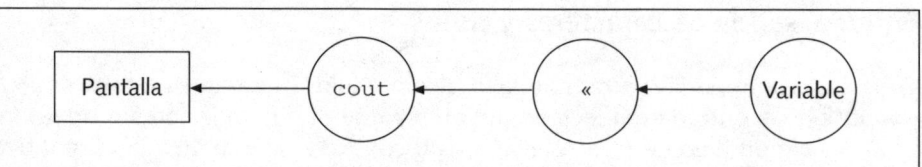

Figura 8.4. Salida con cout.

El operador << dirige el contenido de la variable a su derecha al objeto (cout) de su izquierda. Así,

```
cout << "Hola mundo, C++";
```

El operador de inserción se define para todos los tipos de datos básicos: char, unsigned char, signed char, short, unsigned short, int, unsigned int, long, unsigned long, float, double, long double, void* y char* (un puntero a una cadena). El operador de inserción convierte los datos a la derecha de << a una cadena de caracteres (char) el tipo esperado por el objeto cout. Por ejemplo, el siguiente valor entero, val_ent se convierte a la cadena 47 y se pasa al objeto cout:

```
int val_ent = 47;
cout << val_ent;
```

En el caso anterior se visualiza 47. La variable val_ent es una expresión, por lo que podría también ser válida la sentencia:

```
int i, j;
cout << i+j;
```

Operadores de inserción en cascada

El operador de inserción se puede poner en cascada, de modo que pueden aparecer varios elementos en una sola sentencia C++. Así, la sentencia:

```
cout << 1 << 2 << 3 << 4;
```

generará una salida, tal como

```
1 2 3 4
```

Si desea escribir información de caracteres, se debe encerrar la información de salida entre comillas. La sentencia

```
cout << "Hola, programador de C++";
```

genera la salida

```
Hola, programador de C++
```

Los operadores en cascada pueden mezclar valores de caracteres y numéricos. Así, por ejemplo,

```
cout << "Total =" << Suma << endl;
```

visualizará

```
Total = 450
```

Suponiendo que el valor de la variable `Total` es 450. El símbolo `endl`, como ya conoce el lector, hace que el flujo de salida avance a la siguiente línea. Se puede situar `endl` en cualquier parte del flujo, aunque usualmente se sitúa al final de la línea. La sentencia siguiente:

```
cout << "Los resultados son los siguientes:" << endl
     << "Enero" << Total_Ene << endl
     << "Febrero" << Total_Feb << endl
     << "Marzo" << Total_Mar << endl;
```

produce la salida

```
Los resultados son los siguientes:
Enero     300
Febrero   425
Marzo     106
```

Desde el punto de vista práctico, cada operador de inserción envía un dato (una constante, una expresión o una variable) al flujo de salida y se pueden concatenar datos de tipos diferentes en una única expresión `cout`.

```
cout << Voltaje << Corriente << Resistencia;
```

La sentencia precedente escribirá los valores almacenados en memoria en el mismo orden en que están escritos. El orden de salida será el mismo que el orden listado en la sentencia `cout`, pero sin ningún espacio entre los valores. Si desea espaciado entre los valores deberá insertar caracteres en blanco dentro de la sentencia `cout`.

Las funciones miembro `put()` y `write()`

Las clases definen datos y funciones miembro. Una función de una clase se llama un *método* o *función miembro*. La clase `ostream` proporciona la función `put()` para insertar un único carácter en el flujo de salida y la función `write()`, para insertar una cadena en el flujo de salida. Ambas funciones devuelven un objeto `cout`.

Se puede escribir en un flujo de salida llamando a las funciones miembro `put()` o `write()`. Los formatos de estas funciones son:

```
dispositivo.put(valor_caracter);
dispositivo.write(valor_cadena, num);
```

El punto que separa *dispositivo* de la función `put()` es el operador de miembro (.). *valor_caracter* puede ser una constante, expresión o variable carácter (`char`) y *valor_cadena* una cadena; *num* es un valor `int` utilizado para especificar el número de caracteres de la cadena a visualizar. El *dispositivo* puede ser cualquier dispositivo de salida estándar. Para escribir, por ejemplo, un carácter en su impresora, se abrirá `PRN` con `ofstream`.

Así, las sentencias siguientes visualizan dos caracteres ('Z' y '1') en el flujo de salida:

```
cout.put('Z');
char letra = '1';
cout.put(letra);
```

Si desea escribir un bloque de caracteres, utilice la función miembro `write`, como en estos ejemplos:

```
cout.write("Biblioteca", 3);            // Se visualiza Bib

cout.write("Día Nacional", 12) << "\n";
cout.put(65) << "Antonio Molina \n";
cout.put('H').write("Hola", 4) << "mundo C++ \n";
```

Al ejecutarse las sentencias anteriores se visualiza

```
Día Nacional
Antonio Molina
Hola mundo C++
```

Obsérvese que la primera función `put()` contiene una constante de valor entero; el entero se interpreta como un código ASCII de la letra *A* que se visualiza.

La función `write()` visualiza tantos caracteres como se especifique en el segundo argumento. Si se especifica un número mayor que el número de caracteres de la cadena, la función visualiza cualquier cosa que resida en memoria a continuación de la cadena.

Impresión de la salida en una impresora

El envío de la salida de un programa a la impresora es fácil con la función **ofstream**. El formato de **ofstream** es:

ofstream *dispositivo* (*nombre_dispositivo*)

y su uso requiere el archivo de cabecera OFSTREAM.H.

Ejemplo 8.1

El siguiente programa solicita al usuario el nombre y apellidos. A continuación imprime el nombre completo y el apellido en la impresora.

```
// SALIMPRE.CCP
// Imprime un nombre en la impresora

#include <fstream.h)>

main()
{
   char nombre[20]
   char apellidos[30];

cout << "¿Cuál es su nombre?";
cin >> Nombre;
cout << "¿Cuáles son sus apellidos?";
cin >> Apellidos;

// Enviar nombre y apellidos a la impresora

ofstream impresora ("PRN");
impresora << "Su nombre completo es: \n";
impresora << apellidos << ", " << nombre << endl;

return 0;
}
```

LECTURA DEL TECLADO

Obtener información en un programa para su procesamiento se denomina *lectura*. En la mayoría de los sistemas actuales la información se lee de una de las dos fuentes: de un teclado o de un archivo de disco. En esta sección aprenderá cómo se lee la información procedente del teclado, dejando para el próximo capítulo la lectura de datos procedentes de unidades de disco.

La sentencia C++ que se utiliza para la lectura de datos del teclado es cin. Al igual que cout, cin es un objeto predefinido en C++ y es parte del archivo de cabecera IOSTREAM.H.

Cuando se teclea, se genera un flujo de entrada. Al igual que con la salida, C++ utiliza un enfoque orientado a objetos para la entrada. El objeto cin extrae

caracteres del flujo de entrada, lo convierte a cualquier tipo de dato diseñado en la sentencia de entrada y lo almacena en la posición de memoria deseada.

Se utiliza el operador de extracción >> para manejar la entrada de un flujo. El operador obtiene datos del flujo y lo sitúa en una variable.

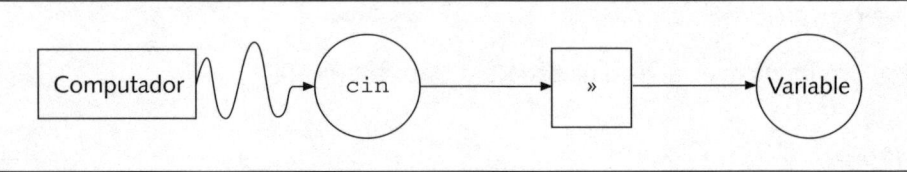

Figura 8.5. Entrada con cin.

Un ejemplo de una sentencia de entrada en C++ es:

```
int valor;
cin >> valor;
```

El operador de extracción se utiliza con el objeto `cin` para introducir datos desde el teclado. El operador >> es fácil de recordar, ya que sugiere un flujo de datos desde la izquierda a la derecha. El operador se denomina operador de extracción, ya que *extrae* datos desde el flujo de entrada.

Al igual que el operador de inserción, el operador de extracción se define para todos los tipos de datos básicos: `char, unsigned char, signed char, short, unsigned short, int, unsigned int, long, unsigned long, float, double, long double,` cadenas y punteros. El operador de extracción convierte los datos desde el flujo de entrada al tipo de datos esperado por la variable que recibe el dato.

El operador de extracción se suele utilizar en unión de un operador de inserción y un mensaje de petición de datos o salutación:

```
int Edad;
cout << "Introduzca edad del alumno:";
cin >> Edad;
```

Al igual que el operador de inserción, el operador de extracción se puede poner en cascada, con un formato similar a:

```
cin >> varible1 >> variable2 >> ... >> variablen
```

Ejemplo 8.2

```
int Edad;
float Altura;
cout << "Introduzca Edad y Altura:";
cin >> Edad >> Altura;
```

Cuando se procesan elementos múltiples en la entrada, se debe teclear al menos un espacio en blanco entre los elementos de entrada. La entrada a las sentencias anteriores podría ser:

```
Introduzca Edad y Altura: 47 75
```

Ejemplo 8.3

Introduzca un valor entero desde el teclado y a continuación visualícelo.

```cpp
// ENDATOS1.CPP - Introducir un número utilizando el objeto
// cin

#include <isotream.h>

void main()
{
   int val_e;
   cout <<"Introduzca un número:";
   cin >> val_e;
   cout << "\n Ha introducido un número" <<val_e << endl;
}
```

Al ejecutarse el programa anterior se podrían seguir estas acciones:

```
Introduzca un número: 4321<Intro>
Ha introducido el número 4321
```

AHORRE TIEMPO: La notación *<Intro>* se utiliza para representar la pulsación de la tecla INTRO (ENTER O RETURN).

Lectura de datos carácter

Los caracteres se leen uno a uno, de acuerdo con las reglas siguientes:

1. Los *blancos* (espacios en blanco, tabulaciones, nuevas líneas y avances de página) son ignorados por cin cuando se utiliza el operador >>. Sin embargo, los espacios en blanco se pueden leer utilizando un operador cin diferente.
2. Los valores numéricos se pueden leer como caracteres, pero cada dígito es un carácter independiente.

```cpp
// Este programa lee datos carácter

    #include <iostream.h>

    void main()
    {
       char Letra1;
       char Letra2;
       char Letra3;
```

```
            cin >> Letra1 >> Letra2 >> Letra3;
            cout << Letra1 << Letra2 << Letra3;
        }
```

Algunas ejecuciones del programa anterior son:

```
Letras ↵      ABC ↵        75 47 5 ↵      47.543 ↵
Let           ABC          754            47.
```

Observése que la lectura de un carácter cada vez impone una restricción en la introducción de datos carácter. Se requiere una variable independiente para cada carácter individual introducido. Por esta causa, se necesita disponer de un medio para leer datos de cadena.

Lectura de datos cadena

Cuando se utiliza el operador de extracción para leer datos tipo cadena, se producirán anomalías cuando las cadenas consten de más de una palabra separada por blancos.

Ejemplo 8.4

```
// Listado LEERCAD1.CPP

#include <iostream.h>

void main()
{
    char nombre[30];
    int edad;
    float salario;
    cout << "\n Introduzca nombre, edad y salario: \n";

    cin >> nombre >> edad >> salario;
    cout << "n\ Nombre;      "
         << nombre
         << "\n Edad:        "
         << edad
         << "\n Salario:     "
         << salario
         << endl;
}
```

Al ejecutarse el programa se puede producir una salida, tal como

```
Mortimer 47 350500<Intro>
Nombre:   Mortimer
Edad: 47
Salario:  350500
```

Si la cadena de entrada contiene más de una palabra, el objeto cout no leerá más que la primera palabra, truncando el resto de la cadena.

```
// Este programa muestra cómo cin lee datos cadena
// mediante el operador >>

#include <iostream.h>

void main()
{
   char Nombre[30];

   cin >> Nombre;
   cout << '\n' << Nombre;
}
```

Cuando el usuario teclea

```
Pepe Mackoy
```

el sistema visualiza

```
Pepe
```

La razón de los caracteres truncados (Mackoy) es que cuando se leen datos cadena el operador >> hace que el objeto cin termine la operación de lectura, siempre que se encuentre cualquier espacio en blanco, de modo que la variable Nombre contiene sólo Pepe.

El sistema para resolver esta anomalía puede ser definir una cadena para cada palabra completa a introducir. Sin embargo, el método más eficiente consistirá en utilizar funciones miembro **get()** y **getline()**.

Funciones miembro get() y getline()

El objeto flujo cin contiene varias funciones miembro que permiten procesar entrada de cadenas y caracteres sin utilizar el operador de extracción.

La función miembro **get()** lee un único carácter o una línea de datos del teclado (cadenas). Un formato de **get()** es:

dispositivo.get(*var_car*);

dispositivo puede ser cualquier dispositivo estándar. Si la lectura de caracteres se realiza del teclado, se utilizará cin como dispositivo.

```
char car;
cin.get(car);            // Lectura de un carácter
```

La clase istream tiene otra función miembro get que lee cadenas. Su formato contiene dos parámetros: el nombre del array de caracteres (la cadena) y su longitud.

```
char cadena[80];            // Array de entrada
cin.get(cadena, 80);        // Lectura de caracteres hasta que
                            // se encuentra un carácter nueva
                            // línea o se han leído 79 caracteres
```

Existe un tercer formato

```
istream& get(signed char*, int lon, char = '\n');
istream& get(unsigned char*, int lon, char = '\n');
```

que extrae caracteres hasta que se encuentra el separador (el tercer parámetro) o el final de archivo, o hasta que se hayan leído (*lon-l*) bytes.

```
char cadena[80];
char carac = 'A';
cin.get(cadena, 80, carac);   // Se leen caracteres hasta que
                              // se encuentra 'A' o han sido
                              // leídos 79 caracteres
```

Otra función miembro que se puede utilizar para la lectura de datos es **getline()**. La función **getline()** permite a cin leer cadenas completas, incluyendo espacios en blanco, es muy similar a la función miembro de dos o tres argumentos, excepto que el carácter de terminación en **getline()** se extrae del flujo de entrada y no se considera. El formato de getline() es:

```
cin.getline(var_cad, long_max_cad+2, car_separador);
```

La función **getline()** utiliza tres argumentos. El primer argumento, *var_cad*, es el identificador de la variable cadena. El segundo argumento es la máxima longitud de la cadena (número máximo de caracteres que se leen); la longitud ha de ser mayor que la cadena real al menos en dos caracteres, para permitir los caracteres '\n' (*CRLF*) y '\0' (carácter nulo). El carácter de separación se lee y almacena como el siguiente al último carácter de la cadena. La función getline() inserta automáticamente el carácter de terminación *nulo* como el último caracter de la cadena. Si no se especifica ningún carácter de terminación, se toma por defecto el carácter '\n'.

Veamos un programa ejemplo:

```
// Uso de cin y getline para leer datos de cadena

#include <iostream.h>

void main()
{
   char Nombre[40];
   cin.getline(Nombre, 40);
   cout << Nombre;
}
```

Al ejecutar el programa con la entrada Sierra de Cazorla la variable Nombre acepta toda la cadena, es decir, todos los caracteres incluyendo blanco.

Ejemplo 8.5

```
// Este programa lee y escribe
// Nombre, Dirección y Teléfono del usuario

#include <iostream.h>

void main()
{
   //Definición de arrays de caracteres
   char Nombre[40];
   char Calle[30];
   char Ciudad[30];
   char Provincia[30];
   char CodigoPostal[7];
   char Telefono[10];

   //Lectura de datos
   cin.getline(Nombre, 40);
   cin.getline(Calle, 30);
   cin.getline(Ciudad, 30);
   cin.getline(Provincia, 30);
   cin.getline(CodigoPostal, 7);
   cin.getline(Telefono, 10);
   //Visualizar datos
   cout << Nombre;
   cout << Calle;
   cout << Ciudad;
   cout << Provincia;
   cout << CodigoPostal;
   cout << Telefono;
}
```

Una entrada de datos en una ejecución del programa:

```
Luis Enrique ⏎
Santiago Bernabeu 45 ⏎
Madrid ⏎
Madrid ⏎
28230 ⏎
91-7151515 ⏎
```

producirá una salida, tal como:

```
Luis Enrique
Santiago Bernabeu 45
Madrid
Madrid
28230
91-7151515
```

PRECAUCIÓN: La diferencia entre `get()` y `getline()` es que esta última almacena el carácter separador o delimitador en la cadena antes de añadir el carácter nulo.

Problemas en la utilización de `getline()`

Aunque `getline()` funciona cuando se leen datos tipo de cadena de modo consecutivo, se presentarán problemas cuando se intenta utilizar una variable de cadena, después de que se ha utilizado `cin` para leer una variable carácter o numérica. Por ejemplo, supongamos un programa como el siguiente:

```cpp
// PERGETL.CPP
// Programa que muestra el problema de utilizar cin.getline()
// para leer una cadena después de haber leído una
// variable numérica o carácter

#include <iostream.h>
void main()
{
   char Nombre[30];
   int Edad;

   cout << "Introduzca edad:";
   cin >> Edad;
   cout << Edad;

   cout << "Introduzca el nombre:";
   cin.getline(Nombre, 30);
   cout << Nombre;
}
```

Si se introducen en `Edad` y `Nombre` los valores 525 y Mortimer; es decir, suprimiendo la salida del programa siguiente:

```
Introduzca edad: 525 ↵
Introduzca el nombre: Mortimer
```

Los valores que toman las variables citadas son:

```
Edad 525
Nombre '\n''\0'
```

La razón de los valores anteriores se debe a que al introducir 525 se debe pulsar la tecla <INTRO> (ENTER) a la terminación. Esta acción inserta un carácter CRLF (retorno de carro/avance de línea) y permanece en el *buffer* (memoria intermedia). Cuando la sentencia `cin.getline(Nombre, 30)` se ejecuta, se lee la memoria intermedia del teclado y se encuentra el carácter CRLF, dado que este carácter es, por defecto, el carácter de separación, se detiene la lectura y se inserta el carácter de terminación nulo en el *array*. Por consiguiente, no se puede introducir el nombre.

Existen tres métodos para resolver el problema:

1. Especificar un carácter de separación diferente en la función `getline()`. El usuario debe introducir este carácter y se almacenará como último carácter, antes del carácter nulo del array.

2. Limpiar la memoria intermedia (*buffer*) del teclado leyendo el carácter sobrante `CRLF` en una variable *basura*, después de leer cualquier dato numérico o carácter y antes de leer cualquier dato cadena. De este modo en la variable basura (auxiliar) se almacenarían los datos de la memoria intermedia y ya se podrían leer los caracteres útiles para la variable cadena.

```
// LIMPIARB.CPP
// Limpieza de la memoria intermedia con una
// variable auxiliar o basura

#include <iostream.h>
void main()
{
    char Auxiliar[2];
    char Nombre[30];
    int Edad;

    cout << "Introduzca edad:";
    cin >> Edad;                        // Lectura de datos numéricos
    cout << Edad;
    cin.getline(Auxiliar, 2);           // Limpiar buffer de teclado
    cout << "Introduzca el nombre:";
    cin.getline(Nombre, 30);            // Leer datos de cadena
    cout << Nombre;
}
```

3. Utilizar una sentencia de lectura diferente; para ello se recurre a funciones de cadena de E/S definidas en la biblioteca estándar de C y C++: **gets()** y **fgets()**. Estas funciones se encuentran dentro del archivo de cabecera `STDIO.H`.

FORMATEADO* DE LA SALIDA

Si no se instruye al operador de inserción para realizar operaciones de formateado específico, la salida se formatea cuando se convierte en dato a un flujo de caracteres para la salida. La Tabla 8.1 describe cómo formatea la salida el operador de inserción para diversos tipos de datos.

Ejemplo 8.6

```
cout << "CAZORLA#";
char letra = 'J';
cout << letra;

float f = 123.456789101, g = 1234567890.456;
cout << f << '#\n';
```

---

* La última edición (21.ª, 1992) del diccionario de la Real Academia de la Lengua Española incorpora el término **formateado** como acepción informática.

Tabla 8.1. Conversión para salida de tipos de datos.

Tipo	Tipo de conversión de salida
char	Los caracteres imprimibles se visualizan con la anchura de una columna. Los caracteres de control, tales como nueva línea, tabulación, etc., pueden producir más caracteres de salida.
int	Cualquier tipo entero (int, short o long) se visualizan como números decimales con anchura suficiente para contener el número y un signo menos si el entero es negativo.
cadena	La anchura en pantalla es igual a la longitud de la cadena.
float	Los números reales en coma flotante se visualizan con seis dígitos decimales de precisión. Los ceros no significativos no se visualizan. Si el número es muy grande o muy pequeño, se visualiza el número con un exponente prefijado por la letra E y dos dígitos (o tres dígitos si el tipo es double). La anchura siempre es lo suficiente para mantener un signo menos y/o un exponente.

```
cout << g << '#\n';

int e = 123, en = -525;
cout << e << en << '\n';
```

Si se ejecutan las sentencias cout precedentes se produce una salida, tal como ésta:

```
CAZORLA#J123.456789#
1.234567E+009#
123-525
```

MANIPULADORES

La entrada y salida de datos realizada mediante los operadores de inserción y extracción puede formatearse ajustándola a izquierda o derecha, proporcionando una longitud mínima o máxima, precisión, etc.

La solución al problema son los *manipuladores*, que son funciones especiales diseñadas específicamente para modificar el funcionamiento de un flujo. Los *manipuladores* manipulan el formato de un objeto. La biblioteca iostream viene con un número de manipuladores incorporado, aunque pueden añadirse otros fácilmente. La mayoría de las veces los manipuladores se utilizan para indicar formateado, tal como la anchura de un campo, la precisión en números de coma flotante, etc. Sin embargo, los manipuladores no sólo pueden realizar formateado, sino otras tareas. Normalmente los manipuladores se utilizan en el centro de una secuencia de inserción o extracción de flujos. La mayoría de los manipuladores no tienen argumentos y están diseñados para realizar la tarea de formateado lo más sencilla posible.

Tabla 8.2. Manipuladores de flujos.

Manipulador	Acción
dec	Utiliza conversión decimal (*por defecto*).
hex	Utiliza conversión hexadecimal.
oct	Utiliza conversión octal.
ws	Extrae caracteres espacios en blanco.
endl	Inserta nueva línea (se puede utilizar en lugar de '\n').
ends	Añade un carácter terminal nulo al flujo de salida ('\0').
flush	Limpia (fluye) un flujo de salida.
setbase(n)	Establece la base de conversión a *n* (0,8, 10 o bien 16). 0 significa decimal por defecto.
setprecision(n)	Establece la precisión de coma flotante a *n*.
setw(n)	Establece la anchura del campo a *n*.
setfill(c)	Establece el carácter de relleno a *c*.
setiosflags(f)	Establece los bits de formato especificado por el argumento *f* de tipo long.
resetiosflags(f)	Pone a cero los bits de formato especificados por el argumento *l* de tipo long.

Los manipuladores de flujos están incluidos, fundamentalmente, en el archivo de cabecera *iomanip.h*. Los manipuladores se pueden utilizar tanto para flujos de entrada como de salida. Consulte el manual de referencia de su compilador C++ para cualquier ampliación de la información de este capítulo.

La Tabla 8.2 recoge los manipuladores de flujo de E/S. Cualquiera de los manipuladores se puede insertar en la sentencia cout como cualquier otro elemento.

La sintaxis típica para utilizar los manipuladores es:

```
cout << setw(anchura del campo) << elemento de salida;
```

requiriendo la inclusión del archivo de cabecera *iomanip.h*

```
#include <iostream.h>
#include <iomanip.h>
...
cout << setw(3) << i << setw(5) << i*i*i;
```

Bases de numeración

Normalmente los enteros se visualizan como decimales (números escritos en base 10); es posible, sin embargo, seleccionar una base de numeración distinta (octal –8–, hexadecimal –16–) llamando a las funciones (manipuladores) dec(), hex(), o bien, oct(). Así, por ejemplo,

```
cout << dec << Total << endl;
```

 visualiza el valor de Total en base 10. dec es importante para volver a seleccionar la base 10 (decimal) después de haber trabajado con otras bases. Por ejemplo, si Total toma el valor decimal 255, la sentencia

```
cout << hex << Total << endl;
```

produce la salida

```
ff      valor hexadecimal correspondiente a 255 decimal
```

Se pueden entremezclar en una misma sentencia diversos manipuladores

```
cout << "Base 10 =" << dec << Total
     << "Base 16 =" << hex << Total << endl;
```

Ejemplo 8.7

```
// Uso de los manipuladores
#include <iostream.h>
#include <iomanip.h>

void main()
{
   cout    << "Valor hex de" << 40 << "decimal es:"
           << hex << 40 << endl;
   cout    << "Valor octal de" << 34 << "hexadecimal es:"
           << oct << 34 << endl;
   cout    << dec;        // Se restablece la numeración decimal
}
```

La salida del programa es:

```
Valor hex de 40 en decimal es: 28
Valor octal de 22 en hexadecimal es: 42
```

ya que 40 decimal equivale a 28(2*16 + 8 = 40) en hexadecimal, y 42 en base octal (4*8 + 2 = 34) equivale a 22 en hexadecimal (2*16 + 2 = 34).

El manipulador setbase(int n) establece la base numérica a 8, 10 o 16. Este manipulador parametrizado funciona igual que los manipuladores 8, 10 o 16. Un ejemplo puede ser

```
cout << setbase(10);
cin >> setbase(10);
```

Ejemplo 8.8

```
#include <strstrea.h>
#include <iomanip.h>

void main()
```

```
{
    cosnt int n = 100;

    // visualizar los resultados en distintas bases
    cout    << endl << n << " "
            << oct << n << " "
            << hex << n << endl;
}
```

La salida en pantalla es

```
100     144     64
```

Anchura de los campos

El manipulador `setw()` proporciona un medio para fijar la anchura del formato de salida. Por defecto, los datos que entran y salen se corresponden con el espacio necesario para almacenar ese dato, es decir, si se escribe una cadena de seis caracteres, la anchura de salida 6. El prototipo de `set()` es:

```
setw(int n)
```

Un ejemplo del uso de `setw()` para visualizar un campo de ocho caracteres de ancho es

```
cout << "12345678901234567890" << endl;
cout << setw(8) << "Hola";
cout << "Mundo";
```

que produce la salida siguiente:

```
12345678901234567890
    Hola    mundo
```

Es decir, el ancho del campo `Hola` ha sido ocho caracteres y se alinea a derechas.

Ejemplo 8.9

```cpp
// ANCHURA.CPP

#include <iostream.h>
#include <iomanip.h>
void main()
{
    cout << setw(10) << "M" << setw(10) << "N" << endl;
    cout << setw(10) <<   1 << setw(10) << 7.77 << endl;
    cout << setw(10) <<  10 << setw(10) << 77.77 << endl;
    cout << setw(10) << 100 << setw(10) << 777.77 << endl;
}
```

La salida será

```
    M           N
    1         7.77
   10        77.77
  100       777.77
```

Se puede utilizar la función miembro **width()** para modificar la anchura del campo. El valor del parámetro pasado será la anchura en caracteres. Si se especifica una anchura en la entrada, lo que se hace es limitar la entrada a esa longitud. Así,

```
cout.width(5);
cout << "ABC" << "DEF" <<"GHI"
```

visualiza

```
ABCDEFGHI
```

y

```
cin.width(20);
```

limita la entrada a 20 caracteres.

Rellenado de caracteres

Siempre que se establece la anchura de un capo más grande que la anchura de los datos, los espacios adicionales se rellenan con caracteres blancos, que es el estado por defecto.

Se puede cambiar el carácter de relleno utilizando la función miembro **fill()**. Así, por ejemplo, supongamos que se desea que el carácter de relleno sea un asterisco (*); un código fuente que realiza esa tarea puede ser:

```
cout << "12345678901234567890" << endl;
cout.width(15);
cout.fill('*');
cout << "Hola Mackoy" << endl;
float Z = 99.99;
cout.width(15);
cout << Z;
```

cuya salida será:

```
12345678901234567890
****Hola Mackoy
******99.989998
```

Obsérvese que el carácter de relleno permanece hasta que se vuelve a cambiar.

```
char Relleno;

Relleno = cout.fill('*')
cout << "Hola Mackoy" << endl;
...
cout.fill(Relleno);    // Se recupera el antiguo carácter de
                       // relleno
```

Precisión de números reales

Si se visualiza un número en coma flotante, se visualizan hasta seis dígitos de precisión, por defecto. Los ceros a al derecha del punto decimal se suprimen. Se puede cambiar el número de dígitos de precisión de seis a otro valor con el manipulador `setprecision()`. Su argumento entero (*n*) especifica el número de dígitos significativos que se visualizarán. El formato es:

```
cout << setprecision(int i);
```

Ejemplo 8.10

```
// Archivo PRECISO.CPP
// Fija el número de posiciones decimales

#include <iostream.h>
#include <iomanip.h>

void main()
{
    float prueba = 814.159265;
    cout    << setprecision(2)          //2 dígitos significativos
            << prueba << endl;
    cout    << setprecision(3)          //3 dígitos significativos
            << prueba << endl;
    cout    << setprecision(4)          //4 dígitos significativos
            << prueba << endl;
    cout    << setprecision(5)          //5 dígitos significativos
            << prueba << endl;
}
```

La salida del programa es:

```
814.16
814.159
814.1592
814.15924
```

Se puede utilizar también la función miembro `precision()` para establecer la precisión. Por ejemplo, la sentencia fija la precisión a 3 para la salida correspondiente:

```
cout.precision(3);
```

INDICADORES DE FORMATO

Cada flujo, es decir, cada objeto de la clase `istream` y `ostream`, contiene un conjunto de informaciones (*indicadores*) que especifican cuál es en un momento dado su *"estatuto de formato"*. Este modo de proceder es muy diferente del empleado por las funciones de C, tales como **printf** o **scanf**, en las que a cada operación de entrada/salida se le proporcionan los indicadores de formateado apropiado.

El método empleado por C++ es más eficiente que el empleado por C, ya que permite eventualmente al usuario ignorar totalmente el método empleado por C, un tanto complejo por otra parte.

Cada uno de estos indicadores (*flags*) pueden establecerse o reinicializarse utilizando un manipulador incorporado. Los manipuladores `setiosflags(long)` y `resetiosflags(long)` realizan fundamentalmente estas tareas.

Uso de `setiosflags()` y `resetiosflags()`

El manipulador `setiosflags()` se define como

```
setiosflags(long f)
```

y sirve para especificar si un dato se alinea a izquierda o derecha en un campo. Por defecto, los valores se alinean a derecha en un campo. La siguiente sentencia activa la opción de alineación a izquierda:

```
cout << setiosflags(ios::left);
```

Los argumentos de los manipuladores (bits indicadores de `ios`) realizan diversas tareas que se recogen en la Tabla 8.3.

Se debe hacer preceder a cada argumento o bit de estado de la cláusula `ios::`, que significará su asociación con la clase `ios`. Por ejemplo,

```
float pi = 3.14149;
cout << setiosflags(ios::fixed) << pi << endl;
```

ha seleccionado un valor de coma flotante con notación fija y la salida será:

```
3.14159
```

Se selecciona la notación científica utilizando la sentencia siguiente:

```
cout << setiosflags(ios::scientific) << pi << endl;
```

y se visualiza la salida siguiente:

```
3.14159e+00
```

Tabla 8.3. Bits de estado (palabra de estado del formateado).

Bit de estado (argumento)	Propósito
skipws	Salta espacios en blanco en operacioens de entrada.
left	Justifica la salida a la izquierda del campo.
right	Justifica la salida a la derecha del campo.
internal	Rellena el campo después del signo o el indicador base.
dec	Activa conversión decimal.
oct	Activa conversión octal.
hex	Activa conversión hexadecimal.
showbase	Visualiza el indicador de base numérica. *Ejemplos:* 044 (número octal) 0x2ea7 (número hex)
showpoint	Visualiza punto decimal en valores de coma flotante. *Ejemplo:* 456.00
uppercase	Visualiza valores hexadecimales en mayúsculas. *Ejemplo:* 4BFE
showpos	Visualiza números enteros positivos precedidos del signo +.
scientific	Notación científica en los números en coma flotante. *Ejemplo:* 1234.5
fixed	Utiliza notación en coma fija para números en coma flotante.
unitbuf	Vacía (limpia) las memorias intermedias (*buffers*) después de cada escritura.
stdio	Vacía (limpia) las memorias intermedias después de cada escritura sobre stdout o stderr.

Se pueden establecer múltiples indicadores en una operación mediante operadores OR. Por ejemplo,

```
cout << setiosflags(ios::dec_ios::showbase) << Total << endl;
```

Para limpiar o reponer los indicadores de estado, se debe utilizar `resetiosflags()`. Por ejemplo, para limpiar o borrar el parámetro showbase, escribir

```
cout << resetiosflags(ios::showbase) << Total << endl;
```

Así, por ejemplo, si se activa la opción de alineación a izquierda:

```
cout << setiosflags(ios::left);
```

se desactivará con la sentencia

```
cout << resetiosflags(ios::left);
```

 Otro ejemplo para visualizar resultados en diferentes bases de numeración son las siguientes líneas de código:

```
cout << setiosflags(ios::showbase)
     << "\n" << v << " "
     << oct << v << " "
     << hex << v << endl;
```

que produce la salida:

```
100     0144    0x64
```

Ejemplo 8.11

El programa `FORMATO1.CPP` muestra un sistema para formatear datos de salida de diversas formas.

```
// Archivo FORMATO1.CPP

#include <iostream.h>
#include <iomanip.h>

void main()
{
   float v1 = 4500.25;
   float v2 = 325.99;
   float v3 = 54225.00;

   cout << setiosflags(ios::showpoint_ios::fixed)
        << setprecision(2)
        << setfill('*')
        << setiosflags(ios::right);
   cout << "\n Saldo Final: $" << setw(10) << v1 < <endl;
   cout << "\n Saldo Final: $" << setw(10) << v2 << endl;
   cout << "\n Saldo Final: $" << setw(10) << v3 << endl;
}
```

Al ejecutar el programa se produce:

```
Saldo Final: $***4500.25
Saldo Final: $****325.99
Saldo Final: $**54225.00
```

Ejemplo 8.12

```
// Archivo FORMATOS2.CPP

#include <iostream.h>
```

```
#include <iomanip.h>

void main()
{
   const float pi = 3.14159;

   // Visualizar números reales con diversos manipuladores
   cout  << setiosflags(ios::showpos_ios::scientific)
         << "\n El valor de PI es"
         << setprecisión(3)
         << setw(15) << setfill('*')
         << setiosflags(ios::right)
         << pi;
}
```

La salida de este programa es:

```
El valor de PI es*****+3.142e+00
```

Las funciones miembro `setf()` y `unsetf()`

Existe un segundo método para establecer los indicadores de flujo: llamar a las funciones miembro **setf()** y **unsetf()**. Estas funciones son similares a los manipuladores setiosflags() y resetiosflags(). La diferencia reside en que **setf()** y **unsetf()** son verdaderas funciones miembro. Se accede a las funciones miembro directamente:

```
cout.serf(ios::scientific);
cout.unsetf(ios::scientific);
```

# CAPÍTULO [9]

Clases

[Notas]

Clases

En el capítulo anterior se explicaron los conceptos fundamentales de la programación orientada a objetos: *abstracción* (facilita el desarrollo de problemas grandes y complejos), *encapsulamiento* (facilita el mantenimiento de los programas) y *jerarquía* de clases (hace a un programa más fácil de modificar y ampliar). Estas propiedades se manifiestan en elementos concretos de programación: **clases** y **objetos**.

Este capítulo explica los siguientes conceptos:

- organización y estructura de una clase y su declaración;
- el uso de las clases;
- visibilidad de los miembros de la clase;
- ¿qué son funciones constructoras y destructoras?
- cómo utilizar objetos y arrays de objetos;
- qué son miembros estáticos;
- el concepto de funciones amigas.

Como resumen conceptual recordemos que una *clase* define una categoría de objetos y cada *objeto* es una instancia de una clase.

CLASES Y OBJETOS

Una **clase** es un tipo de dato definido por el usuario y define una categoría de objetos. Cada **objeto** es una *instancia* de una clase, de modo que cada objeto

comparte los mismos *atributos* (sus características) y su *funcionalidad* o *comportamiento* con otros objetos de la misma clase. Dicho de otro modo, un objeto tiene un único estado definido por los valores de sus atributos y un comportamiento determinado por las *operaciones* (acciones) que son posibles realizar entre instancias de clases. C++ llama a los atributos de una clase *miembros dato* o *variables miembro* y llama a las operaciones de una clase *funciones miembro*. Las clases encapsulan miembros dato y funciones miembro.

Cuando se declara una clase se pueden declarar las funciones y los datos. Los miembros datos pueden ser de cualquier tipo, incluyendo tipos de datos definidos por el usuario.

IMPORTANTE: Algunos libros de C++ utilizan el término método **para definir** *función miembro*. **La razón es que en Smalltalk, el lenguaje orientado a objetos por excelencia, el término utilizado para definir las operaciones es** *métodos*.

Declaración de una clase

La declaración de una clase es similar al de una estructura. La sintaxis o formato es:

```
class nombreClase
{
  miembro dato 1              // características o atributos
  miembro dato 2
...miembro dato n

  función miembro 1           // acciones u operaciones
  función miembro 2
  ...
  función miembro n
};
```

Los miembros de una clase tienen una nueva característica no vista hasta este momento: los *especificadores de acceso* o *visibilidad*. C++ ofrece tres niveles de visibilidad para los diferentes miembros (miembros datos y funciones miembro), que se verán más adelante.

Un miembro dato puede ser cualquier tipo de variable (tal como un `int` o un `char`), o tipos definidos por el usuario, como un `array`, un `puntero`, una `unión` o incluso otra clase. Así, por ejemplo, si se dispone de una clase `Persona`, algunos miembros dato pueden ser característica de una persona, tales como su color de cabello, su altura, su peso o su edad.

Por el contrario, una función miembro representa acciones que puede realizar la clase; en el ejemplo de `Persona`, por ejemplo, pasear, charlar, teñirse el pelo, etcétera. Una clase `Persona` podría ser definida así:

```
class Persona
{
  // Miembros dato

  char ColorCabello[20];
  float Altura;
  int Peso;
  int Edad;

  // Funciones miembro

  void Pasear();
  void Charlar();
  void TintarPelo(char *NuevoColorPelo);
};
```

Las funciones miembro necesitan ser definidas. La declaración de las funciones miembro de una clase es similar a la declaración de funciones C/C++: la declaración es, simplemente, el prototipo de la función. La función real se debe definir en cualquier parte, de modo que el compilador conozca cuál es el código que ha de ejecutar cuando se llame a la función.

Las funciones miembro definen las acciones que se han de realizar cuando se llaman. La definición de una función miembro puede ir en cualquier sitio de su código, con tal que siga a la declaración de la clase. Se pueden también definir funciones miembro que no representan una acción. Se pueden utilizar estas funciones para, por ejemplo, manipulación de datos especiales que pertenecen sólo a los miembros dato de la clase. No existe ningún límite en el número de funciones miembro que puede contener una clase.

Las funciones miembro de una clase se declaran generalmente fuera de la propia clase (aunque también puede hacerse en su interior: funciones `inline`). Cuando se declara una función se debe cualificar el nombre de la función con el nombre de la clase. La sintaxis de tal cualificación implica el uso del nombre de la clase seguido por el carácter doble pareja de puntos (::) y a continuación el nombre de una función. Por ejemplo, en el caso de la definición de funciones miembro de la clase `Persona`:

```
void Persona::Pasear()
{
   ...// Código que representa la acción pasear
}

void Persona::Charlar()
{
   ...// Código que representa la acción charlar
}
```

Visibilidad de una clase

La declaración de una clase ofrece tres niveles de visibilidad para los miembros de una clase: sección *pública*, sección *privada* y sección *protegida*.

- *Sección privada:* sólo las funciones miembro de la clase pueden acceder a los miembros privados. Si un miembro de una clase, bien una variable o una función, se especifican como privados, ningún usuario de la clase puede acceder a ellos.
- *Sección pública:* esta sección especifica miembros que son visibles a las funciones miembro de la clase, instancias de la clase, funciones miembro de clases descendientes y sus instancias. Si el miembro es una variable, los usuarios de la clase pueden acceder y cambiar libremente las variables. Si el miembro es una función, todos los usuarios de la clase pueden llamar a la función. El acceso público es quien determina cómo un usuario de la clase interactúa con la clase.
- *Sección protegida:* únicamente las funciones miembro de la clase y sus clases descendientes pueden acceder a miembros protegidos. Las instancias de la clase no pueden acceder a los miembros protegidos.

La accesibilidad a los miembros de una clase se controla por especificadores de acceso. Los tres posibles especificadores de acceso son: `public`, `private` y `protected` (este último se estudiará en el capítulo siguiente, al tratar de la herencia). La sintaxis de una clase se puede escribir entonces así:

```
class NombreClase
{
  private:
        <miembros dato privados>
        <funciones miembro privados>
  protected:
        <miembros dato protegidos>
        <funciones miembro protegidos>
  public:
        <miembros dato públicos>
        <funciones miembro públicos>
};
```

Así, la clase `Persona` se puede declarar:

```
class Persona
{
  // Miembros dato privado
private:
  // Miembros dato privado
  char ColorCabello[20];
public:
          // Miembros dato público
  int Altura;
  int Peso;
  int Edad;
private:
  //Funciones miembro privadas
  void Pasear();
public:
  //Funciones miembro públicas
  void Charlar();
  void TintarPelo(char *NuevoColorPelo);
};
```

El modo de acceso público o privado se inicia con una etiqueta `public:` o `private:` respectivamente, y continúa hasta que se encuentra otra etiqueta o el final de la definición de la clase. Se pueden tener tantas secciones públicas o privadas como se desee. Sin embargo, por cuestiones de legibilidad se suelen poner los miembros privados en un grupo y todos los miembros públicos en otro grupo.

El modo por defecto para una definición de clase es privado. Esto significa que si no existe una etiqueta al principio de la definición de la clase, los miembros se consideran privados hasta que aparece una etiqueta `public`.

```
class Persona
{
  int Edad                      // Privado por defecto
public:
  int func1();                  // Método o función miembro pública
};
```

Existen muchas razones por las que se puede desear hacer un miembro de una clase de tipo privado. Suponga que desea asegurarse de que nadie pueda cambiar una variable miembro a menos que su cambio fuese verificado. En este caso se hace a la variable privada y se proporciona una función miembro pública que pueda verificar el nuevo valor de la variable, y actualizar la variable si el nuevo valor es válido. Por idéntica razón, se puede desear tener algunas funciones miembro que hagan manipulaciones internas dentro de clase que ningún usuario necesite llamar. El medio adecuado para definir estas funciones es privado.

Así, por ejemplo, considerando un pequeño programa que manipule la clase `Persona`, éste no se compilará con éxito. La razón es que se intenta acceder a miembros de la clase que se declaran privados.

Como se verá más tarde, el acceso a los miembros de una clase se hace de modo similar al acceso a los miembros de una estructura; es decir, con el operador punto (.).

```
main()
{
  Persona Empleado1;
  Empleado1.Altura = 1.82;                    //Correcto
  srtcpy(Empleado1.ColorCabello,"Rubio");     //No se puede cambiar
                                              //ColorCabello
}
```

 IMPORTANTE: El acceso a miembros dato privado se debe hacer a través de una función miembro que sea declarada pública.

Reglas de construcción de clases

Las siguientes reglas se aplican a las diferentes secciones:

- Las secciones de la clase pueden aparecer en cualquier orden.
- Las secciones de una clase pueden aparecer más de una vez.

- Si ninguna sección se especifica, el compilador C++ considera a los miembros como privados.
- En muchos casos, los miembros dato se sitúan en la sección `protected` para permitir su acceso por las funciones miembro de las clases derivadas o descendientes. Se ha de evitar situar miembros dato en la sección pública, a menos que tal declaración simplifique notablemente el diseño.
- Utilice funciones miembros para establecer y consultar los valores de miembros dato.
- Las funciones miembro que tengan varias sentencias se definen externamente a la declaración de la clase. Se pueden declarar las funciones miembro dentro de una clase (*funciones en línea:* **inline**).

Así, una declaración de una clase `Cadena`:

```
class Cadena
{
public:
  Cadena();                        // constructor por defecto
  ~Cadena();                       // destructor

  void asignar(Cadena& c);
  // otras funciones miembro
};
```

Las definiciones de la función constructor y destructor (en los próximos apartados se explicarán) y la función miembro:

```
Cadena::Cadena()
{
  // cuerpo de la función Cadena()
}

Cadena::~Cadena()
{
  // cuerpo de la función ~Cadena()
}

void Cadena::asignar (Cadena& c)
{
  // cuerpo de la función asignar
}
```

Después de que se ha declarado una clase, se puede utilizar el nombre de la clase como un identificador de tipos para declarar instancias de las clases. La sintaxis es similar a la utilizada para declarar variables. Por ejemplo,

```
Cadena cad1, cad2, cad3;
```

declara tres objetos, `cad1`, `cad2` y `cad3`, que son instancias de la clase `Cadena`.

La sintaxis general para acceder a cualquier miembro dato o función miembro de una clase es:

```
nombre_instancia_clase.miembro
```

Así, por ejemplo, en la clase Persona se puede asignar un valor de 1.82 al miembro Altura

```
Persona Empleado1;
Empleado1.Altura = 1.82;
```

También se podría hacer

```
Empleado1.Pasear();
```

pero en este caso se produciría un error al compilarse esta línea, debido a que la función miembro Pasear() es privada y, por consiguiente, no se puede acceder a ella desde una instancia de la clase.

Funciones en línea

Una función definida dentro de una clase se conoce como *función en línea* (**inline**). Las funciones en línea no se llaman en el sentido tradicional de las funciones, sino que cuando su programa llama a una función en línea el compilador inserta el código de la función en línea directamente en las instrucciones de máquina compiladas; es decir, como si repitiese el código en lugar de llamar a la función, como es usual. Este proceso elimina el tiempo y las operaciones suplementarias típicas de meter parámetros en la pila de datos (*stack*), meter una dirección de retorno y luego saltar a la función. Sin embargo, esta ventaja, en aumento de eficiencia y tiempo de ejecución, supone también un inconveniente, ya que cada llamada a una función en línea produce una duplicación de código. En consecuencia, las funciones en línea se reservan para funciones pequeñas (cortas).

Así, por ejemplo, una clase InfoFecha se puede declarar de dos formas:

```
class InfoFecha {
  int Mes, Dia, Anyo;
public:
  void FijarFecha(int NumMes, int NumDia, int NumAnyo);
  void LeerFecha(int &NumMes, int &NumDia, int &NumAnyo);
  void ObtenerMes(cad80 &NombreMes);
  ...
};

void InfoFecha::FijarFecha(int NumMes,int NumDia,int NumAnyo)
{
  Mes = NumMes;
  Dia = NumDia;
  Anyo = NumAnyo;
};

void InfoFecha::LeerFecha(int &NumMes, int &NumDia, int &NumAnyo)
{
  Mes = NumMes;
  Dia = NumDia;
  Anyo = NumAnyo;
}
```

Otra aplicación de la clase con funciones en línea es:

```
class InfoFecha {
private:                                    // opcional en este caso
  int Mes, Dia, Anyo;
public:
  void FijarFecha(int NumMes, int NumDia, int NumAnyo)
  {
       Mes = NumMes;
       Dia = NumDia;
       Anyo = NumAnyo;
  }
  void LeerFecha(int &NumMes, int &NumDia, int &NumAnyo)
  {
       Mes = NumMes;
       Dia = NumDia;
       Anyo = NumAnyo;
  }
  void ObtenerMes(Cad80 &NombreMes)
  ...
};
```

Se pueden declarar también funciones externas para que sean declaradas como funciones en línea, basta para ello hacer preceder la definición de la función con la palabra reservada `inline`:

```
inline void InfoFecha::FijarFecha(int NumMes, int NumDia,
                                  int NumAnyo)
{
  Mes = NumMes;
  Dia = NumDia;
  Anyo = NumAnyo;
};
```

En este caso, las llamadas a función se comportan como si fuera una función en línea y el código se inserta directamente en el código de salida.

Ejemplo 9.1

```
#include <iostream.h>

class Suma
{
  int Total;
public:
  void SumarValores(int i, int j, int k)       //Función en línea
       {Total = i + j + k;}
  void VisualizarTotal();
};

void Suma::VisualizarTotal()   //Función definida externamente
{
  cout << "El total es:" << Total << endl;
}
```

```
main()
{
  Suma Suma1; // declara una instancia de la clase Suma
  // Sumar valores
  Suma1.SumarValores(1, 2, 8);
  // Visualizar Total
  Suma1.VisualizarTotal();              // se visualiza 11

  return 0;
}
```

La Figura 9.1 muestra la estructura completa de una clase, incluyendo las funciones constructoras y destructoras, que se explican en los siguientes apartados.

```
                    Const PI 3.14159

                    //Clase circulo
                    class Circulo     //comienzo de la clase
                    {
Especificador       public:
de acceso               float radio_c;   //variables miembro
                        float c_x, c_y;

Constructor             Circulo(float coordx, float coord y, float radio)
                        {
                            c_x = coordx;
                            c_y = coordy;
                            radio_c = radio;
                        }

Destructor              ~Circulo() {}

                        float radio()
                        {
Funciones                   return radio_c;
miembro                 }
                        float circunferencia()
                        {
                            return radio_c * 2 * PS;
                        }
                    };                //Fin de la clase
```

Figura 9.1. Estructura completa de una clase.

ESTRUCTURAS Y UNIONES FRENTE A CLASES

C++ permite especificar secciones públicas y privadas en estructuras y uniones. Sin embargo, tanto en las estructuras como en las uniones todos sus miembros son públicos por defecto (por omisión).

```
struct nombreEstructura
{
  ...
```

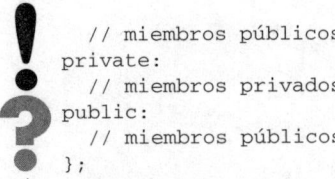

```
    // miembros públicos
private:
    // miembros privados
public:
    // miembros públicos
};
```

La estructura C++ soporta miembros dato así como funciones miembro; el uso de una estructura es, por tanto, similar al de una clase. De hecho, una clase C++ es simplemente una estructura C++ cuya declaración de acceso por omisión es privada. Sin embargo, se suele aceptar el uso de las funciones miembro en clases en lugar de en estructuras.

CONSTRUCTORES

Existen dos funciones miembro especiales que pueden declararse en cada clase: los *constructores* y los *destructores*. El constructor se llama automáticamente por C++ siempre que una variable de ese tipo clase se crea ("*se instancia*"). Y el destructor se llama siempre que una instancia de la clase se destruye.

Las funciones constructoras se utilizan para inicializar las variables miembro (miembros dato) de una variable clase. Una *función constructor* es una que permite crear una variable de una clase e iniciarla a la vez. Las variables de clases son relativamente complejas de crear e inicializar; los constructores de la clase automatizan el procedimiento de crear e inicializar las variables de las clases.

Un constructor es una función miembro especial que se llama siempre que se declara una instancia de una clase y su sintaxis es la siguiente:

```
class NombreClase
{
public:
  NombreClase();                              // constructor por defecto
  NombreClase(NombreClase& c);                // constructor de copia
  NombreClase(<Lista de parámetros>);         // constructor típico
};
```

Ejemplo 9.2

```
class Complejo
{
public:
  Complejo();                                    // constructor por defecto
  Complejo(Complejo& c);                         // constructor de copia
  Complejo(double ParteReal,double ParteImag);   // constructor ordina-
rio

                                                 // otras funciones miembro
protected:
  double real;
  double imag;
};
```

Reglas de los constructores

C++ sigue las siguientes reglas con respecto a los constructores:

- El nombre del constructor es el mismo que el de su clase.
- Una clase puede tener cualquier número de constructores, incluso ninguno. En este caso, el compilador crea automáticamente un constructor para esa clase.
- Un constructor se llama sólo una vez, cuando se declara una nueva instancia de la clase. Esta acción permite la inicialización de los miembros dato de la clase, que suele ser su uso más corriente.
- La función constructor puede tener o no tener argumentos. Estos argumentos pueden fijarse a valores por defecto.
- El constructor no puede devolver ningún valor, ni incluso void.
- Existen tres tipos de constructores:
    - De copia.
    - Por defecto.
    - Constructor ordinario.

Clases con múltiples constructores

Cada clase puede tener múltiples constructores haciendo uso de *funciones sobrecargadas* (funciones con el mismo nombre, pero diferentes listas de parámetros). Se pueden utilizar valores por defecto para los parámetros, o se puede declarar un constructor que no tenga parámetros.

La declaración de una instancia de una clase implica un constructor. Como los constructores tienen el mismo nombre, ¿a qué constructor se llama? La respuesta depende de cuántos constructores se han declarado para la clase y cómo se declara la instancia de la clase. En cualquier caso, el compilador verifica el número y tipo de parámetros de cada constructor. Por ejemplo, considérese las instancias siguientes de la clase Complejo:

```
Complejo t1;              // Se llama al constructor por defecto
Complejo t2(4.5, 7.5);    // Utiliza el constructor usual
Complejo t3(t2);          // Utiliza el constructor de copia
```

Como la instancia t1 no tiene argumentos, el compilador utiliza el constructor por defecto. La instancia t2 especifica dos argumentos de coma flotante. En consecuencia, el compilador utiliza el tercer tipo, que contiene dos argumentos. En la última declaración, el constructor de copia crea instancias t3 a partir de t2.

Ejemplo 9.3

La clase reloj almacena la hora en segundos.

```
// Archivo de cabecera de reloj: reloj.h
#ifndef H_RELOJ
```

```
#define H_RELOJ

class reloj {
private:
  longs segundos;
public:
  reloj(long s);                              // un constructor
  reloj(int h, int m, int s);                 // otro constructor
  void poner(int h, int m, int s);            // poner la hora
  void tick(void) {segybdis++;}               // tick de reloj
  void hms(int &h, int &m, int &s);           // convertir de nuevo a hms
};

#endif
```

La clase `reloj` tiene dos constructores `reloj`: uno que toma un único argumento para los segundos deseados y el otro constructor que acepta horas, minutos y segundos. El archivo de implementación de la clase es `reloj.cpp`

```
// Archivo de implementación de reloj: reloj.cpp

#include "reloj.h"

reloj::reloj(long s)
// Inicializar el reloj con segundos especificados
{
  segundos = s;
}

reloj::reloj(int h, int m, int s)
// Inicializa el reloj a la hora especificada
{
  poner(h, m, s);
}

void reloj::poner(int h, int m, int s)
// Poner el reloj almacenando la hora en segundos
{
  segundos = (long)h * 3600L + (long)m * 60L + (long)s;
}

void reloj::hms(int &h, int &m, int &s)
// Convierte segundos internos a formato (h, m, s)
{
  long th = segundos / 3600L;
  h = int(th);
  long ts = segundos - th * 3600L;
  long tm = ts / 60L;
  m = int(tm);
  ts -= tm * 60L;
  s = int(ts);
}
```

Constructor de copia

Otro tipo especial de constructor es el denominado *constructor de copia*. Una función constructor de copia o copiador se utiliza para copiar un objeto a otro. Dicho de otro modo, el constructor copiador permite crear una instancia de una clase utilizando una instancia existente.

El constructor de copia tiene un único parámetro por referencia a una instancia de la misma clase y copia de los miembros dato de un objeto a otro objeto.

```
class Complejo
{
public:
  Complejo();
  Complejo(Complejo& c);                    // constructor de copia
  Complejo(double ParteReal, double ParteImag);
  // otros miembros
};
```

Un *constructor de copia* es un constructor cuyo primer argumento es una referencia al mismo tipo que la propia clase. Si hay más argumentos deben ser todos argumentos por defecto, a fin de que el constructor sea un constructor de copia. Algunos ejemplos de constructores de copia son:

```
reloj::reloj(reloj &r);                  // constructor de copia
reloj::reloj(const reloj &r);            // constructor de copia
reloj::reloj(reloj &r, int h=15);        // constructor de copia
```

Los constructores de copia se utilizan para inicializar un objeto con otro objeto de la misma clase. Por ejemplo, un constructor de copia para la clase `reloj` es el siguiente:

```
reloj::reloj(reloj &r)
{
  segundos = r.segundos;
}
```

y más llamadas válidas son:

```
reloj r1(3, 45, 0);         // Se pone la hora a 3:45
reloj r2 = r1;              // Se llama al constructor de copia
                            //para establecer r2 a la misma
                            //hora que r1
```

```
reloj::reloj(reloj &r)
{
        segundos = c.segundos;
}

reloj r2 = r1;
```

Figura 9.2. Llamada a un constructor de copia.

Constructor por defecto

Un *constructor por defecto* es un constructor que no toma argumentos; es decir, no tiene parámetros o bien procesa una lista de argumentos en el que todos los parámetros utilizan argumentos por defecto.

Los constructores por defecto son útiles cuando se desea poder inicializar implícitamente objetos de la clase o bien cuando se declaran arrays de objetos.

```cpp
// clase que utiliza un constructor sin parámetro
class Complejo1
{
public:
  Complejo1();
  ...
protected:
  double real;
  double imag;
};

// clase que utiliza un constructor con argumentos por defecto
class Complejo2
{
public:
  Complejo2(double ParteReal = 0, double ParteImag = 0);
  ...
protected:
  double real;
  double imag;
};
```

Otros ejemplos son:

```cpp
reloj::reloj(void)            // constructor por defecto
reloj::reloj(long s=0);       // otro constructor por defecto
```

Uso del constructor

La función constructora se utiliza para inicializar los miembros dato de la clase. Después que se ha definido la función constructor no se llama directamente, sino que después de definir el constructor se declara una instancia de una clase y se pasa a continuación el argumento —en su caso— necesario al constructor. Para ver cómo funciona este proceso considere las clases `InfoFecha` y `Complejo`.

1. `InfoFecha FijaFecha(10, 8, 1946);`

El compilador crea una variable (una instancia de la clase `InfoFecha`) y llama a la función constructor `FijarFecha`, pasándole los valores de inicialización: 10, 8, 1946.

2.
```cpp
Complejo c1;              // llama al constructor por defecto
Complejo c2(4.5, 3.5);    // llama al constructor ordinario
Complejo cc(c2);          // utiliza el constructor de copia
```

IMPORTANTE: La mayoría de las clases que se diseñan tienen funciones constructoras. Se utilizan los constructores para inicializar los miembros dato de la clase.

DESTRUCTORES

Un destructor es una función miembro que se llama cuando se destruye la clase. Todas las clases tienen un destructor implícito, incluso aunque no esté declarada. El destructor implícito no hace nada. Sin embargo, se puede declarar y definir una función destructor explícita cuya sintaxis es:

```
class NombreClase
{
public:
      ~NombreClase();           //Función destructor
                                // Otras funciones miembro
};
```

Reglas del destructor

- El nombre del destructor debe comenzar con el carácter tilde (~) y es el mismo que el de su clase.
- Un destructor no puede tener parámetros.
- La función destructor no devuelve ningún valor, ni incluso `void`.
- Una clase no puede tener más que un destructor. Si se omite el destructor, el compilador crea automáticamente uno.
- La función destructor se llama automáticamente siempre que una variable de ese tipo de clase (una instancia) sale fuera de ámbito.

Ejemplo 9.4

```
class Cadena
{
  char *cad;
  int long;
public:
  Cadena();
  Cadena(Cadena& c);
  ~Cadena();
  //...
};
```

Funcionamiento del destructor

El siguiente ejemplo demuestra cómo funciona un destructor:

```
#include <iostream.h>

class Ejemplo
```

```
{
public:
   ~Ejemplo();
};

Ejemplo::~Ejemplo()
{
   cout << "Se destruye la clase" << endl;
}

main()
{
   Ejemplo e1;
   return 0;
}
```

El programa, cuando se ejecuta, visualiza la línea

```
Se destruye la clase
```

Observe que no existe ninguna llamada explícita al destructor. De modo similar al constructor, el destructor se llama implícitamente cuando se destruye el objeto al que pertenece. Cuando la función `main()` termina, trata de borrar la clase Ejemplo. Antes de ser destruida, la instancia e1 llama a su destructor, que imprime la línea de texto correspondiente.

FUNCIONES AMIGAS

Como ya conoce, únicamente las funciones miembro de una clase pueden acceder a miembros privados de esa clase. Sin embargo, a veces es conveniente que funciones no miembro accedan a miembros privados de la clase. Se pueden hacer tales miembros públicos, pero naturalmente esta solución iría en contra de los principios de ocultación y encapsulamiento de la información, básicos en la orientación a objetos. En lugar de hacer estos miembros públicos C++ permite definir *funciones amigas*, que permiten acceder a los miembros privados de una clase.

Las funciones amigas son funciones ordinarias que tienen acceso a todos los miembros dato de una o más clases, incluidos los miembros privados y protegidos de las mismas. Una función amiga se define en la clase de la que se desea ser amiga, precediendo al prototipo de la misma con la palabra reservada `friend`. La sintaxis de una función amiga es:

```
friend prototipo_de_función
```

que declara una función específica como amiga de la clase. La declaración `friend` puede estar en cualquier parte de la definición de la clase, aunque es conveniente situar todas las declaraciones `friend` al principio de la definición:

Ejemplo 9.5

```
class Fraccion
{
  friend int comparar(int, Fraccion);         // Función amiga
  friend int comparar(Fracción, int);         // Otra función
amiga
public:
  //...
 private:
  int num;                                    // Numerador de la fracción
  unsigned int denom;                         // Denominador de la fracción
};
int comparar(int i, Fraccion r)
{
  return(i * r.denom - r.num);
}

int comparar(Fraccion r, int i)
{
  return(r.num - i * r.denom);
}
```

Una función puede ser amiga de más de una clase:

```
class Perro
{
private:
  char Nombre1[30];
  ...
public:
  ...
  void friend maestro(const Perro &p, const Gato &g);
};
class Gato
{
private:
  char Nombre2[30];
  ...
  void friend maestro(const Perro &p, const Gato &g);
};

// función amiga
void maestro(const Perro &p, const Gato &g)
{
  if (!strcmp(p.Nombre1, g.Nombre2));
      cout << "Perros y gatos no tienen los mismos maestros"
}
```

La función amiga `maestro` no pertenece a ninguna clase. Es una función ordinaria, excepto que tiene acceso a miembros dato privado; por esta razón puede acceder a los miembros privados `Nombre1` y `Nombre2`.

CLASES AMIGAS

C++ permite también declarar a todas las funciones miembro de una clase X amigas de otra clase Y. Esta característica se puede conseguir con la sintaxis siguiente:

```
class Y
{
  friend class X;
  //...
}
```

Obsérvese que la declaración anterior hace a todas las funciones de la clase X amigas de la clase Y y no al contrario. Es posible declarar acceso recíproco entre ambas clases, pero siempre que se declaren mutuamente amigas (friend).

```
class Y;                        // declaración anticipada

class X
{
  friend class Y;
  //...
};

class Y
{
  friend class X;
  //...
};
```

Es posible que las funciones miembro individuales de una clase puedan ser definidas amigas sin necesidad de hacer amiga a la clase completa. Basta para ello preceder los nombres de la función seleccionada con el operador de resolución de ámbito en la declaración friend.

```
class X
{
public:
  //...
  void f();

  void g();
  //...
};

class Y
{
  friend void X::f();         // Unicamente X::f() tiene acceso
  //...                       // total a Y
};
```

 IMPORTANTE: La relación friend no es *conmutativa.* **Si la clase X es friend de la clase Y, Y no tiene porqué ser friend de X. Para realizar dos clases** *mutuamente friend,* **cada una debe ser declarada friend de la otra.**

Una función declarada amiga de una clase tiene acceso a todos los datos de la clase, con independencia de que la declaración aparezca en las secciones `private`, `protected` o `public`. En el ejemplo siguiente, la clase `Amiga` tiene acceso a todos los miembros dato de las clases A, B y C.

```
// clase Amiga puede acceder a todos los miembros dato
class A {
private:
   friend class Amiga;
   int a1;
protected:
   int a2;
public:
   int a3;
};

// clase Amiga puede acceder a todos los miembros dato de B
class B {
private:
   int b1;
protected:
   friend class Amiga;
   int b2;
public:
   int b3;
};

// clase Amiga puede acceder a todos los miembros dato de C
class C {
private:
   int c1;
protected:
   int c2;
public:
   friend class Amiga;
   int c3;
};
```

MIEMBROS ESTÁTICOS

Normalmente cada objeto de una clase tiene su propia copia de las variables instancias (miembros dato) de la clase. Sin embargo, es posible definir miembros que puedan ser compartidos entre todos los objetos de la clase. Tales miembros se llaman *miembros dato estáticos* y se declaran utilizando la palabra reservada `static`. C++ también permite declarar *funciones miembro estáticas* para acceder a miembros dato estáticos. Para declarar una función miembro estática, sitúe la palabra reservada `static` antes del tipo de retorno de la función.

Miembros dato

Los miembros dato estáticos ocupan almacenamiento de memoria permanente y siguen las siguientes reglas:

- Los miembros dato estáticos se declaran situando la palabra reservada `static` antes que el tipo de dato del miembro.
- Se puede acceder a los miembros estáticos dentro de las funciones miembro de igual modo que se accede a miembros dato no estáticos.
- Los miembros estáticos se deben inicializar fuera de la declaración de la clase, incluso en el caso de que los miembros sean protegidos o privados.
- Los miembros dato estáticos existen con independencia de las instancias de las clases; se puede acceder a ellos antes de que se cree cualquier instancia de la clase.

Ejemplo 9.6

```
class cadena {
public:
   char *buf;                      // Buffer de cadena
   int longitud;                   // Tamaño del buffer
   static char fin;                // Código de fin de cadena
   cadena(int long);               // Constructor
   ~cadena(void);                  // Destructor
   void copiar(cadena &s);         // Función copiar cadenas
   void imprimir(void);            // Función imprimir cadenas
};
```

Cada objeto de cadena tiene su propio array de caracteres (`buf`) y su propio tamaño de la cadena (`longitud`); sin embargo, todos los objetos cadena comparten el mismo código de terminación (`fin`), dado que se ha declarado como estático.

La inicialización y asignación del miembro estático se realiza con la sentencia:

```
char cadena::fin = '$';
```

CAPÍTULO
[10]

Herencia

[Notas]

[Herencia]

La **herencia** es una de las propiedades fundamentales de la orientación a objetos y probablemente la que más potencia proporciona al concepto de clase. En C++ el término *herencia* se aplica sólo a clases y sus características. Las variables no se pueden heredar de otras variables y las funciones no se pueden heredar de otras funciones.

La herencia permite la continua construcción y extensión de clases desarrolladas por usted o por otras personas, sin límite aparente. Se puede comenzar con clases sencillas y llegar a clases muy complejas.

C++, al contrario que otros lenguajes orientados a objetos, no sólo permite la *herencia simple* (una clase se deriva de una y sólo una clase), sino también la *herencia múltiple* (una clase puede ser derivada de más de una clase al mismo tiempo).

La **reutilización** o *reusabilidad* (reutilizabilidad) es la propiedad por la cual, tomando una clase, se puede instanciar directamente en sus programas o bien utilizarla como clase base para crear nuevas clases derivadas que heredan todas o algunas de sus propiedades. La derivación de una clase de otra clase ya existente reutiliza realmente el código de la clase base para sus propias necesidades.

En este capítulo se estudia la herencia como jerarquía de clases y conceptos, tales como funciones virtuales, clases abstractas y polimorfismo.

Además de la herencia, se analiza en este capítulo otra de las propiedades fundamentales de la programación orientada a objetos: **polimorfismo**. Este término, derivado del griego, significa *múltiples formas* y significa la posibilidad de que una entidad se refiera a instancias de clases diferentes en tiempo de ejecución, o dicho

de otra forma, una entidad puede tomar *muchas* formas. Una analogía de polimorfismo en la vida ordinaria la manifiestan los animales, en los que cada uno de ellos responde a la función (acción) *comer* de un modo diferente.

La construcción del lenguaje que hace posible el polimorfismo es la *ligadura dinámica* o *tardía*, entre las llamadas a funciones y las funciones realmente ejecutadas. Además del polimorfismo como propiedad fundamental se estudia la ligadura dinámica, mecanismo sin el cual no es posible implementar el polimorfismo.

HERENCIA

La potencia de las características de POO de C++ provienen esencialmente de la capacidad de derivar clases a partir de las clases existentes. Una clase descendiente hereda los miembros de sus clases ascendientes (esto es, clase padre, clase base, etc.) y pueden anular alguna de las funciones heredadas. La herencia permite reutilizar código en clases descendientes.

Cuando una clase se hereda de otra clase, la clase original se llama *clase base* o *clase padre* y la nueva clase se llama *clase derivada* o *clase hija*. La Figura 10.1 representa una derivación de clases; `Empleado` representa la clase base y `Empleado_Fijo` representa la clase derivada. La derivación se representa con una flecha cuyo origen es clase derivada y que apunta a la clase base. Un sistema de clases creado utilizando herencias se llama *jerarquía de clases*.

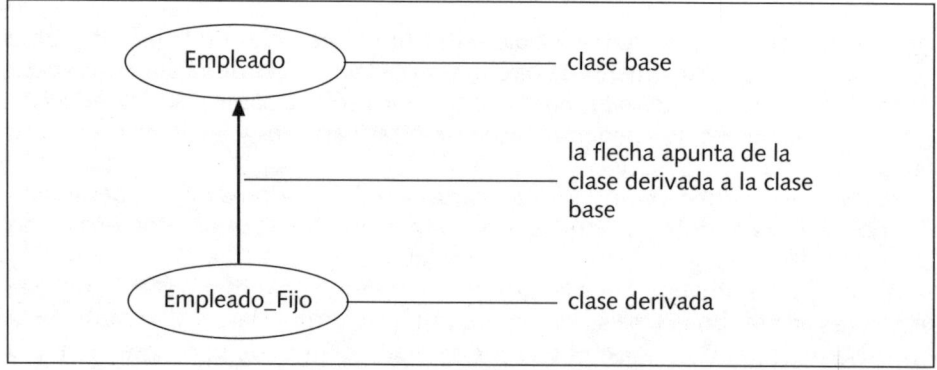

Figura 10.1. Clase base y clase derivada.

En una clase derivada C++ se pueden heredar las características de la clase base y éstas pueden ser cambiadas, eliminadas, ampliadas o simplemente utilizadas. Una clase derivada se declara de la forma siguiente:

```
class D : modificador_acceso B           // por defecto es privado
{
// declaraciones de miembro
}
```

donde `D` es el nombre de la clase derivada, *modificador_acceso* es opcional (`public`, `private` o `protected`) y `B` es el nombre de la clase base. El modificador de acceso es `private` (si la clase se define con `struct`, el modificador de acceso es `public`). El modificador de acceso se utiliza para modificar la accesibilidad de miembros heredados.

```
class A {                    // Clase base A
...
};

class B : A {                // Clase derivada B
...
};
```

La subclase B *hereda* de la clase base A. Cuando una clase derivada hereda de una clase ascendiente, un objeto del tipo de la clase derivada se compone de datos miembro de la clase ascendiente, además de miembros dato definidos en la clase derivada. En la clase derivada todas las funciones miembro de la clase ascendiente se heredan, con la excepción de los constructores, destructores y cualquier operador de asignación sobrecargado (`operador = ()`), así como relaciones de amistad (`friend`).

El modificador de acceso permite realizar *derivación pública, privada* o *protegida*. Así, por ejemplo, con una derivación pública

```
class A {...};               // Clase base
...
class B : public A {...};    // Clase derivada
```

se pueden heredar todos los miembros y conservan todos ellos su modo de accesibilidad. La Tabla 10.1. recoge el efecto del modo de derivación sobre el estado de los miembros en la clase derivada en función de su estado en la clase ascendiente.

Tabla 10.1. Accesibilidad en clases derivadas.

Modo de derivación	Estado del miembro en la clase base	Estado del miembro en la clase derivada
private	private	inaccesible
	protected	private
	public	private
protected	private	inaccesible
	protected	protected
	public	protected
public	private	inaccesible
	protected	protected
	public	public

En el caso de una derivación protegida, todos los miembros heredados tienen el estado `protected`, con la excepción de los miembros privados, que de todos modos no son accesibles. Eso significa que estos miembros heredados no serán accesibles más que a las funciones miembro de la clase derivada, a las amigas

(friends) de la clase derivada, así como eventualmente a las clases derivadas de esta clase derivada, pero no al usuario final de la clase.

En lo que se refiere a la derivación privada, ésta es todavía más restrictiva, ya que cualquiera que sea el estado de los miembros heredados tendrán el estado *privado* en la clase derivada, lo que no les hace accesible más que a los miembros de la clase derivada o a sus *amigas*. Este modo de derivación hace el acceso directo a estos miembros imposible durante derivaciones posteriores. Esta opción es la elegida, por defecto, por el compilador de C++, por lo que si se olvida poner el especificador de acceso, recuerde que el modo de derivación es *privada* (`private`).

Ejemplo 10.1

```
class Caja {
public:
int anchura, peso;
void LeerPeso(int p)        {peso = p;}
void LeerAnchura(int a)     {anchura = a;}
};
class CajaDeColor : public Caja {
public:
int color;
void LeerColor(int c)       {color = c;}
};
```

La clase `CajaDeColor` se declara con una única función, pero también hereda dos funciones y dos variables de su clase base. Por consiguiente, el siguiente código es válido:

```
// construir una instancia de CajaDeColor
CajaDeColor cdc;
void main()
{
// Utiliza funciones miembro de CajaDeColor
cdc.LeerColor(15);                          // no heredada
cdc.LeerPeso(12);                           // heredada
cdc.LeerAnchura(25);                        // heredada
}
```

Conflicto de nombres

¿Qué sucede si una clase derivada contiene un miembro que tiene el mismo nombre que otro miembro de la clase base? En estos casos, estos conflictos de nombres se resuelven mediante el operador de resolución de ámbito o alcance, que anula el conflicto o colisión de nombres.

Ejecute el siguiente programa y observe su salida

```
#include <iostream.h>
#include <stdio.h>
#include <stdlib.h>

class A {
```

CAPÍTULO [10]   Herencia

```
int a;
public:
A() {a = 0;}
void imprimir() {cout << a << endl;}
};

class B : public A
{
int a;
public:
B() {a = 500;}
void imprimir() {cout << a << endl;}
};

main()
{
B miobj;

miobj.imprimir();            // se visualiza 500

return 0;
}
```

Anulación de funciones (*overriding*)

Las funciones miembro heredadas en clases derivadas, en muchas ocasiones, no son necesarias en su totalidad o parcialmente, y es necesario eliminarlas o sustituirlas (*overriding*).

Para anular una función de la clase base en una clase derivada, se declara un prototipo de función en la clase derivada y a continuación proporciona instrucciones para la función deseada. El listado siguiente muestra una clase base llamada Cuenta, que tiene una función miembro denominada **retirar()** y una clase derivada denominada CuentaCredito, que anula el miembro retirar() definiendo una función miembro con un prototipo idéntico.

```
class Cuenta
{
float retirar(float cant); {
//...
}
class CuentaCredito : public Cuenta
{
float retirar(float cant); {
//...
}
```

HERENCIA MÚLTIPLE

C++, como ya conoce, soporta dos tipos de herencia: *herencia simple* y *herencia múltiple*. En herencia simple, una clase tiene una y sólo una clase base; mientras que en herencia múltiple, una clase derivada puede tener dos o más clases base.

Consideremos, por ejemplo, una clase `MesaRedonda` que tiene propiedades de la clase `Mesa` y de la clase `Circulo`.

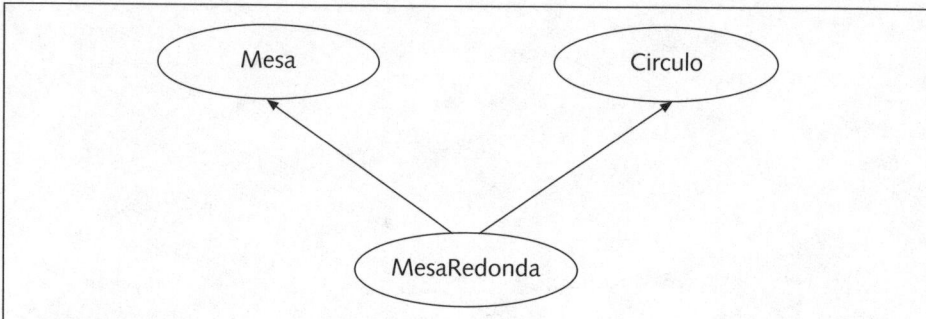

Figura 10.2. Creación de `MesaRedonda` por herencia múltiple de `Mesa` y `Circulo`.

La sintaxis de herencia múltiple es:

```
class derivada:[private|public]base1,...,[private|public] base_n
{
...
};
```

La implementación de las clases de la Figura 10.2 es un programa que maneja una instancia de la clase derivada.

```cpp
#include <iostream.h>

class Circulo {
float radio;
public:
Circulo(float r)        {radio = r;}
float Area()            {return radio*radio*3.14159;}
};

class Mesa {
float altura;
public:
Mesa(float h)           {altura = h;}
float Altura()          {return altura;}
};

class MesaRedonda : public Mesa, public Circulo {
int color;
public:
MesaRedonda(float h, float r, int c);
int Color()             {return color;}
};

MesaRedonda::MesaRedonda(float h, float r, int c):
   Circulo(r), Mesa(h)
{
```

```
color = c;
}

void main()
{
MesaRedonda mesa(25.0, 5.0, 10);
cout << "Características de la mesa:" << endl;
cout << "Altura:" << mesa.Altura() << endl;
cout << "Area:" << mesa.Area() << endl;
cout << "Color:" << mesa.Color();
}
```

FUNCIONES VIRTUALES

Ya se ha explicado la propiedad de *polimorfismo*, que permitía a funciones con igual nombre comportarse de modo diferente según el momento en que se ejecute o la clase a que pertenezcan. El polimorfismo se manifiesta cuando existe derivación de clases.

C++ soporta polimorfismo mediante *funciones virtuales* y la palabra reservada `virtual`. Una función **virtual** creada en una clase base y redefinida en una clase derivada puede actuar polimórficamente. En C++, cuando una función virtual se llama, se enlaza dinámicamente (*ligadura tardía*, «late binding»); es decir, la función llamada se determina en el momento de la ejecución, en lugar de ser determinada en tiempo de compilación, como sucede en el caso de C. (Esta ligadura se conoce como *temprana* o estática; es el caso de la llamada a funciones ordinarias.)

La ligadura dinámica se implementa en C++ utilizando funciones virtuales. La dirección en memoria de la función virtual se determina mientras el código se está ejecutando. La ligadura dinámica sólo tiene sentido en C++ para objetos que son parte de una jerarquía de clases. Ofrece una gran flexibilidad, aunque, por el contrario, se reduce su velocidad de ejecución.

Las funciones virtuales se declaran situando la palabra reservada `virtual` antes que el tipo de retorno de la función. Después que se declara una función virtual, sólo se puede anular con funciones virtuales en clases descendientes. Estas funciones de anulación *deben* tener la misma lista de parámetros. Las funciones virtuales pueden anular funciones no virtuales de clases ascendientes.

Únicamente las funciones miembro pueden ser funciones virtuales. Las funciones ordinarias o amigas no pueden ser funciones virtuales.

El siguiente ejemplo ilustra un comportamiento polimórfico en las clases `C1` y `C2`, mediante funciones polimórficas `A`.

```
#include <iostream.h>
class C1
{
public:
virtual double A(double Z)
{
```

```
return Z*Z;
}
double B(double Z)
{
return A(Z) / 2;
}
};

class C2 : public C1
{
public:
virtual double A(double Z)
{
return Z * Z * Z;
}
};

main ()
{
C2 objc2;
cout << objc2.B(3) << endl;
return 0;
}
```

Al ejecutarse el programa se visualiza `13.5` (resultado de ejecutar la operación `3*3*3/2`). Cuando se ejecuta la función `B()` ésta invoca a la función `A()`. En tiempo de ejecución se llamará a la función `A()` de la clase `C2`.

La Figura 10.3 muestra las funciones virtuales en la derivación de clases.

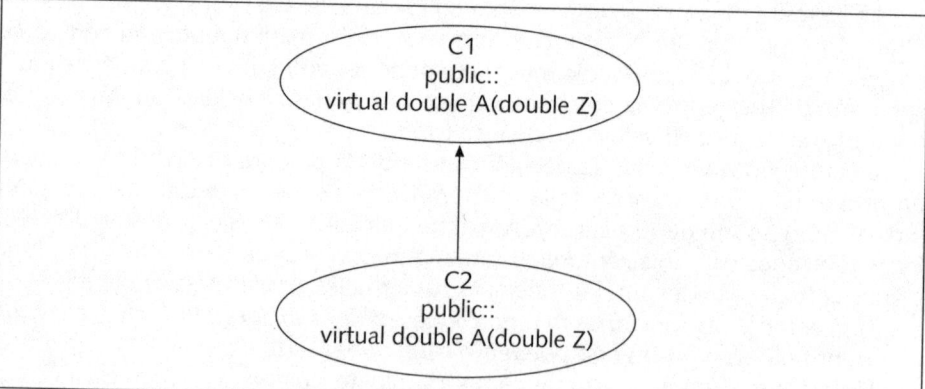

Figura 10.3. Funciones virtuales en una jerarquía simple.

CLASES ABSTRACTAS

Clases abstractas son clases que únicamente se pueden utilizar como clases bases; no se pueden utilizar para declarar (instanciar) objetos. Tales clases se utilizan para definir conceptos abstractos, tales como figura, impresora o mueble, sin preocuparse ni proveer detalles específicos. Los conceptos abstractos se utilizan como base de conceptos concretos que se representan con clases derivadas (*clases concretas*) de las clases abstractas. Por ejemplo, las clases abstractas *figura*, *impresora* o *mueble* se pueden utilizar para derivar clases, tales como *círculo*, *impresora_láser* y *silla*. Esta característica hace que normalmente las clases abstractas estén en la raíz o proximidades de la jerarquía de clases, aunque pueden existir diversas clases abstractas en la misma jerarquía.

Para declarar una clase abstracta es preciso que al menos una de sus funciones virtuales se declare como *virtual pura*. Una función virtual pura es aquella que no tiene cuerpo o dicho de otro modo, se inicializa a cero. Su sintaxis es:

```
virtual tiporetorno nombrefunción(lista de parámetros) = 0;

virtual void dibujar() = 0;        // función virtual pura
```

PRECAUCIÓN: No confundir función virtual pura con la declaración de una función virtual nula.

```
virtual void dibujar() {}      //función virtual nula
```

Ejemplo 10.2

```
class figura {
...
float peso;
public:
...
virtual void rotar(int) = 0;      // función virtual pura
virtual float area() = 0;         // función virtual pura
virtual float volumen() = 0;      // función virtual pura
};
```

Una clase concreta derivada de `figura` que se utilice para declarar objetos debe proporcionar los cuerpos para las funciones virtuales puras. Un ejemplo de tal clase es `esfera`:

```
#include "figura.h"
const pi = 3.1416;
class esfera : public figura
{
float r;                                // radio
public:
esfera(float rad, float p);
void rotar(int d)   {}                  // cuerpo nulo
float area()      {return 4*pi*r*r;}
float volumen() {return area()*r/3;}
};
```

En este caso las funciones **rotar**, **area** y **volumen** se han definido en línea, por simplicidad, aunque no es necesario, como conoce el lector. Se observa también que, dado que estas funciones no se han declarado *virtuales*, no podrán ser reemplazadas por las funciones especificadas en clases derivadas de `esfera`.

La derivación de una clase abstracta no produce necesariamente una clase que pueda ser instanciada. Si una clase anula cualquiera de las funciones virtuales de su clase base con nuevas virtuales puras, la nueva clase es también abstracta. Por el contrario, si no se anula una función virtual pura se producirán errores de compilación, como sucede en el siguiente código:

```
class A {
public:
virtual void f() = 0;
};

class B : public A {
int valor;                          // añade una variable
public:
void g(int i) {valor = i;}          //se añade una función miembro
};
```

CLASES BASE VIRTUALES

Una *clase base virtual* es una clase que está compartida por todas las restantes clases base, con independencia del número de veces que esta clase se presente como clase base en la jerarquía de derivación.

Las clases base virtuales se utilizan *sólo* en el contexto de la herencia múltiple. Supongamos que la clase T se deriva de las clases B y C, que a su vez se derivan de la clase A. Esto significa que la clase T tiene dos instancias de la clase A en su jerarquía de derivación.

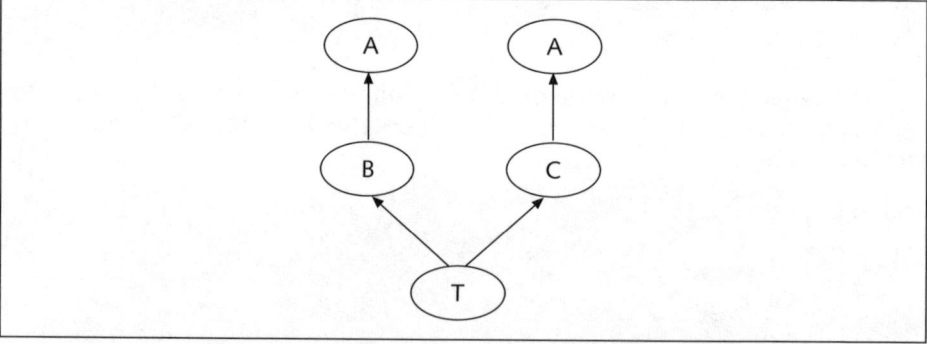

Figura 10.4. Un árbol de herencia en el que aparece dos veces la misma clase A.

La situación anterior se puede ver en el siguiente código:

```
class A {
public:
int x;
};

class B : public A {};
class C : public A {};
```

CAPÍTULO [10] Herencia

```
class T : public B, public C {
public:
int Valor() {return x;}
};
```

Al compilar este segmento de código se produce un error de compilación, ya que se produce una ambigüedad en el miembro x. Se podría resolver esta ambigüedad con el operador de resolución de ámbito (::).

```
int Valor() {return B::x;}
```

Sin embargo, la existencia de múltiples copias de la misma clase base no sólo produce confusión, sino que se malgasta almacenamiento en memoria. Para obtener una única instancia de la clase A, basta con declarar a esta clase como *clase base virtual*, con lo que el compilador interpretará que sólo debe crear una instancia.

```
class B : public virtual A {};
class C : public virtual A {};
class D : public B, public C {
public:
int Valor() {return x;}
};
```

El árbol o grafo de herencia de la declaración anterior se muestra en la Figura 10.5.

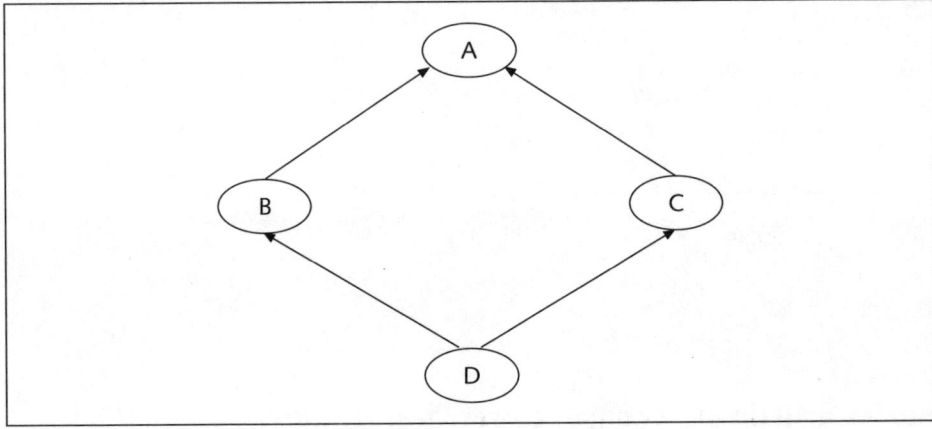

Figura 10.5.
Un grafo de herencia con una clase virtual A.

Nota: Un ejemplo que ilustra las clases bases virtuales es la biblioteca *iostream*.

```
class iostream : public virtual ios
{
...
```

[287]

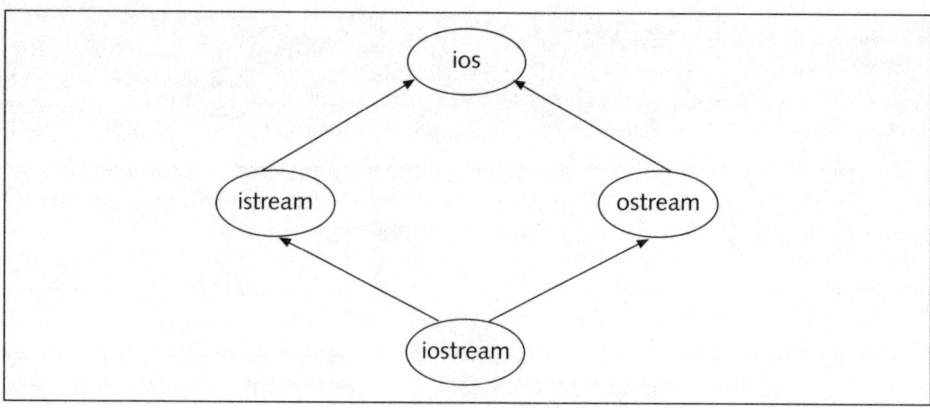

Figura 10.6. La clase `ios` es una clase base virtual.

```
};
```

Ejemplo 10.3

Una clase puede tener clases base virtuales y no virtuales, en cualquier orden y combinación. La Figura 10.7 y el código siguientes ilustran esta situación.

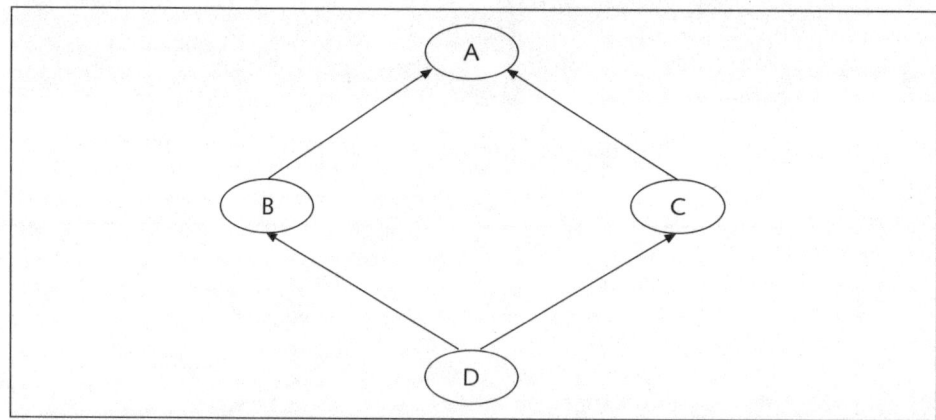

Figura 10.7. Un grafo de herencia con clases base virtual y no virtual.

```
class A {};
class B : public virtual A {};
class C : public virtual A {};
class D : public A {};
class E : public B, public C, public D {};
```

Reglas de llamada a constructores/destructores

Los constructores de las clases base virtuales se invocan antes que los constructores de las clases base ordinarias con independencia del orden en que las clases se listen en la cabecera de la clase. Si una clase tiene clases base virtuales, sus constructores se invocan en el orden en que estas clases se especifican en un recorrido en "profundidad de izquierda a derecha" comenzando a partir de la clase derivada. Un constructor se invoca sólo una vez para una clase base virtual. Los destructores se invocan en el orden inverso al que se invocan los constructores.

SOBRECARGA DE OPERADORES

La *sobrecarga* es otra de las propiedades características de C++. Existen dos tipos de sobrecarga en C++: *sobrecarga de funciones* (ya vista en el Capítulo 4), que permite definir funciones con el mismo nombre y significados o acciones a realizar distintas, y *sobrecarga de operadores*, que permite ampliar el lenguaje creando sus propios operadores.

Recordemos que un operador es un símbolo que indica al compilador que realice una operación matemática lógica específica. C++ soporta cuatro tipos de operadores: *aritméticos, relacionales, lógicos* y de *manipulación de bits*.

La sobrecarga de un operador implica la realización de una tarea distinta a la usual; por ejemplo, el operador + se puede sobrecargar para, en lugar de sumar valores numéricos, sumar cadenas (*concatenar*).

Cuando se sobrecarga un operador, la operación sobrecargada que se ejecuta afecta solamente al ámbito (alcance) en el que se ejecuta la operación. Es decir, si se sobrecarga un operador dentro de la definición de una clase, el comportamiento del operador se modifica sólo dentro de esa clase; el comportamiento del operador en otras partes de su programa no se ve afectado.

La sobrecarga de operadores tiene numerosas aplicaciones. Por ejemplo, sobrecargando operadores en programas C++ se pueden escribir clases cadena propias; con objetos de cadena se pueden sobrecargar funciones que realizan las operaciones con cadenas que son típicas, por ejemplo, en BASIC y otros lenguajes: concatenar cadenas, buscar subcadenas en cadenas, etc.

También la sobrecarga de operadores tiene una gran utilidad en operaciones matemáticas. Por ejemplo, la sobrecarga de operadores permite crear clases que representen tipos numéricos, tales como números complejos (números con una parte real y otra parte imaginaria). Se puede representar una clase `Complejo` y luego sobrecargar operadores, tales como + y * para sumar y multiplicar complejos.

Sintaxis de la sobrecarga de operadores

Para sobrecargar un operador se define una función a la que el compilador llamará cuando se utilice el operador con los tipos de datos apropiados. Siempre que el compilador vea esos tipos de datos utilizados con el operador, llama a la función. Se pueden tener múltiples funciones para sobrecargar un solo operador, pero deben tener argumentos diferentes, de modo que el compilador los pueda diferenciar.

La sintaxis de la definición de la función para sobrecarga de operadores es diferente de las funciones normales. El nombre de la función es la palabra reservada **operator**, seguida por el propio operador, la lista de argumentos y el cuerpo de la función. Se pueden utilizar funciones miembro y funciones amigas para sobrecargar un operando.

La sintaxis de las funciones operador es:

```
1. tiporetorno operator@ (lista_argumentos) {
       cuerpo de la función
   }
```

para una función amiga.

```
2. tiporetorno nombreclase::operator@ (argumento) {
     cuerpo de la función
   }
```

para un miembro de la clase.

Una función amiga tiene un argumento para un operador unitario y dos argumentos para un operador binario, mientras que una función miembro tiene cero argumentos para un operador unitario y un argumento para un operador binario (@ *representa el signo del operador*).

Ejemplo 10.4

Una clase matemática muestra un ejemplo de algunos operadores. Una clase llamada punto se crea para contener las coordenadas de un punto en un plano y se definen algunos operadores para punto.

```
class punto {
protected:
float x, y;
public:
punto(float xx = 0, float yy = 0)
{
x = xx;
y = yy;
}
punto operator = (punto);       // asignación
punto operator + (punto);       // suma dos puntos
punto operator * (float);       // multiplica un punto por un escalar
...
};
```

Otro ejemplo que sobrecarga operadores binarios y unitarios en C++:

```
Dinero operator-(int);      //sobrecarga del operador binario -
Dinero operator-();         //sobrecarga del operador unitario -
```

Operadores que se pueden sobrecargar

En C++ se pueden sobrecargar cualquiera de los operadores mostrados en la Tabla 10.2.

Tabla 10.2. Operadores que se pueden sobrecargar.

+	-	*	/	%	^	&	|
~	!	,	=	<	>	<=	>=
++	--	<<	>>	==	!=	&&	||
+=	-=	*=	/=	%=	^=	&=	|=
<<=	>>=	[]	()	->	->*	new	delete

Operadores que no se pueden sobrecargar

La Tabla 10.3. muestra los operadores que no se pueden sobrecargar.

Tabla 10.3. Operadores que no se pueden sobrecargar.

Operador	Nombre del operador	Razones de no sobrecarga
?:	Operador ternario	No existe sintaxis para sobrecarga de operadores ternarios.
.	Operador miembro-de	Seguridad en el acceso a miembros.
.*	Operador puntero a miembro	Seguridad en el acceso a miembros.
::	Operador de resolución de ámbito	Operador especial cuya sintaxis no es igual a un operador ordinario; su operando izquierdo es un nombre de un tipo, en lugar de una expresión.
sizeof	Operador tamaño-de	Sólo es operador.

Reglas de sobrecarga de operaciones

Como se observa en la Tabla 10.2, muchos operadores se pueden sobrecargar, y debido a ello C++ impone una serie de advertencias y restricciones que se han de seguir durante la operación de sobrecarga.

Las advertencias y restricciones son las siguientes:

- No se pueden crear nuevos operadores. Por ejemplo, no se puede sobrecargar el símbolo ::.
- No se puede cambiar la *aridad* de un operador (la *aridad* es el número de operandos que actúan sobre un operador). Así, si el operador not (representado por el símbolo ~) es un operador *unitario*, no se puede sobrecargar como operador binario. Es decir, la expresión

  ```
  a = b ~ c;
  ```

  no es legal; tampoco es legal

  ```
  a = b (<< c);
  ```

- No se puede cambiar la *precedencia* de los operadores ni su *asociatividad*. Esto implica que:

  ```
  a = b + c * d - e;
  ```

  evaluará siempre primero la multiplicación, después la suma, y por último la resta.
  Se pueden utilizar, sin embargo, los paréntesis para controlar el orden de evaluación de los operadores.

- No se puede cambiar el modo de funcionamiento de un operador para tipos de datos incorporados. Por ejemplo, no se puede sobrecargar un operador para que sume enteros, ya que existe un operador de suma (+). Los operadores sobrecargados no se aplican más que a los nuevos tipos que se crean en C++ cuando se definen clases.
- Si un operador simple, por ejemplo +, se sobrecarga, el operador += no se sobrecarga. Si necesita sobrecargar +=, necesitará escribir una función **operator +=** que sobrecargue ese operador.

Un ejemplo típico de sobrecarga es una clase complejo que implementa operaciones a realizar con números complejos y que contiene sobrecargados los operadores +, -, *, / y ==.

```
class complejo {
  float r, i;
  public:
  complejo(float a = 0, float b = 0);
  float real();
  float imag();
  complejo operator + (complejo a);
  complejo operator - (complejo a);
  complejo operator * (complejo a);
  complejo operator / (complejo a);
  complejo operator == (complejo a);
};
```

Las funciones miembro serán:

```
complejo :: complejo(float a, float b)
{
r = a;
i = b;
}

float complejo :: real()
{
return r;
}

float complejo :: imag()
{
return i;
}
complejo complejo :: operator + (complejo a)
{
complejo b (r + a.r, i + a.i);
return b;
}
complejo complejo : : operator - (complejo a)
{
  complejo b (r - a.r, i - a.i);
  return b ;
}

complejo complejo :: operator * (complejo a)
{
```

CAPÍTULO [10]   Herencia

```
   complejo b (r * a.r - i * a.i, r * a.i + i * a.r);
return b;
}
complejo complejo :: operator - (complejo a)
{
complejo b;
float denom = a.r * a.r + a.i * a.i;
b.r = (r * a.r + i * a.i) /denom;
b.i = (i * a.r - r * a.i) /denom;
return c;
}

int complejo :: operator == (complejo a)
{
   return r == a.r && i == a.i;
}
```

Si en lugar de utilizar funciones miembro se utilizaran funciones amigas, los prototipos de las funciones operador que sobrecargan los operadores citados serán:

```
complejo operator + (complejo a, complejo b);
complejo operator - (complejo a, complejo b);
complejo operator * (complejo a, complejo b);
complejo operator / (complejo a, complejo b);
int operator == (complejo a, complejo b);
```

Una aplicación de la sobrecarga de un operador sobre números complejos pueden ser las siguientes sentencias:

```
complejo x(1.0, 2.0), y(2.0, 4.0), z;
z = x * y;
```

En la sentencia última se llama a la función **operator*()** con los parámetros `x` e `y`, que calcula el producto de ambos números complejos y devuelve el resultado en `z`.

¿Cómo elegir entre una función miembro y una función amiga?

Como se acaba de ver, ciertos operadores sobrecargados pueden ser definidos como funciones miembro de una clase o bien como funciones amiga (`friend`). Cabe preguntarse, ¿qué opción elegir? No existe una regla fija, todo depende del operador que se sobrecarga y de la utilización que se haga de la clase. Sin embargo, se pueden dar algunas reglas de propósito general:

- C++ exige que ciertos operadores sean funciones miembro de una clase. Estos operadores son: asignación ("="), indexación ("[]"), llamada de función ("()") y la elección de miembro a través de un puntero ("->").
- Un operador definido como función miembro no acepta más que instancias de la clase en cuestión como primer operando (operador de la izquierda en operadores binarios y único operando en operadores unitarios). Si se

desea que nuestro operador actúe con primeros operandos que no sean instancias de nuestra clase, debe declarar el operador como función amiga. Esta característica es propia de los operadores << y >>, cuyo primer operando es un flujo del tipo `ostream` o `istream`.
- Los operadores que modifican el estado de una instancia de una clase deben ser declarados preferentemente como funciones miembro de esta clase. Entran en este grupo los operadores de asignación compuesta (+=, -=, *=, /=, etc.), los operadores de incrementación y decrementación (++ y --) y los operadores cuyo operando debe ser un *valor-i* (es decir, un objeto capaz de aparecer a la izquierda de una instrucción de asignación).
- En ausencia de cualquier otra razón importante, utilice una función miembro en lugar de una función `friend` para sobrecargar una función, dado que las funciones `friend` ocupan completamente el espacio global de los nombres de funciones y disminuyen el encapsulamiento de nuestras clases.

ANULACIÓN, RESTRICCIONES Y REVISIÓN DE FUNCIONES VIRTUALES

Ya se ha descrito el concepto de función virtual y posteriormente el concepto de ligadura dinámica. En esta sección revisaremos ambos conceptos y el modo de anular o redefinir las funciones virtuales, así como criterios de restricción.

En C++ las funciones virtuales se deben declarar como *virtuales* en la primera clase en que existen (siguiendo el orden de derivación). Esta regla significa que, normalmente, las funciones virtuales se declaran en la clase de nivel más alto de una jerarquía.

Supongamos una jerarquía de clases `Figura` con clases derivadas `Triángulo`, `Rectangulo` y `Circulo`. En cada figura han de existir, al menos, dos funciones miembros, `calcular_area` y `dibujar`. La declaración de la clase `Figura` se realiza con funciones virtuales.

```
class Figura
{
public:
virtual double calcular_area(void) const;
virtual void dibujar(void) const;
// otras funciones miembros que definen el
// interfaz de todos los tipos de figuras geométricas
};
```

La palabra reservada `virtual` precediendo a la función indica al compilador que si la función se define en una clase derivada, el compilador puede necesitar llamar a la función indirectamente a través de un puntero. Cuando se desea tener un comportamiento polimórfico en funciones en una jerarquía de clases, se debe declarar la función virtual de la clase base también como virtual en la clase derivada. Consideremos una clase base A y una clase derivada B, con una función miembro virtual `Visualizar()`, que se desea tenga un comportamiento polimórfico. Su jerarquía se muestra en la Figura 10.8 y el programa fuente en POLIMOR1.CPP.

CAPÍTULO [10]   Herencia

```
//POLIMOR1.CPP
#include <iostream.h>

class A {
public:
virtual void Visualizar() {cout <<"Clase A" <<endl;}
};
class B : public A {
public:
virtual void Visualizar() {cout << "Clase B" <<endl;}
};
```

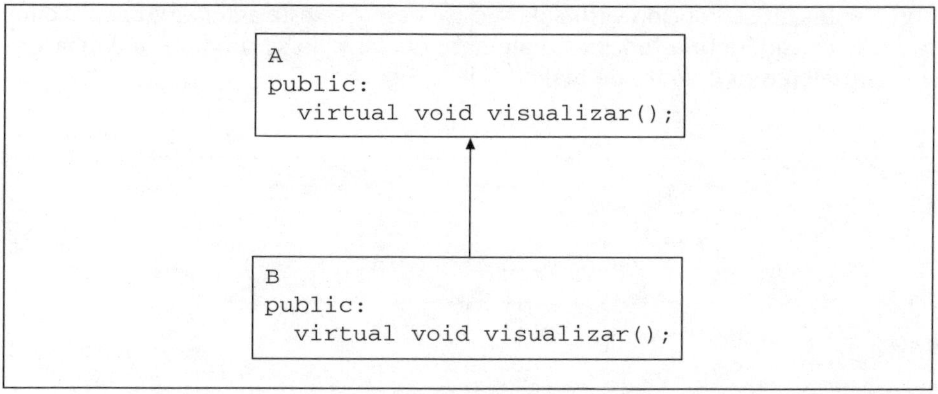

```
A
public:
   virtual void visualizar();
```

```
B
public:
   virtual void visualizar();
```

Figura 10.8. Funciones virtuales en herencia simple.

```
void mostrar (A* a)
{
a-> Visualizar();
}
void main()
{
A* a = new A;
B* b = new B;
a -> Visualizar();            // Se utiliza A::Visualizar()
b -> Visualizar();            // Se utiliza B::Visualizar()
Mostrar (a);                  // Se utiliza A::Visualizar()
Mostrar (b);                  // Se utiliza B::Visualizar()
}
```

El comportamiento polimórfico hace que se invoque a A::Visualizar() o B::Visualizar() cuando se invoca a la función **mostrar()** con el parámetro a o b que apunta a un objeto de la clase A o B, respectivamente.

Anulación de funciones

Se pueden *anular* o *redefinir,* sustituir o suplantar (*overriding*) las funciones virtuales en C++. Las funciones virtuales son la clave del polimorfismo. Cuando se define una función miembro virtual en una clase base, la declaración de la fun-

ción notifica al compilador que la función puede ser anulada en las clases base. Por consiguiente, cuando se escribe una función de la clase base que piense puede anularse en una clase derivada, deberá declararla virtual.

En C++ las funciones virtuales siguen una regla precisa: la función debe ser declarada como *virtual* en la primera clase en que esté presente (siguiendo el orden de derivación). Esta regla significa que, normalmente, las funciones virtuales se declaran en la clase de más alto nivel de una jerarquía.

No se puede redefinir una función como *virtual* en una clase derivada si la función se declaró sin la especificación `virtual` en una clase base.

Una función declarada en una clase derivada anula a una función *virtual* de la clase base *si y sólo* si tiene el mismo nombre y utiliza el mismo número y tipo de argumentos que la función virtual de la clase base. Si existe algún argumento diferente se considera una función totalmente nueva y no se produce la anulación.

Consideremos el grafo de herencia de la Figura 10.9:

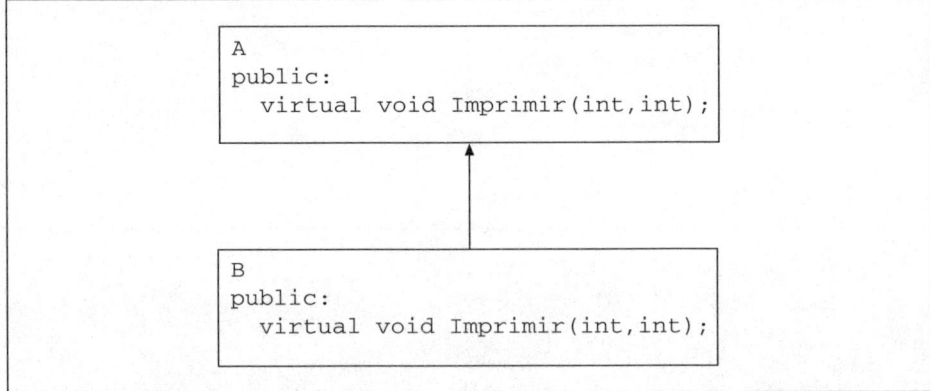

Figura 10.9. Una jerarquía de clases con anulación de una función.

La función virtual **Imprimir** se anula en la clase B. Sin embargo, si el número y tipo de argumentos no son idénticos, se considera una función totalmente nueva. Así, consideremos el siguiente código:

```
class B {
public:
virtual prueba(int);
virtual prueba(double);
...
};

class D : public B {
public:
prueba(int);
...
};
main()
{
D d;
```

[296]

```
B b, *ptrb =&d;
b.prueba(14);                  //Selecciona B::prueba(int);
b.prueba(12.5);                //Selecciona B::prueba(double);
ptrb -> prueba(12.5)           //Selecciona D::prueba(int);
}
```

La función miembro de la clase base `B::prueba(int)` se anula en la clase derivada. La función miembro de la clase base `B::prueba(double)` se oculta en la clase derivada. El valor 12.5 se convierte a un valor entero 12.

Restricciones de las funciones virtuales

No se pueden utilizar las funciones típicas de ANSI C como funciones virtuales, ya que las funciones virtuales sólo se aplican a objetos de clases. Las funciones globales tampoco se pueden declarar virtuales; únicamente las funciones miembro de una clase se pueden declarar virtuales y además deben ser *no estáticas*. Las funciones virtuales no se pueden declarar `static`, ya que las funciones `static` se pueden invocar sin referenciar una instanciación específica de clases.

La característica *virtual* se hereda. Por consiguiente, la función de la clase derivada es automáticamente virtual y la presencia de la palabra reservada `virtual` es opcional.

Existen restricciones especiales de las funciones virtuales: *los constructores no pueden ser virtuales; los destructores pueden ser virtuales.*

PRECAUCIÓN: Se puede declarar cualquier función miembro como *virtual* con las siguientes restricciones:

1. Constructores.
2. Funciones miembro `static`.

CRITERIOS DE DISEÑO DE CLASES ABSTRACTAS

Una clase es una *clase abstracta* si tiene, al menos, una función virtual pura. Una clase abstracta no se puede instanciar (es decir, no puede existir ningún objeto de esa clase), pero tiene un significado sólo como clase base de otras clases.

Las clases que aparecen en la parte superior de una jerarquía suelen ser abstractas, aunque no se pueden crear instancias de ellas, sirven para proporcionar un interfaz común a clases derivadas, de las que —normalmente— es posible declarar objetos. En otras palabras, las clases abstractas declaran las funciones miembro que han de ser implementadas en las clases derivadas. En C++ una clase abstracta tiene, al menos, una función miembro que se declara, pero no se define; esta función miembro, al no estar definida, no se puede llamar y, en consecuencia, la clase no se puede instanciar.

Las clases abstractas representan abstracciones de cosas del mundo real que tienen componentes comunes; en esencia, implican generalizaciones de clases.

Así, por ejemplo, `impresora` es un ejemplo típico de clase abstracta, que se muestra en la Figura 10.10.

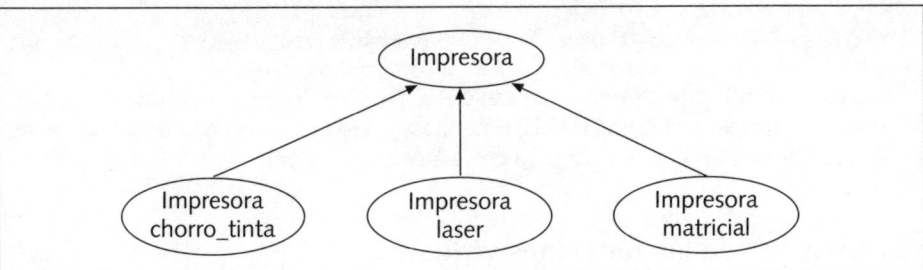

Figura 10.10. Generalización de una clase abstracta.

Las clases abstractas corresponden a conceptos generales, que no son traducidas fácilmente en objetos específicos, pero son útiles para proporcionar una descripción de todas las características comunes de objetos que pueden ser diferentes entre sí. De hecho, normalmente las clases abstractas son las más altas de la jerarquía y "abstraen" el comportamiento (y por consiguiente, las funciones) común a todas sus subclases. Así, otro ejemplo de clase abstracta es `Figura`, que es una generalización de clases, tales como `Circulo`, `Rectangulo` y `Triangulo`. En este caso, se ha creado una clase abstracta que describe figuras geométricas. La definición de esta clase permite manejar cualquier tipo de figura.

Implementación de clases abstractas

Para declarar una clase abstracta, al menos una de sus funciones virtuales se debe declarar *virtual pura*. Una función virtual pura es una función miembro virtual cuyo cuerpo normalmente no está definido. La notación se declara dentro de la clase con la siguiente sintaxis:

```
virtual prototipo de la función = 0;
```

Una clase que tiene al menos una *función virtual pura* es una clase *abstracta*. Es útil tener una clase raíz para una jerarquía de tipos que sea una clase abstracta. Tiene las propiedades comunes básicas de sus clases derivadas, pero no se puede utilizar para declarar objetos. Una clase abstracta sólo se puede utilizar a través de punteros; no está permitido definir una instancia de la clase (es decir, definir un objeto). Así mismo, no es posible inicializar un puntero con un valor de esa clase, dado que el constructor de la clase no se puede llamar.

Las funciones virtuales puras son funciones virtuales cuya declaración no está seguida por una definición. De hecho, son funciones que no "hacen nada". Sin embargo, las funciones virtuales son diferentes de las funciones vacías (esto es, funciones cuyos cuerpos no contienen ninguna sentencia). La diferencia entre una función virtual pura y una función virtual vacía es ésta:

CAPÍTULO [10] Herencia

```
virtual int funcion_vacia(int numero) {}      //función virtual nula
virtual int funcion_pura( int numero) = 0     //función virtual pura
```

  PRECAUCIÓN: Desde un punto de vista semántico, la diferencia reside en el hecho de que una función pura no puede ser llamada; si esto sucede, el compilador emitirá un mensaje de error.

Una clase abstracta no se puede instanciar, pero se puede declarar un puntero a una clase abstracta.

El listado siguiente produce un error cuando se intenta compilar, debido a la invocación directa de una función virtual pura.

```
class A {
public:
virtual void imprimir() = 0;        //función virtual pura
};

void f()
{
A* a;
a -> imprimir();                    // error
}
```

Las clases abstractas, como ya se ha comentado, suelen estar en la parte superior o cerca de la raíz de una jerarquía de clases del uso correcto de una clase abstracta.

PLANTILLAS DE CLASES

Las *plantillas de clase* permiten definir clases genéricas que pueden manipular diferentes tipos de datos. Una aplicación importante es la implementación de *contenedores*, clases que contienen objetos de un tipo dato, tales como vectores (*arrays*), listas, secuencias ordenadas, tablas de dispersión (*hash*); en esencia, los contenedores manejan estructuras de datos.

Así, es posible utilizar una clase plantilla para crear una pila genérica, por ejemplo, que se puede instanciar para diversos tipos de datos predefinidos y definidos por el usuario. Puede tener también clases plantillas para colas, vectores (*arrays*), matrices, listas, árboles, tablas (*hash*), grafos y cualquier otra estructura de datos de propósito general.

Definición de una plantilla de clase

La sintaxis de la plantilla de clase es:

```
template <class nombretipo> class tipop {
  //...
};
```

 donde *nombretipo* es el nombre del tipo definido por el usuario utilizado por la plantilla –tipo genérico, `T`– y *tipop* es el nombre del tipo parametrizado para la plantilla (es decir, `tipop` es su *clase genérica*). `T` no está limitado a clases o tipos de datos definidos por el usuario y puede tomar incluso el valor de tipos de datos aritméticos (`integer`, `char`, `float`, etc.).

De acuerdo a la sintaxis propuesta, la plantilla para una clase genérica `Pila` se puede escribir así:

```
// archivo PILAGEN.H
// interfaz de una plantilla de clases para definir pilas

template <class T>
class Pila
{
  T datos[50];
  int elementos;
public:
  Pila():nElementos(0)   {}
  // añadir un elemento a la pila
  void Meter(T elem);
  // obtener un elemento de la pila
  T sacar();
  // número de elementos reales en la pila
  int Numero();
  // ¿está la pila vacía ?
  int vacía();
};
```

El prefijo `template <class T>` en la declaración de clases indica que se declara una plantilla de clase y que se utilizará `T` como el tipo genérico. Por consiguiente, `Pila` es una clase parametrizada con el tipo `T` como parámetro.

Con esta definición de la plantilla de clases `Pila` se pueden crear pilas de diferentes tipos de datos, tales como:

```
Pila <int> pila_ent;              // Una pila para variables int
Pila <float> pila_real;           // Una pila para variables float
```

De igual modo, se define una clase genérica `Array` como sigue:

```
template <class T> class Array
{
public:
  Array(int n = 16) {_pa = new T[_longitud = n];}
  Array() {delete[] _pa;}
  T& operator[] (int i);
// ...
private:
  T* _pa;
  int _longitud;
};
```

CAPÍTULO [10]   Herencia

Se puede crear, a continuación, diferentes tipos de arrays de la siguiente forma:

```
Array <int> intArray(128);          // Array de 128 elementos int
Array <float> fArray(32);           // Array de 32 elementos float
```

Consideremos la siguiente especificación de la clase plantilla `cola`, que contiene dos parámetros:

```
template <class elem, int tamaño> class cola {
  int tamaño;
  ...
public;
  cola(int n);
  int(vacia);
  ...
};
```

La clase plantilla `cola` tiene dos parámetros plantilla: una variable de tipo `elem`, que especifica el tipo elemento `cola`, y `tamaño`, que especifica el tamaño de la cola.

Algunas definiciones de variables que ilustran el uso de la plantilla `cola`:

```
cola <int, 2048> a;
cola <char, 512> b;
cola <char, 1024> c;
cola <char, 512*2> d;
```

Dos nombres de clase plantillas se refieren a las mismas clases, sólo si los nombres de plantillas son idénticos y sus argumentos tienen valores idénticos. En consecuencia, sólo las variables c y d tienen los mismos tipos.

La implementación de una clase plantilla requerirá unas funciones constructor, destructor y miembros.

Así, una definición de un constructor de plantilla tiene el formato:

```
template <declaraciones-parámetro-plantilla>
        nombre-clase <parámetros-plantilla>::nombre_clase
{
  // ...
}
```

El cuerpo del constructor de la plantilla `cola`:

```
template <class elem, int tamaño>
  cola <elem, tamaño>::cola (int n)
{
  ...
}
```

Las definiciones de destructores son similares a las definiciones de los constructores.

[301]

 Una definición de una función miembro vacía de una plantilla de la clase cola tiene el formato siguiente:

```
template <declaraciones-parámeteros-plantilla> tipo-resultado
         nombre-clase <parámetros-plantilla>::
         nombre-func-miembro(declaraciones-parámetros)
{
  // ...
}
```

Como ejemplo de la sintaxis anterior se puede definir la función vacía de la clase plantilla cola

```
template <class elem, int tam> int cola<elem, tam>::vacía()
{
  // ...
}
```

Instanciación de una plantilla de clases

Al igual que con las plantillas de funciones, se pueden instanciar las plantillas de clases. Una *clase plantilla* es una clase construida a partir de una plantilla de clases. La plantilla de clases ha de ser instanciada para manipular los objetos del tipo adecuado. Es decir, cuando el compilador se encuentra especificado de tipo plantilla, tal como:

```
cola <int, 2048> a;
```

la primera vez toma los argumentos dados para la plantilla y construye una definición de clase automáticamente. (Fig. 10.11.)

Figura 10.11. Instanciación de una plantilla.

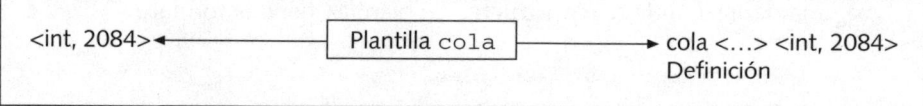

Utilización de una plantilla de clase

La manipulación de una plantilla de clase requiere tres etapas:

- Declaración del tipo parametrizado (por ejemplo Pila).
- Implementación de la pila.
- Creación de una instancia específica de pila (por ejemplo, datos de tipo entero -int- o carácter -char-).

Así, por ejemplo, supongamos que se desea crear un tipo parametrizado Pila con las funciones miembro poner y quitar.

CAPÍTULO [10] Herencia

Declaración de la plantilla `Pila`

```
template <class Tipo>
class Pila {
public:
  Pila();
  Bool poner(const Tipo);            // meter elemento en la pila
  Bool quitar(Tipo);                 // sacar elemento de la pila
private:
  Tipo elementos[MaxElementos];      // elementos de pila
  int cima;                          // cima de la pila
};
```

Implementación de la pila

```
template <class Tipo>
Pila <Tipo> :: Pila()
{
  cima = -1;
}

template <class Tipo>                // función miembro poner
Bool Pila <Tipo>:: poner(const Tipo item)
{
  if(cima <MaxElementos -1)  {
          elementos[++cima] = item;
          return TRUE;
  }
  else {
          return FALSE;
  }
}

template <class Tipo>
Bool Pila <Tipo>:: quitar(Tipo& item)
{
  if (cima  < 0) {
          return FALSE;
  }
  else {
          item = elementos[cima--];
          return TRUE;
  }
}
```

Instanciación de la plantilla de clases

Una instancia de una pila específica se puede instanciar mediante

```
Pila <int> pila_ent;                 // pila de enteros
Pila <char> pila_car;                // pila de caracteres
```

[303]

IMPORTANTE: Mediante un tipo parametrizado no se puede utilizar una pila que se componga de tipos diferentes. Posteriormente se verá qué objetos polimórficos podrían realizar el efecto de tener tipos diferentes de objetos procesados a la vez, aunque no siempre esto es lo que se requiere.

Argumentos de plantillas

Los argumentos de plantilla no se restringen a tipos, aunque éste sea el uso predominante. Los parámetros de una plantilla pueden ser cadenas de caracteres, nombres de funciones y expresiones de constantes.

Un caso interesante es el uso de una constante entera para definir el «tamaño» de una estructura de datos de tipo genérico. Por ejemplo, el siguiente código declara un vector genérico de n elementos

```
template <class T, int n>
class vector
{
  T datos[n];
  // ...
};
```

Este argumento constante puede incluso tener un valor por defecto, tal como argumentos normales de funciones. La regla de compatibilidad de tipos entre instancias de argumentos de plantilla permanece igual: dos instancias son compatibles si sus argumentos tipo son iguales y sus argumentos expresiones tienen el mismo valor. Esta regla significa que las declaraciones siguientes definen dos objetos compatibles:

```
Vector <float, 100> V1,
Vector <float, 25*4> V2;
```

Aplicaciones de plantillas de clases

Aplicación 1

Diseño de una plantilla de clase Pila. Su código fuente se recoge en el archivo PilaGen1.h.

Aplicación 2

Diseño de la plantilla de clase Pila, con separación de archivos de cabecera (PILAGEN2.h) y archivo de implementación (PILAGEN2.CPP).

Estas clases de vectores genéricos o arrays son muy útiles. Por ejemplo, se puede rescribir la clase plantilla Pila sin tener que especificar un número fijo de elementos. También se puede añadir fácilmente una función para comprobar si la pila está llena. El interfaz de la clase es el siguiente:

CAPÍTULO [10]   Herencia

```
// archivo PILAS.H
// interfaz de una plantilla de clases para definir pilas
// con el número de elementos definidos en la instanciación

template <class T, int nE1 = 100> class Pila
{
  T datos[nE1];
  int nElementos;
public :
  Pila():nElementos(0)
  ()
  // añade un elemento a la pila
  void Poner (T elem);
  // obtener un elemento de la pila
   T Quitar();
  // número de elementos reales en la pila
  int Numero();
  int Vacía();//¿está la pila vacía?
  int Llena();// ¿está la pila llena?
};
```

La definición de las funciones miembro utiliza una sintaxis tal vez más compleja para especificar los dos parámetros de plantilla, como se muestra a continuación:

```
// archivo PILAS.CPP
// definición de funciones miembro de una plantilla de clase
// Pila con un número indefinido de elementos.
#include "Pilas5.h"

template <class T, int nE1>
void Pila <T, nE1>::Poner(T elem)
{
  datos[nElementos] = elem;
  nElementos++;
}

template <class T, int nE1>
T Pila <T, nE1>::Quitar()
{
  nElementos--;
  return datos[nElementos];
}

template <class T, int nE1>
int Pila <T, nE1>::Numero()
{
  return nElementos;
}

template <class T, int nE1>
int Pila <T, nE1>::Vacia()
{
```

```
  return(nElementos == 0);
}

template <class T, int nE1>
int Pila <T, nE1>::Llena()
{
  return(nElementos == nE1);
}
```

Una propiedad interesante de esta clase es que es «compatible» con la anterior, dado que el segundo parámetro se puede omitir, utilizando el valor por defecto en el siguiente ejemplo:

```
// archivo USAPILAS5.CPP
// ejemplo de una instancia de una plantilla de clase Pila con un
// número genérico de elementos

#includde "Pilas5.cpp"

void main()
{
  // definición de una pila de números enteros (tamaño por defecto)
  Pila <int> PilaEnt;
    // definir una pila pequeña de datos double
  Pila <double, 5> miniPila;
}
```

UNA PLANTILLA PARA MANEJO DE PILAS DE DATOS

Se trata de diseñar una clase `Pila` que permita manipular pilas de diferentes tipos de datos. Una *pila* es una estructura de datos que permite almacenar datos, de modo que el último dato en *entrar* en la pila es el primero en *salir*.

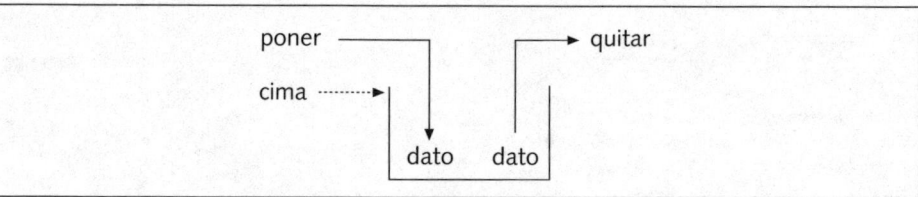

Figura 10.12. Estructura de datos *pila*.

Las operaciones que se consideran son `poner`, `quitar` y `visualizar`.

```
// archivo PILA1.CPP

enum estado_pila {OK, LLENA, VACIA};

template <class T> class Pila
```

```
{
public :
  Pila(int _longitud = 10);
  ~Pila()   {delete[] tabla;}
  void poner(T);
  T quitar();
  void visualizar();
  int num_elementos();
  int leer_long()   {return longitud;}
private :
  int longitud;
  T* tabla;
  int cima;
  estado_pila estado;
};
```

En la declaración anterior se considera el tipo genérico T. `Pila` es una clase parametrizada por un tipo T y se representa con la notación `Pila <T>`.

Definición de las funciones miembro

La declaración de cada función se precede por `template <class T>` que indica al compilador que la función está parametrizada por el tipo .

```
template <class T> Pila <T>::Pila(int _longitud)
{
  longitud = _longitud;
  tabla    = new T[longitud];
  cima     = 0;
  estado   = VACIA;
}

template <class T> void Pila <T>::poner(T _elemento)
  if (estado != LLENA)
  else
            cout << "*** Pila llena ***" << endl;
  if (cima >= longitud)
            estado = LLENA;
else
  estado = OK;
}

template <class T> T Pila <T>::quitar()
{
  T elemento = 0;

  if (estado != VACIA)
            elemento = tabla[--cima];
  else
  cout << "*** Pila vacía ***" << endl;

  if (cima <= 0)
```

```
                estado = VACIA;
    else
                estado = OK;
    return elemento ;


template <class T> void Pila <T>::visualizar()
{
  for (int i = cima-1; i >= 0, i--)
            cout <<"[" << tabla[i] << "] " << endl;
}
template <class T> int Pila<T>:: num_elementos()
{
    return cima;
}
```

Utilización de una clase plantilla

La manipulación de la pila con diversos tipos de datos se puede comprobar con el siguiente programa:

```
void main()
{
  // Pila de enteros

Pila <int> p1(6);

p1.poner(6);
p1.poner(12);
p1.poner(18);

cout << "Número de elementos :" << p1.num_elementos() << endl;
p1.visualizar();

cout <<"Quitar 1:" << p1.quitar() << endl;
cout <<"Quitar 2:" << p1.quitar() << endl;
cout <<"Quitar 3:" << p1.quitar() << endl;
cout <<"Número de elementos:" <<p1.num_elementos() << endl;
cout <<"Quitar 4:" << p1.quitar() << endl;

cout << endl;

// Pila de enteros largos
Pila <long> p2(6);

p2.poner(60000L);
p2.poner(1000000L);
p2.poner(2000000L);

cout <<"Número de elementos:" << p2.num_elementos() << endl;
p2.visualizar();
```

CAPÍTULO [10]   Herencia

```
cout <<"Quitar 1:" << p2.quitar() << endl;
cout <<"Quitar 2:" << p2.quitar() << endl;
cout <<"Quitar 3:" << p2.quitar() << endl;
cout <<"Número de elementos:" <<p2.num_elementos << endl;
cout <<"Quitar 4:" << p2.quitar() << endl;

Pila <double> p3(6);

p3.poner(6.6);
p3.poner(12.12);
p3.poner(18.18);

cout <<"Número de elementos:" << p3.num_elementos() << endl;
p3.visualizar();

cout << "Quitar 1:" <<p3.quitar() << endl;
cout << "Quitar 2:" <<p3.quitar() << endl;
cout << "Quitar 3:" <<p3.quitar() << endl;
cout << "Número de elementos:" << p3.num_elementos()
cout << "Quitar 4:" <<p3.quitar() << endl;
}
```

La ejecución de este programa proporciona la siguiente salida:

```
Número de elementos: 3
[18]
[12]
[6]
Quitar 1: 18
Quitar 2: 12
Quitar 3: 6
Números de elementos: 0
*** Pila vacía ***
Quitar 4: 0

Número de elementos: 3
[2000000]
[1000000]
[60000]
Quitar 1: 2000000
Quitar 2: 1000000
Quitar 3: 60000
Número de elementos: 0
*** Pila vacía ***
Quitar 4: 0

Número de elementos: 3
[18.18]
[12.12]
[6.6]
Quitar 1: 18.18
Quitar 2: 12.12
Quitar 3: 6.6
Número de elementos: 0
    *** Pila vacía ***
   Quitar 4: 0
```

Otro método de implementación de la estructura pila se muestra en el archivo `PilaGen.h`.

```
// FICHERO. PilaGen.h

#ifndef PILAGEN4_H
#define PILAGEN4_H

template <class Tipo>
class Pila
{
public :
  Pila();
  Pila(const unsigned n);
  ~Pila();
  void Vaciar();
  void Poner(const Tipo & x);
  Tipo Quitar();
  Tipo Cima() const;
  int Vacía() const;
  int Llena() const;
private :
  unsigned max ;
  unsigned cima;
  Tipo * valor;
};

template <class Tipo>
Pila<Tipo>::Pila():
  max(100),
  cima(0),
  valor(new Tipo[max])
{}

template <class Tipo>
Pila<Tipo>::Pila(const unsigned n):
  max(n),
  cima(0),
  valor(new Tipo[max])
{}

template <class Tipo>
Pila<Tipo>::~Pila()
{
  delete []valor;
}

template <class Tipo>
void Pila<Tipo>::Vaciar()
{
  cima = 0;
}

template <class Tipo>
void Pila<Tipo>::Poner(const Tipo & x)
```

```
{
   valor[cima++] = x ;
}

template <class Tipo>
Tipo Pila<Tipo>::Quitar()
{
   return valor[--cima];
}

template <class Tipo>
Tipo Pila<Tipo>::Cima() const
{
   return cima == 0;
}

template <class Tipo>
int Pila<Tipo>::Llena() const
{
   return cima >= max;
}

#endif // PILAGEN4_H
```

Instanciación de una clase plantilla con clases

Una clase plantilla se puede instanciar con cualquier tipo de dato; por ejemplo, en la aplicación anterior `Pila` con objetos de *tipo Complejo* o *tipo Cadena*. Así, por ejemplo, suponiendo que se dispone de dos clases, `Complejo` y `Cadena`, que permiten realizar operaciones sobre números complejos y cadenas de caracteres (*strings*). Se instancia fácilmente la plantilla `Pila` para manipular los tipos de datos citados.

```
void main()
{
   // Pila de complejos
   Pila <Complejo> p1(5);

p1.poner(Complejo(5, -4));
p1.poner(Complejo(10, -2));
p1.poner(Complejo(15, -3));

cout << "Número de elementos :" << p1.num_elementos()<< endl;
p1.visualizar();

// Pila de Cadenas

Pila <Cadena> p2(5);

p2.poner("Prueba primera");
p2.poner("Prueba segunda");
p2.poner("Prueba tercera");
```

```
cout << " Número de elementos :" << p2.num_elementos() << endl;
p2.visualizar();
}
```

Uso de las plantillas de funciones con clases

Las funciones plantilla se pueden utilizar con clases. Como es normal, la clase definirá la operación realizada sobre el objeto en la función plantilla. En el programa siguiente, la función plantilla min opera sobre los elementos de una clase numérica.

```
// archivo PLANTI.CPP
// ejemplo de función plantilla utilizada con una clase

template <class T> T min(T a, T b)
{
  if (a < b)
          return a;
  else
          return b;
}

class Numero
{
  long num;
public:
  Numero(long n):num(n)
  {}
  long Valor()
  {
          return num;
  }

  operator < (Numero n2)
  {
          return num < n2.Valor();
  }
};

void main()
{
  Numero nn1 = 15;
  Numero nn2 = 25;
  Numero nn3 = min(nn1, nn2);
}
```

APÉNDICE

[A]

Microsoft Visual C++ 6.0

[Notas]

[Microsoft Visual C++ 6.0]

¿QUÉ ES VISUAL C++?

Microsoft Visual C++ 6.0 es una herramienta que facilita enormemente la programación para Windows. Esta herramienta está apoyada en el lenguaje C++, tomando sus capacidades para la programación orientada a objetos como parte fundamental de las herramientas de desarrollo que integran Visual C++.

Existen tres versiones de Visual C++ 6.0: Standard, Professional y Enterprise. Este libro utiliza la edición Enterprise.

EL PROGRAMA VISUAL C++

Microsoft presentó el 29 de junio de 1998 la versión 6.0 del sistema de desarrollo Microsoft Visual C++, a su vez perteneciente al sistema de desarrollo Microsoft Visual Studio 6.0. Visual C++ es una de las herramientas más productivas de C++ para desarrollo de altas prestaciones para Windows y de Web. Ha introducido la tecnología IntelliSense que permite a los desarrolladores escribir código más rápido y más fácilmente. Asimismo, incorpora nuevas herramientas de depuración Edit y Continue que facilitan la depuración de programas.

Visual C++ se comercializa en tres diferentes tipos de ediciones: Standard, Professional y Enterprise.

Edición Standard (Estándar)

La edición Estándar y a la vez más económica es una herramienta de aprendizaje para construir y reutilizar componentes. De igual modo, facilita la creación de Controles ActiveX, así como el desarrollo de aplicaciones en Internet en un entorno visual integrado.

Edición Professional (Profesional)

Visual C++ 6.0 edición Profesional ofrece un sistema de desarrollo de componentes robusto, herramientas de bases de datos potentes así como soporte Internet completo para construir soluciones de negocio estratégicas.

Edición Enterprise (Empresa)

Visual C++ 6.0 edición Empresa ofrece la posibilidad de crear aplicaciones evolutivas en varios niveles para Windows y de Web, gracias a la puesta en marcha optimizada del desarrollo de objetos COM, SG2 e Internet.

Permite crear aplicaciones escalables multicapas para Windows y la Web. Extiende su productividad con soporte optimizado para desarrollo de Internet, SQL y COM. Esta versión está especialmente concebida para aplicaciones de bases de datos y de Internet.

Características comunes

La edición Estándar incluye excelentes tutoriales. Todas las versiones tienen las siguientes características:

- Tecnología IntelliSense.
- Edit y Continue.
- Actualización Dynamic ClassView.
- Wizards mejorados.
- Compilador más rápido.
- Biblioteca MFC (Microsoft Foundation Class) mejorada.
- Biblioteca ATL (Active Template Library).
- Controles compuestos.
- Wizards de proveedor y contenidos OLE DB.

Versiones Profesional y Empresa

- Compilador optimizado mejorado.
- Retardo de importaciones de carga.
- Aplicaciones MFC más rápido.

Requisitos del sistema

Los requisitos dados por Microsoft para instalar y ejecutar Visual C++ no son muy críticos, aunque es cierto que estos valores sólo sirven –normalmente– para versiones bajas. Así, los requisitos más sobresalientes a exigir al sistema son:

- Procesador 486/66 MHz o superior (se recomienda Pentium, Pentium II o superior).
- Windows 95 o superior, Windows NT versión 4.0 con Service Pack 3 o posterior.
- 24 MB de RAM para Windows 95; 24 MB de RAM para Windows NT 4.0 (se recomienda 32 MB de RAM para Windows 95; 32 MB de RAM para Windows NT 4.0).
- Los discos duros que se requieren son:

    Edición estándar: 225 MB (típica); 305 MB (máxima)
    Edición profesional: 290 MB (típica); 375 MB (máxima)
    Edición empresa: 290 MB (típica); 375 MB (máxima)

- Unidad de CD-ROM.
- Monitor VGA o superior.
- Ratón o dispositivo apuntador.

INSTALACIÓN DEL SOFTWARE

Para instalar Microsoft Visual C++ 6.0 se debe insertar el CD con Visual Studio 6.0 (o el que esté etiquetado como primero si se tiene más de uno) en la unidad de CD-ROM. Si está activada la opción de autoarranque, el programa de instalación se ejecutará automáticamente; si el programa de instalación no se ejecuta, deberemos ejecutar el archivo `Setup.exe` del CD.

Visual Studio 6.0 incluye, además de Visual C++ 6, Visual J++ 6, Visual Basic 6 y otros entornos de desarrollo. Algunos puntos de la instalación pueden ser diferentes, dependiendo de qué entornos de desarrollo se encuentren disponibles en su (o sus) CD. Además, existen tres versiones de Visual C++ 6, lo que también puede suponer alguna diferencia en la instalación.

El proceso de instalación comienza con la ventana, en la que se nos informa de que dispondremos de los botones *Next* y *Back* en la mayor parte de las ventanas. Con el botón *Next* podremos pasar la siguiente ventana del proceso de instalación, mientras que con el botón *Back* podremos volver a la anterior para modificar las decisiones que hayamos tomado. También dispondremos del botón *Exit*, que nos permite abortar el proceso de instalación.

Después de esta ventana informativa, se nos pide que aceptemos la licencia de uso del software. A continuación debemos introducir el número de producto, nuestro nombre y el nombre de la compañía.

Los siguientes pasos dependen del software que tengamos instalado en el ordenador. Primero chequea nuestra computadora para comprobar si se encuentra instalado Internet Explorer 4.01 (4.72.3110.8). Si no disponemos de él nos advierte que es necesario y que debemos instalarlo. Después chequea si dispone-

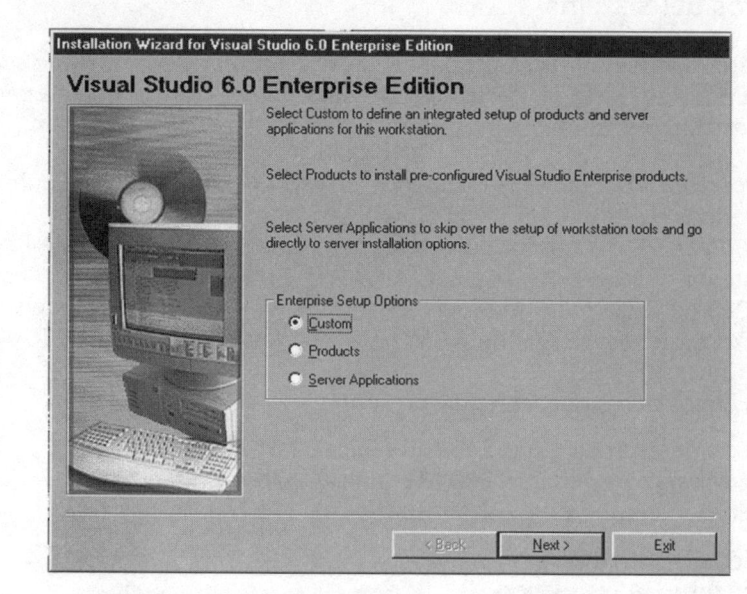

Figura A.1.
Tipo de instalación.

mos de DCOM 98, recomendándonos su instalación en caso de que no dispongamos de él. Cuando termina la instalación de DCOM 98 (si ha sido el caso) el sistema operativo debe reiniciarse, aunque el proceso de instalación del Visual C++ continuará por el siguiente paso cuando se vuelva a encender (prender) la computadora.

A continuación, debemos elegir el tipo de instalación que se desea de entre las tres posibles: *Custom* nos permite realizar una instalación personalizada, en la que podemos elegir qué componentes queremos instalar; *Products* realiza una instalación estándar, y *Server Applications* instala las aplicaciones de servidor. Elegimos *Custom* y se continúa.

La siguiente etapa es elegir la carpeta en la que se va a instalar el software. Podemos poner la ruta completa en el cuadro de diálogo o utilizar el botón *Browse* para seleccionar la carpeta.

Llegados a este punto, empieza la instalación de los componentes de Visual Studio. Primero se proporciona una ventana de bienvenida y a continuación otra en la que se nos da el identificador para llegar a la ventana de selección de componentes. Como se puede ver en la Figura A.2, disponemos del botón *Change Option...* que nos permite seleccionar los elementos de algunos componentes. En el siguiente apartado se explica con mas detenimiento aquellos componentes importantes para la instalación de Visual C++.

Una vez que hemos seleccionado los componentes, se debe elegir la versión de Visual SourceSafe Database Format (VSS DB) que se desea instalar. Si tenemos algún entorno de desarrollo (Visual Basic o Visual J++) de una versión anterior que no vamos a actualizar, no deberemos instalar la nueva versión de VSS DB.

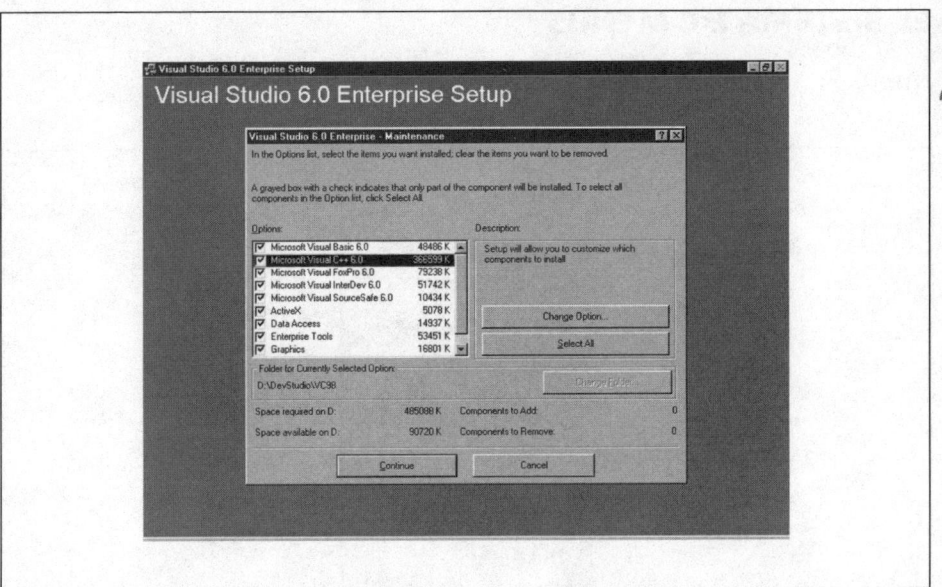

Figura A.2. Componentes de Visual Studio 6.0

A continuación comienza la copia de archivos del CD a nuestra computadora, y al terminar se pide que reiniciemos la computadora.

Cuando se vuelve a encender la computadora se inicia la última fase de la instalación. En esta fase se puede instalar (si disponemos de los CD) *Microsoft Developer Network*, o MSDN, que contiene la ayuda acerca de todos los componentes de Visual Studio. También se pueden instalar varias herramientas adicionales, como InstallShield o Visual Studio Analycer. El último paso de la instalación es el registro a través de la Web.

¿QUÉ ES DEVELOPER STUDIO?

Developer Studio es un entorno integrado para el desarrollo de software que proporciona la interfaz principal para acceder a las herramientas de Visual C++. Developer Studio nos proporciona una serie de vistas gráficas del proyecto que se está desarrollando, de forma que podamos acceder rápidamente a una parte del código o a una barra de herramientas sin necesidad de buscar en todos los archivos.

Developer Studio permite la creación, compilación, enlazado y prueba de programas para Windows.

EL SISTEMA DE MENÚS
Menú File

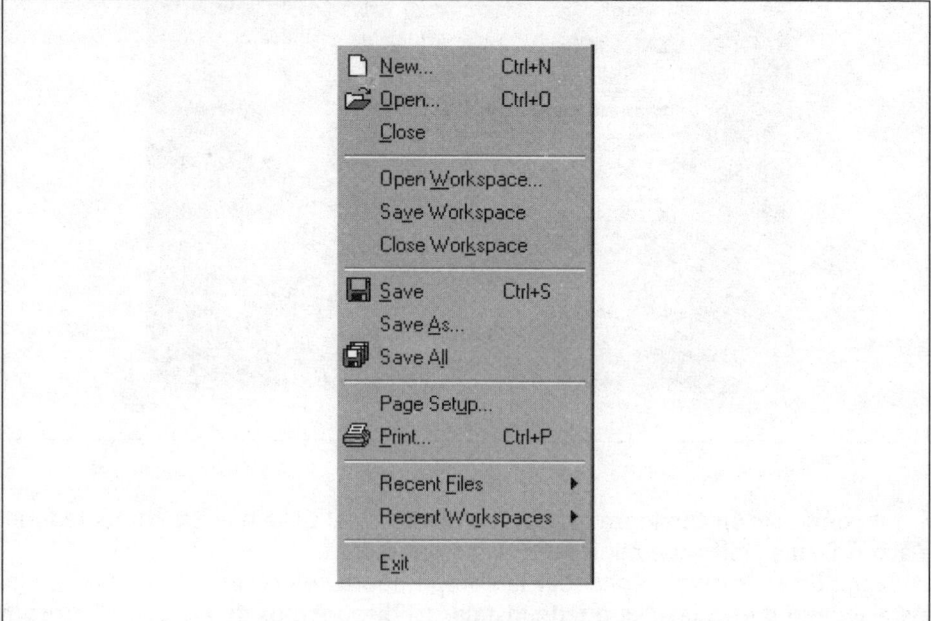

Figura A.3.
Menú File.

Tabla A.1. Descripción del menú File.

Orden	Descripción
New	Permite abrir nuevos archivos, proyectos, espacios de trabajo u otros documentos.
Open	Permite abrir archivos, proyectos, espacios de trabajo u otros documentos. Por defecto abre archivos de código (.cpp).
Close	Cierra el archivo o recurso que se esté viendo en la zona de edición.
Open Workspace...	Abre un proyecto o un espacio de trabajo creado anteriormente. Tanto la zona de vistas como la zona de edición mostrarán los mismos contenidos que se estaban visualizando la última vez.
Save Workspace	Guarda un proyecto o un espacio de trabajo. Se incluyen los archivos de código y recursos que hayan sido modificados, la configuración, las vistas y ventanas abiertas, etc.

(Continúa)

Tabla A.1. Descripción del menú File *(Continuación)*.

Orden	Descripción
Close Workspace	Cierra un proyecto o un espacio de trabajo. Al cerrar se pregunta si se desea cerrar todos los archivos abiertos en la zona de edición o, por el contrario, se mantienen abiertos aunque se cierre el proyecto.
Save	Guarda las modificaciones del archivo que se encuentre abierto y visible en la zona de edición.
Save As...	Nos permite guardar, con otro nombre de archivo distinto del actual, las modificaciones del archivo que se encuentre abierto y visible en la zona de edición.
Save All	Guarda las modificaciones de todos los archivos que se encuentre abiertos en la zona de edición.
Page Setup...	Permite configurar los márgenes y el encabezado y pie de página con los que se imprimirán los listados.
Print...	Imprime el archivo completo que se está editando o una zona previamente seleccionada del mismo.
Recent Files	Mantiene una lista con los últimos archivos abiertos.
Recent Workspaces	Mantiene una lista con los últimos proyectos y espacios de trabajo abiertos.
Exit	Termina la ejecución de Visual Studio.

Menú Edit

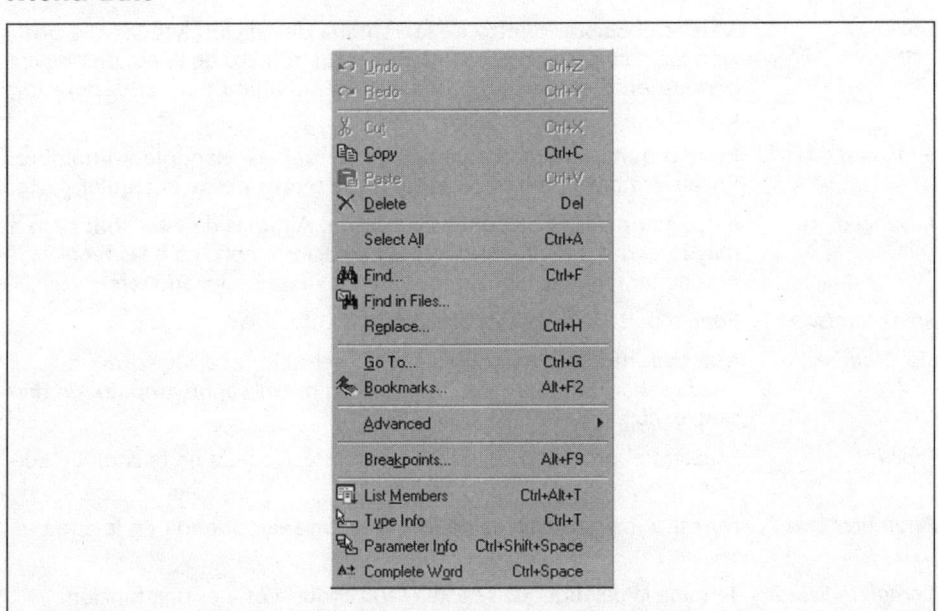

Figura A.4. Menú Edit.

Tabla A.2. Descripción del menú Edit.

Orden	Descripción
Undo	Anula las últimas modificaciones efectuadas en la ventana de edición.
Redo	Pone la ventana de edición en el estado en que se encontraba antes de la ejecución de la orden **Undo**.
Cut	Copia el elemento seleccionado en la zona de edición al portapapeles, borrándolo de la zona de edición. El elemento no se borrará hasta que se ejecute la orden **Paste**.
Copy	Copia el elemento seleccionado en la zona de edición al portapapeles.
Paste	Inserta el contenido del portapapeles (obtenido mediante una orden **Cut** o **Copy**) en la posición actual de la zona de edición.
Delete	Borra el elemento seleccionado.
Select All	Permite seleccionar todo el contenido de la ventana activa en la zona de edición, generalmente para copiar, mover o borrar.
Find	Busca una cadena de caracteres en la ventana de edición activa. Se puede seleccionar búsqueda con o sin mayúsculas, la dirección de búsqueda desde la posición actual, la cadena completa, que busque en todas las ventanas de edición, etc.
Find in Files	Permite buscar la cadena especificada en un conjunto de archivos. Podemos seleccionar los archivos mediante el uso de metacaracteres, así como especificar en qué parte del árbol de directorios queremos buscar.
Replace	Busca una cadena de caracteres en la ventana de edición activa, permitiéndonos sustituirla por otra. Permite diversos patrones para la búsqueda y sustitución.
Go To...	Mueve el cursor, dentro de la ventana de edición activa, a la posición elegida. Esta posición puede ser un número de línea, una marca previamente establecida, una expresión válida para el depurador, etcétera.
Bookmarks	Pone o quita una marca de la línea actual, asociándole un nombre. Posteriormente podremos saltar a esa marca desde cualquier parte.
Advanced	Dispone de varias opciones de edición. Algunas de ellas son: paso a mayúsculas o a minúsculas, ver los espacios en blanco o las tabulaciones, poner o quitar tabulaciones a un texto seleccionado, etc.
Breakpoints...	Pone o quita breakpoints del código fuente.
List Members	Muestra información sobre el texto seleccionado, de forma que se pueda saber si es una clase, una función miembro, un atributo, un tipo simple, etc.
Type Info	Muestra el prototipo de una función seleccionada en la zona de edición.
Parameter Info	Muestra los parámetros de una función seleccionada en la zona de edición.
Complete Word	Termina la palabra que se está escribiendo, si ésta es una función.

Menú View

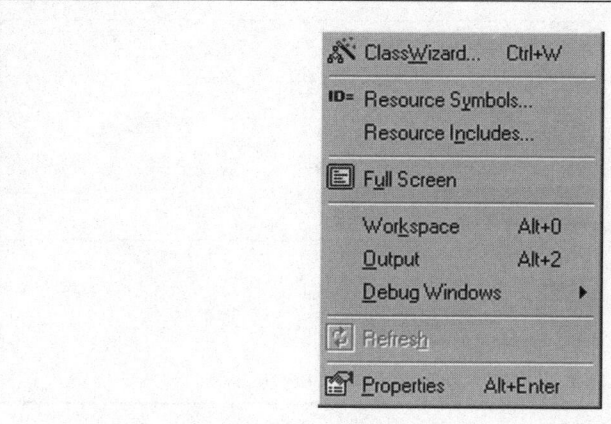

Figura A.5.
Menú View.

Tabla A.3. Descripción del menú View.

Orden	Descripción
ClassWizard...	Ejecuta el asistente para clases ClassWizard
Resource Symbols...	Permite ver los identificadores de recursos definidos en nuestra aplicación.
Resource Includes...	Información sobre los archivos de cabecera referentes a recursos.
Full Screen	Muestra la zona de edición ocupando toda la pantalla. Oculta los menús y barras de herramientas de Developer Studio así como la barra de tareas del sistema operativo.
Workspace	Muestra la zona de vistas si ésta ha sido cerrada por algún motivo.
Output	Muestra la zona de resultados de compilación, enlazado, depuración y búsqueda en archivos.
Debug Windows	Permite elegir las ventanas que se desea que aparezcan cuando se está depurando un programa.
Properties	Muestra un cuadro de diálogo con las propiedades del elemento que se encuentre seleccionado o en el que se encuentre el cursor.

Menú Insert

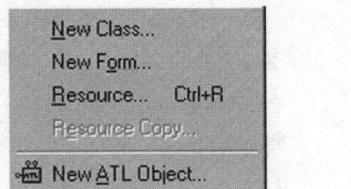

Figura A.6. Menú Insert.

Tabla A.4. Descripción del menú Insert.

Orden	Descripción
New Class...	Permite añadir una clase a la aplicación. Es el mismo diálogo que el presentado en el asistente ClassWizard al seleccionar **Add Class**.
New Form...	Permite añadir un nuevo formulario a la aplicación.
Resource...	Permite insertar un nuevo recurso en la aplicación.
Resource Copy...	Realiza una copia de un recurso.
New ATL Object...	Inserta un objeto perteneciente a la biblioteca ATL en la aplicación.

Menú Project

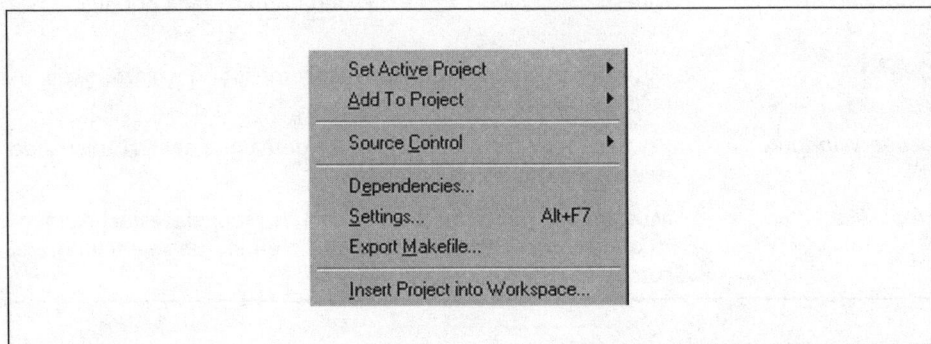

Figura A.7. Menú Project.

[324]

Tabla A.5. Descripción del menú Project.

Orden	Descripción
Set Active Project	Selecciona el proyecto que queremos activo cuando el espacio de trabajo contiene más de un proyecto.
Add to Project	Permite añadir a nuestro proyecto archivos, recursos, carpetas y otros componentes.
Source Control	Permite controlar varias versiones de código realizadas por varios programadores simultáneamente.
Dependencies...	Permite establecer las dependencias de un proyecto con respecto a otros.
Settings...	Muestra un diálogo con las opciones generales, de compilación, de enlazado, de depuración, de recursos y de construcción que se van a aplicar a nuestro proyecto.
Export Makefile...	Crea un fichero de descripción con las órdenes necesarias para compilar y enlazar una aplicación mediante la utilidad **NMake**, en lugar de hacerlo con el entorno.
Insert Project into Workspace...	Permite añadir un proyecto existente al espacio de trabajo actual.

Menú Build

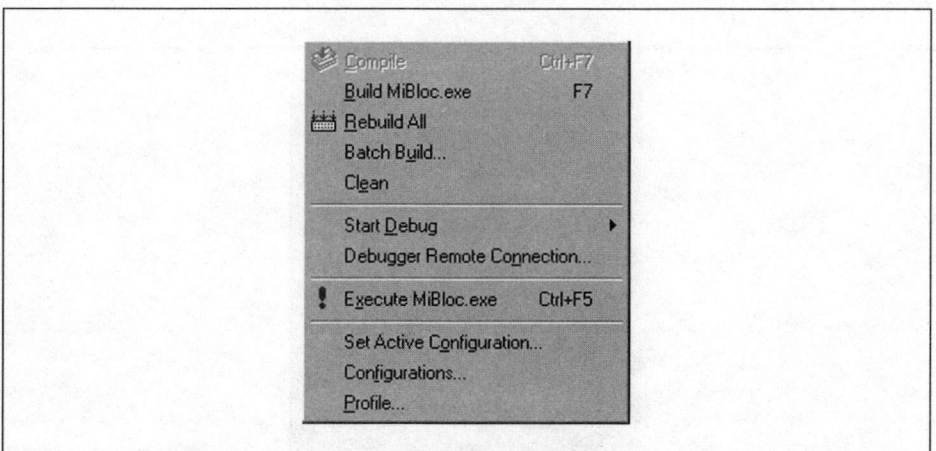

Figura A.8.
Menú Build.

Tabla A.6. Descripción del menú Build.

Orden	Descripción
Compile	Compila el archivo que se encuentre abierto en la zona de edición. Este archivo debe ser de código en C/C++.
Build miproy.exe	Compila y enlaza los archivos que componen el proyecto para obtener el archivo ejecutable o DLL. Este proceso es incremental, de forma que sólo se compilan y/o enlazan aquellos archivos que han sido modificados desde la última vez que se ejecutó una orden **Build**.
Rebuild All	Compila y enlaza todos los archivos que componen el proyecto para obtener el archivo ejecutable o DLL, ignorando si se ha realizado este proceso con anterioridad.
Bach Build...	Realiza el proceso de compilación y enlazado de la aplicación en diferido.
Clean	Elimina todos los archivos de código intermedio que se hayan generado en la aplicación.
Start Debug	Inicia el proceso de depuración interactiva de la aplicación.
Debugger Remote Connection...	Permite realizar la depuración a través de red.
Execute miproy.exe	Ejecuta la aplicación. Si el archivo ejecutable no existe lo construye mediante la orden **Build miproy.exe**.
Set Active Configuration...	Permite establecer la configuración activa para un proyecto.
Configurations...	Permite crear o eliminar configuraciones de un proyecto.
Profile...	Muestra un cuadro de diálogo que permite manejar una herramienta para la evaluación del rendimiento del código de una aplicación.

Menú Tools

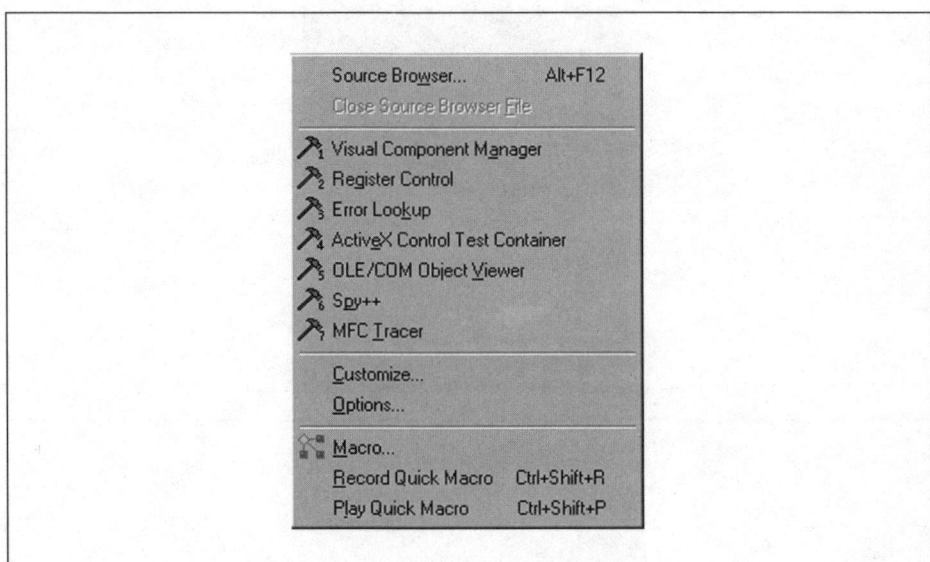

Figura A.9. Menú Tools.

Tabla A.7. Descripción del menú Tools.

Orden	Descripción
Source Browser...	Activa la herramienta que muestra información sobre los símbolos de un programa (clases, funciones variables, etc.).
Close Source Browser	Desactiva la herramienta que muestra información sobre los símbolos de un programa.
Customize...	Permite configurar los iconos de las barras de herramientas, las teclas rápidas (*Hot Keys*) y las macros.
Options...	Configura los directorios del compilador, las opciones del editor, etcétera.
Macro...	Permite crear, modificar, borrar y ejecutar macros.
Record Quick Macro	Crea una macro sin nombre ni información asociada. Esta macro sólo estará disponible hasta que se grabe otra macro rápida.
Play Quick Macro	Ejecuta la última macro rápida que fue grabada.

Menú Window

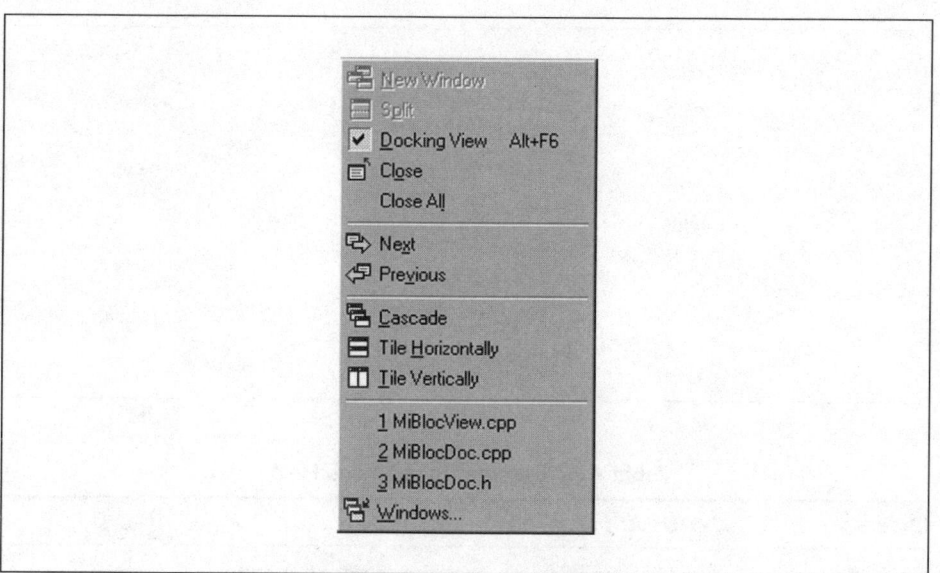

Figura A.10. Menú Window.

Tabla A.8. Descripción del menú Window.

Orden	Descripción
New	Abre una nueva ventana en la zona de edición.
Split	Divide la ventana de edición en dos mitades.
Close	Cierra la ventana actual de la zona de edición. Pide conformidad si el contenido de la misma no ha sido guardado.

(Continúa)

Tabla A.8. Descripción del menú Window *(Continuación)*.

Orden	Descripción
Close All	Cierra todas las ventanas de la zona de edición. Pide conformidad para aquellas ventanas cuyo contenido no ha sido guardado.
Next	Pasa a la siguiente ventana de la zona de edición.
Previous	Vuelve a la ventana anterior de la zona de edición.
Cascade	Coloca las ventanas de la zona de edición en cascada.
Tile Horizontally	Muestra todas las ventanas abiertas en la zona de edición dividiendo horizontalmente el espacio.
Tile Vertically	Muestra todas las ventanas abiertas en la zona de edición dividiendo verticalmente el espacio.
Windows...	Muestra un diálogo con todas las ventanas de edición abiertas para que se pueda ir a cualquiera de ellas, guardar su contenido en disco o cerrarlas.

Menú Help

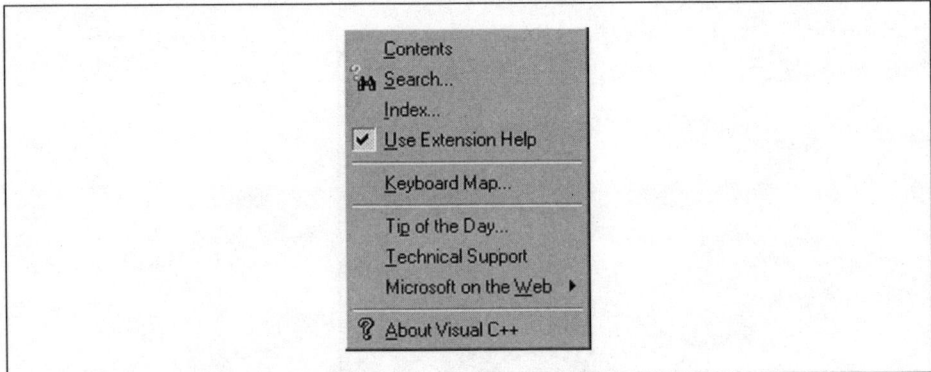

Figura A.11. Menú Help.

Tabla A.9. Descripción del menú Help.

Orden	Descripción
Contents...	Muestra la ayuda organizada por contenidos.
Search...	Permite buscar en la ayuda según un criterio.
Index	Muestra el índice de la ayuda.
Keyboard Map...	Muestra las combinaciones de teclas que tiene asociado el entorno.
Tip of the Day...	Muestra el cuadro de diálogo con el *'Consejo del día'*.
Technical Support	Muestra la información relativa al soporte técnico (localización, teléfono, etc.), si está disponible.
Microsoft on the Web	Dispone de varios enlaces a algunas páginas web de Microsoft.
About Visual C++	Muestra la información sobre la versión, licencia y usuario del Visual C++ y Developer Studio.

APÉNDICE [A] Microsoft Visual C++ 6.0

APLICACIONES EN MODO CONSOLA

Developer Studio 6.0 permite desarrollar gran cantidad de aplicaciones: aplicaciones en modo texto, aplicaciones con ventanas, aplicaciones para Internet, ... Además, dispone de asistentes que facilitan la labor de creación de cualquier tipo de aplicación.

Las aplicaciones más sencillas que se pueden desarrollar con el entorno son las aplicaciones de texto. Estas aplicaciones se conocen, dentro del entorno de desarrollo, como aplicaciones en modo consola, ya que muestran y reciben la información de la misma forma en la que lo hacían los terminales (o consolas) para las grandes computadoras: mediante caracteres.

Las aplicaciones en modo texto (o consola) únicamente necesitan de los archivos de cabecera estándar para pedirle al usuario la información y mostrarle los resultados. Lo cual permite realizar programas sin conocimientos de programación visual o de las bibliotecas de clases de Microsoft.

Cualquier aplicación en C++ necesita, al menos, un archivo de código fuente (extensión .cpp) que contenga la función main() y el resto de las funciones del programa. Sin embargo, y a diferencia de otros compiladores y entornos de desarrollo, no se puede compilar y ejecutar un único archivo en Developer Studio, es necesario crear un espacio de trabajo (*workspace*). Dentro del espacio de trabajo añadiremos todos los archivos con el código fuente, así como los archivos de cabecera necesarios (extensión .h).

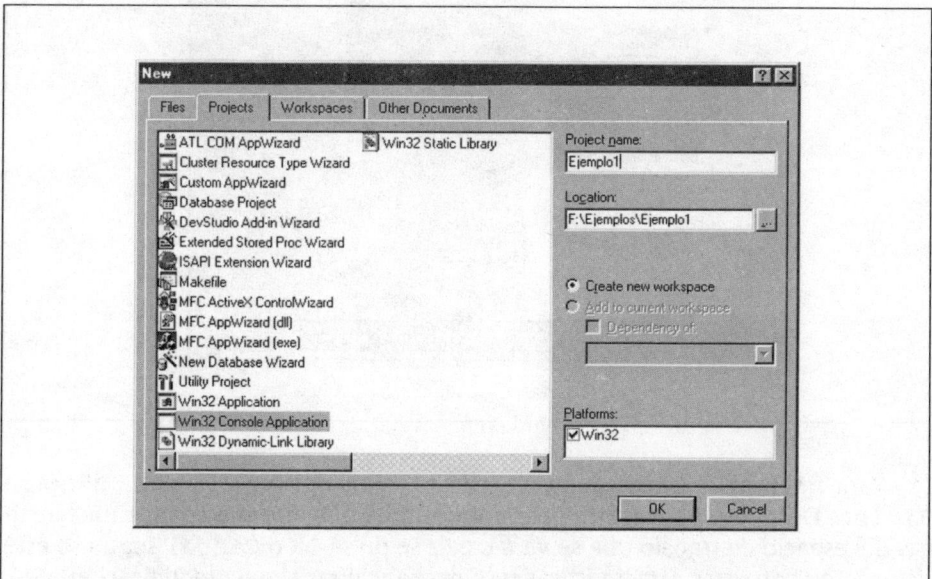

Figura A.12. Creación de un nuevo entorno de trabajo.

La orden New del menú File del entorno permite crear, entre otros, un nuevo espacio de trabajo. En la pestaña Project se debe elegir el tipo de aplicación que se desea crear, para que Developer Studio proporcione un espacio de trabajo adecuado a sus características. Para las aplicaciones de texto hay que

[329]

seleccionar Win32 Console Application. Además de elegir el tipo de aplicación hay que especificar el nombre del proyecto (Project name:) y la carpeta en la que debe ser ubicado (Location). Después de realizar estas tareas, sólo hay que pulsar el botón OK para continuar.

El siguiente paso en la creación del espacio de trabajo es la elección del tipo de aplicación de modo texto que se desea. El asistente proporciona cuatro tipos:

- A empty project: genera un entorno de trabajo vacío;
- A simple application: genera un entorno de trabajo con un archivo de código (.cpp) que contiene la función main(). Además, incluye el archivo de cabecera StdAfx.h;
- A "Hello World" application: genera un entorno de trabajo igual que en la opción anterior, en el que se muestra por pantalla el mensaje "Hello World"; y
- An application that supports MFC: genera un entorno de trabajo con un archivo de código (.cpp) que contiene la función main(). Además, incluye todos los archivos de cabecera necesarios para poder utilizar la biblioteca de clases MFC.

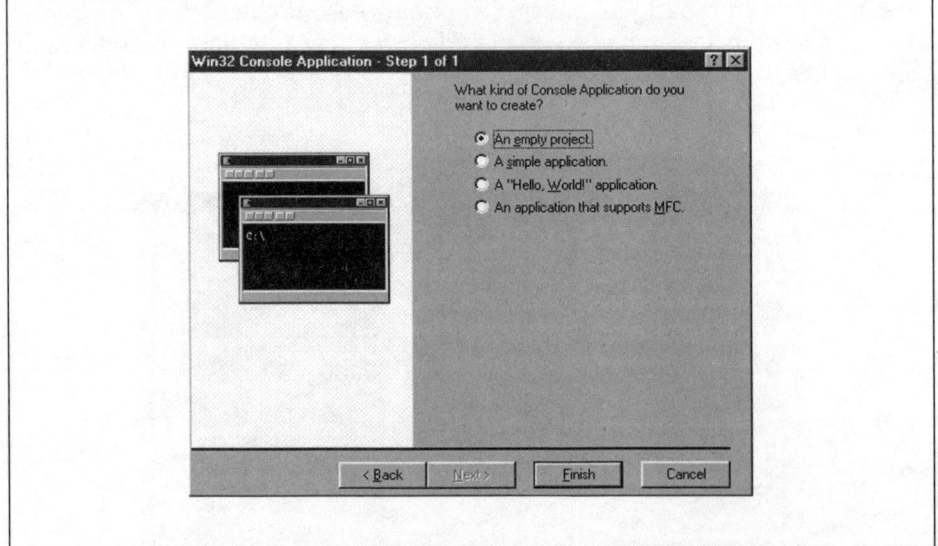

Figura A.13. Elección del tipo de aplicación de modo texto.

Para finalizar el proceso, se elige la primera opción y se pulsa el botón Finish. Después aparece otra pequeña ventana que informa de las características del espacio de trabajo que se va a crear. Se pulsa OK o Cancel según se esté de acuerdo con estas características o se desee realizar alguna modificación.

Después de realizar todos estos pasos, el entorno de desarrollo presenta un espacio de trabajo vacío. Tanto en la vista de clases (ClassView) como en la vista de archivos (FileView) no hay disponible ningún elemento.

Para añadir archivos también se utiliza la orden New... del menú File, aunque, en este caso, hay que elegir la pestaña Files. El tipo, para un archivo de código fuente, es C++ Source File y su nombre Ejemplo1 (el entorno se encarga de añadir la extensión .cpp). Es necesario verificar que está seleccionada la opción Add to project: para que el entorno lo añada al espacio de trabajo.

Después de pulsar el botón OK, Developer Studio crea el archivo Ejemplo1.cpp, lo añade al espacio de trabajo y lo muestra en la zona de edición para que se pueda añadir el código. Para añadir un archivo de cabecera hay que repetir el proceso eligiendo como tipo C/C++ Header File (nombre Ejemplo1).

En la vista de archivos se pueden encontrar los dos archivos creados dentro de sus respectivas carpetas (Source Files y Header Files), de forma que para editar cualquiera de ellos basta con hacer doble clic sobre él.

El código del archivo de cabecera Ejemplo1.h es el siguiente:

```cpp
//Ejemplo1.h

#include <iostream.h>   //Archivo de cabecera de E/S
#include <string.h>     //Archivo de cabecera para el manejo de cadenas

class CPersona
{
private:
  char m_nombre[25];
  unsigned short int m_edad;

public:
  CPersona();
  CPersona(const char *nombre, unsigned short int edad);
  ~CPersona();
  void CambiarNombre(const char *nombre);
  void CambiarEdad(unsigned short int edad);
  void MostrarDatos(void);
};

CPersona::CPersona()
{
  //Constructor por defecto
  //Nombre vacio y edad 0

  strcpy (m_nombre,"");
  m_edad = 0;
}

CPersona::CPersona(const char *nombre, unsigned short int edad)
{
  //Se le asigna al objeto los datos recibidos

  strcpy(m_nombre,nombre);   //Se copia la cadena

  m_edad = edad;             //Se asigna la edad
}

CPersona::~CPersona()
{
  //Sin ninguna tarea
}
```

```
void CPersona::CambiarNombre(const char *nombre)
{
  //Se asigna el nuevo nombre

  strcpy(m_nombre,nombre); //Se copia la cadena
}

void CPersona::CambiarEdad(unsigned short int edad)
{
  //Se asigna la nueva edad

  m_edad = edad;
}

void CPersona::MostrarDatos(void)
{
    cout << endl;
    cout << m_nombre << " de " << m_edad << "años" << endl;
}
```

Asimismo, el código del archivo `Ejemplo1.cpp` es:

```
//Ejemplo1.cpp

#include <iostream.h>   //Archivo de cabecera de E/S
#include "Ejemplo1.h"   //Archivo de cabecera con la clase CPersona

int main(void)
{
  //persona se crea mediante el constructor por defecto,
  //mientras que Mortimer utiliza el constructor sobrecargado
  CPersona persona, Mortimer("Mortimer",30);

  char nombre[50];
  int edad;

  Mortimer.MostrarDatos();   //Se muestran los datos del objeto creado

//Se piden los datos para el objeto persona
  cout << "Introduzca su nombre: ";
  cin >> (nombre);

  cout << "\nIntroduzca su edad: ";
  cin >> edad;
  cout << endl;

  //Se le asignan al objeto persona el nombre y la edad
  //introducidas por teclado

  persona.CambiarNombre(nombre);
  persona.CambiarEdad(edad);

  persona.MostrarDatos();   //Se muestran los datos del objeto

  return 0;
}
```

Cuando se define una clase en alguno de los archivos que componen un espacio de trabajo, ésta es añadida automáticamente en la vista de clases. Esto permite que se pueda acceder rápidamente a cualquiera de sus miembros, tanto atributos como funciones, haciendo doble clic sobre ellos.

Para compilar y enlazar el programa se pueden utilizar las órdenes del menú `Build` o los botones del menú de herramientas. Al compilar y/o enlazar se abre una nueva zona dentro del entorno, denominada `Output` en el menú `View`, que permite ver los posibles errores durante el proceso. Si hubiera algún error, se puede hacer doble clic sobre él y el entorno se encarga de mostrar el archivo y la línea de código en el que se encuentra.

Tabla A.10. Herramientas para la compilación y ejecución de programas.

Botón	Correspondencia con el menú `Build`	Descripción
	Compile	Compila el archivo de código fuente que se esté editando.
	Rebuild All	Genera un archivo ejecutable, compilando y enlazando todos los archivos que integran el proyecto.
	Execute	Genera un archivo ejecutable, compilando y enlazando sólo aquellos archivos que lo necesiten y ejecuta la aplicación.

El resultado de la aplicación de ejemplo se puede ver en la Figura A.14.

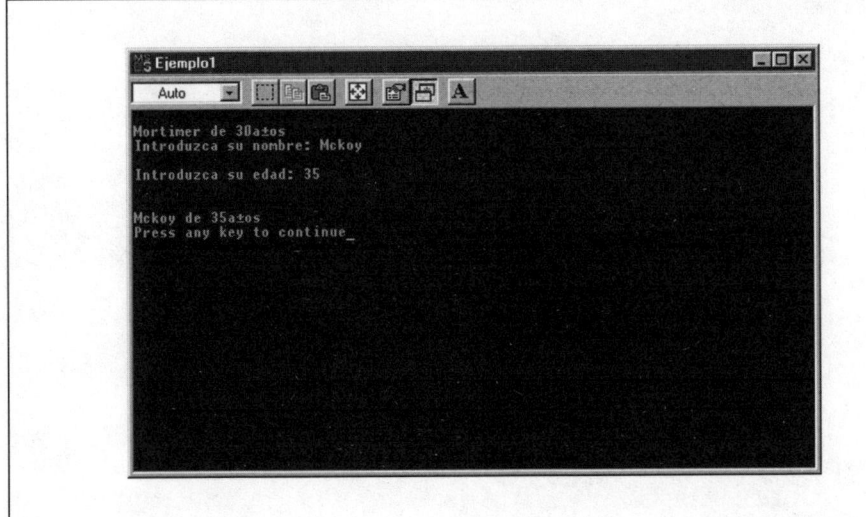

Figura A.14. Ejecución de una aplicación en modo consola.

APÉNDICE

[B]

Borland C++ Builder 3/4

[Notas]

[Borland C++ Builder 3/4]

¿QUÉ ES C++ BUILDER?

Borland C++ Builder 4 es una herramienta de programación que facilita la programación de aplicaciones bajo Windows. Borland ha combinado en una única herramienta el entorno de desarrollo de la herramienta Delphi, con sus compiladores de C++. El resultado es una herramienta de altas prestaciones y un entorno de desarrollo fácil de utilizar que dispone de las capacidades de la programación orientada a objetos.

EL PROGRAMA C++ BUILDER

El 2 de febrero de 1999 Inprise Corporation lanzó al mercado la versión 4 del sistema de desarrollo Borland C++ Builder. Esta herramienta permite el desarrollo de aplicaciones para Windows, uso de bases de datos, aplicaciones para Web y el desarrollo de aplicaciones con CORBA y COM. Todas las herramientas se encuentran integradas en un único entorno que permite, además de la depuración tradicional, la depuración remota para aplicaciones distribuidas.

Borland C++ Builder 4 se comercializa en tres diferentes tipos de ediciones: **Standard**, **Professional** y **Enterprise**.

Edición Standard (Estándar)

Borland C++ Builder edición Estándar ofrece una herramienta económica y sencilla de utilizar con todas las herramientas necesarias para el desarrollo de aplicaciones Windows desde un entorno visual.

Edición Professional (Profesional)

La edición Profesional dispone de las herramientas AppBrowser y ClassExplorer que incrementan la productividad del entorno. Asimismo, dispone de herramientas avanzadas de depuración y un asistente para el trabajo con objetos COM.

Esta edición puede trabajar con proyectos creados con otras herramientas, como los compiladores de C++ de Borland o Visual C++ de Microsoft, incluyendo las bibliotecas OWL y MFC.

Edición Enterprise (Empresa)

La edición Empresa proporciona todas las herramientas necesarias para el desarrollo con CORBA. También dispone de asistentes que facilitan el trabajo con Microsoft Transaction Server (MTS).

Requisitos del sistema

Los requisitos del sistema son los siguientes:

- Procesador 486DX2/100 MHz o superior.
- Microsoft Windows 95/98 o Windows NT 4.0 con Service Pack 3.
- 175 Mb de espacio mínimo en el disco duro (se recomienda 300 Mb).
- 32 Mb de memoria del sistema (se recomienda 64 Mb).
- Unidad de CD-ROM.
- Monitor VGA o superior.
- Ratón o dispositivo apuntador.

INSTALACIÓN DEL SOFTWARE

Para instalar C++ Builder 4 es necesario insertar el CD-ROM en la unidad de CD-ROM. Si el dispositivo tiene activada la opción de autoarranque, el programa de instalación se ejecutará automáticamente. En caso contrario, es necesario ejecutar el archivo `Setup.exe` del CD-ROM.

El proceso de instalación comienza con la ventana, en la que se informa que mediante el botón *Next* se puede pasar la siguiente ventana del proceso de instalación, mientras que con el botón *Cancel* se puede terminar este proceso en cualquier momento. Después de esta ventana informativa, se nos pide que aceptemos la licencia de uso del software.

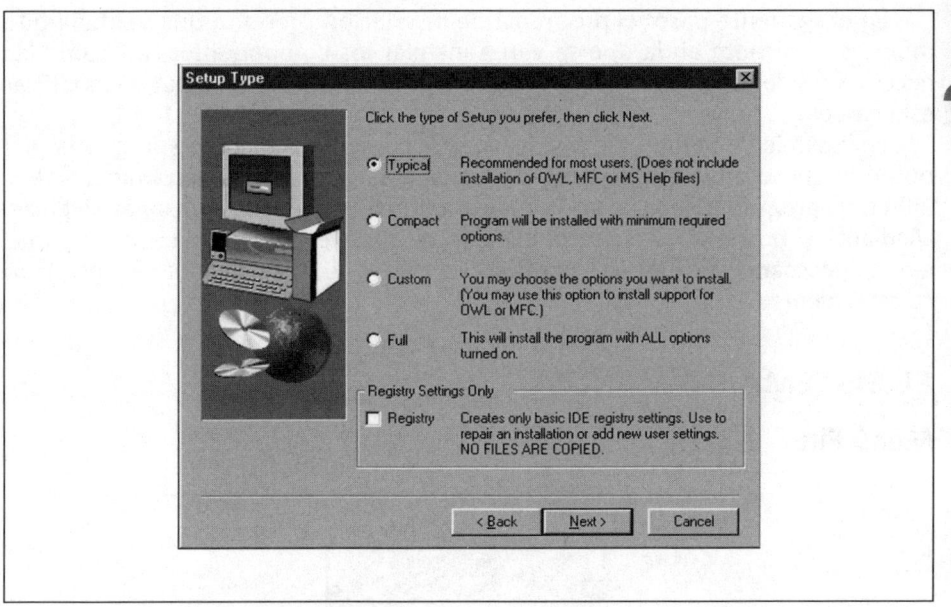

Figura B.1. Elección del tipo de instalación.

A continuación aparece una ventana en la que se puede elegir el tipo de instalación que se desea. La opción más habitual es Typical para la mayoría de los usuarios. Es importante recordar que se pueden instalar el resto de los componentes en cualquier momento.

En la siguiente ventana se puede seleccionar la instalación de los componentes para la construcción de aplicaciones con bases de datos y con CORBA. Para aplicaciones sencillas estas funcionalidades no son necesarias.

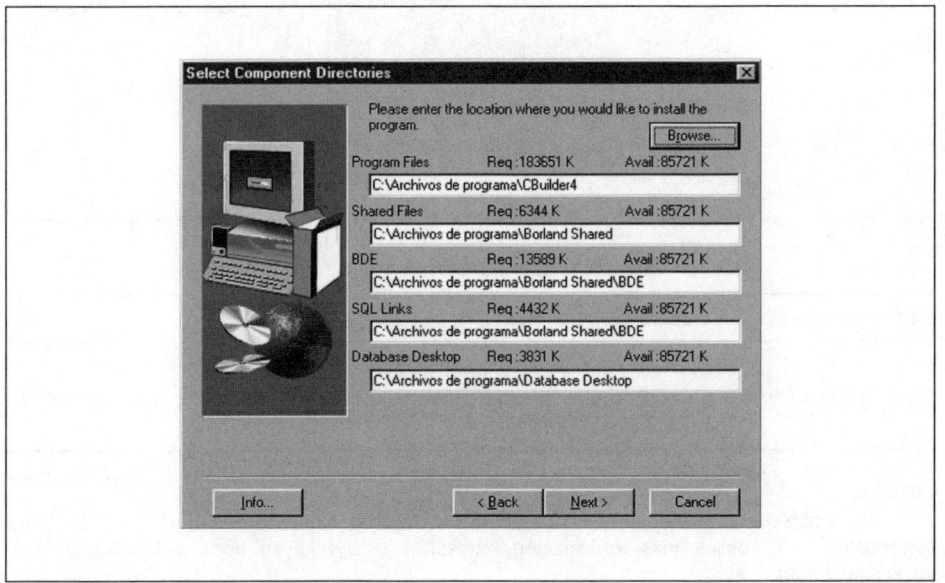

Figura B.2. Selección de la carpeta de instalación de los componentes.

En el siguiente paso, el programa de instalación presenta una ventana que muestra la carpeta en la que se van a instalar los componentes, así como las necesidades de espacio en disco. Mediante el botón Browse se puede modificar esta carpeta.

En la siguiente ventana se puede elegir la carpeta del menú de programas del botón de Inicio en la que se desean instalar los accesos a las herramientas. Por último, el programa de instalación muestra un resumen de las opciones elegidas. Mediante el botón Finish se puede iniciar el proceso de instalación. Al terminar, es necesario reiniciar la computadora para que C++ Builder sea instalado correctamente.

EL SISTEMA DE MENÚS[1]

Menú File

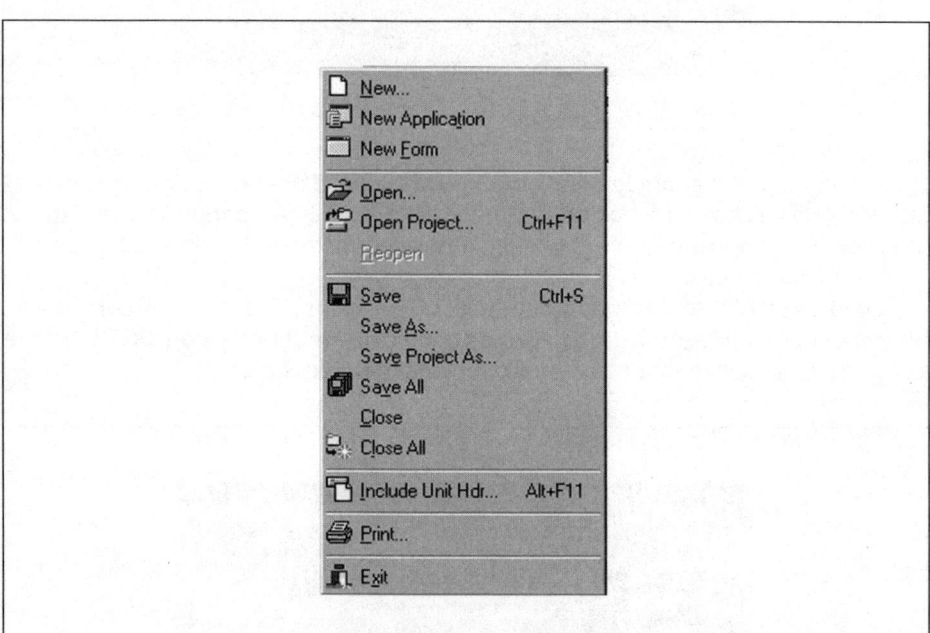

Figura B.3.
Menú File.

Tabla B.1. Descripción del menú File.

Orden	Descripción
New...	Permite crear nuevas aplicaciones y proyectos.
New Application	Crea un proyecto que contiene un formulario vacío, una unidad y un archivo de proyecto.

(Continúa)

---

[1] No se han contemplado los menús Database y Wokgroups (de la versión 4) por tratar de temas avanzados. Si se desea más información, consultar la ayuda en línea o la página Web www.inprise.com.

Tabla B.1. Descripción del menú File *(Continuación)*.

Orden	Descripción
New Form	Crea y añade un nuevo formulario al proyecto actual.
Open ...	Permite abrir un proyecto, formulario, unidad o archivo de texto en el editor de código.
Open Project...	Permite abrir un proyecto existente.
Reopen	Mantiene una lista con los últimos proyectos y módulos abiertos.
Save	Guarda el archivo actual.
Save As...	Guarda el archivo actual cambiándole el nombre.
Save Project As...	Guarda el proyecto actual cambiándole el nombre.
Save All	Guarda todos los archivos abiertos, tanto del proyecto actual como de los módulos.
Close	Cierra el proyecto actual y los formularios y unidades asociados a él.
Close All	Cierra todos los archivos abiertos.
Include Unit Hdr...	Añade la unidad seleccionada al módulo activo mediante una sentencia #include.
Print...	Envía el archivo activo a la impresora.
Exit	Cierra el proyecto abierto y termina la ejecución de C++ Builder.

Menú Edit

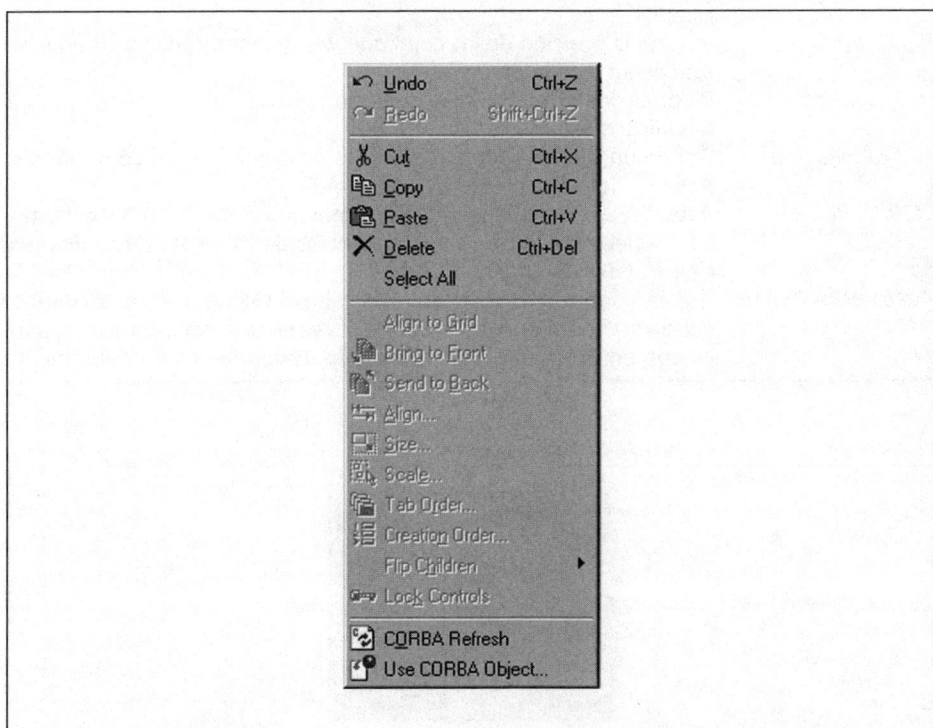

Figura B.4.
Menú Edit.

Tabla B.2. Descripción del menú Edit.

Orden	Descripción
Undo	Deshace la última acción.
Redo	Vuelve a realizar una acción deshecha mediante la orden Undo.
Cut	Copia el elemento seleccionado en la zona de edición al portapapeles, borrándolo de la zona de edición. El elemento no se borrará hasta que se ejecute la orden Paste.
Copy	Copia el elemento seleccionado en la zona de edición al portapapeles.
Paste	Inserta el contenido del portapapeles (obtenido mediante una orden Cut o Copy) en la posición actual de la zona de edición.
Delete	Borra el elemento seleccionado.
Select All	Permite seleccionar todos los componentes del formulario.
Align To Grid	Alinea el componente seleccionado con el punto más próximo de la rejilla.
Bring To Front	Mueve el componente seleccionado al frente.
Send To Back	Mueve el componente seleccionado al fondo.
Align...	Alinea componentes mediante diferentes criterios.
Size...	Cambia el tamaño de componentes mediante diferentes criterios.
Scale...	Cambia, porcentualmente, el tamaño de todos los componentes de un formulario.
Tab Order...	Permite modificar el orden de tabulación de los componentes del formulario activo.
Creation Order...	Modifica el orden en el que los componentes no visuales van a ser creados.
Flip Children	Invierte la posición de los componentes de un formulario como si se estuvieran viendo en un espejo.
Lock Controls	Bloquea los componentes seleccionados para que no se pueda modificar su posición.
Add to interface	Define un nuevo método, evento o propiedad de un componente ActiveX. *Sólo disponible en C++ Builder 4.*
CORBA Refresh	Actualiza todas las clases de implementación de CORBA existentes para reflejar los cambios de los archivos de IDL. *Sólo disponible en C++ Builder 4.*
Use CORBA Object	Añade código a una aplicación cliente CORBA que se encuentra enlazada con un objeto CORBA y devuelve una instancia para trabajar con un objeto en el servidor. *Sólo disponible en C++ Builder 4.*

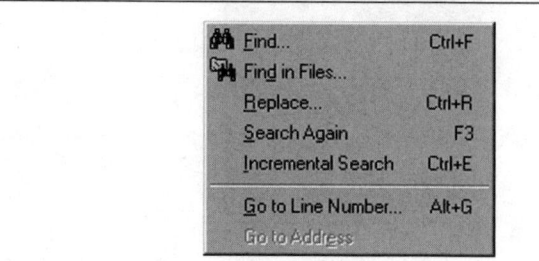

Figura B.5. Menú Search.

Menú Search

Tabla B.3. Descripción del menú Search.

Orden	Descripción
Find...	Busca una cadena en el archivo abierto en el editor de código, marcando la primera aparición.
Find in Files...	Permite buscar la cadena especificada en un conjunto de archivos. Se pueden seleccionar los archivos mediante el uso de metacaracteres, así como especificar en qué parte del árbol de directorios se desea buscar.
Replace...	Busca una cadena de caracteres en el editor de código, permitiendo sustituirla por otra. Permite diversos patrones para la búsqueda y sustitución.
Search Again	Repite la última búsqueda realizada mediante el comando Find...
Incremental Search	Busca una cadena a medida que se va escribiendo en el editor.
Go to Line Number...	Desplaza el cursor hasta una línea especificada.
Go to Address	Salta a la dirección especificada.

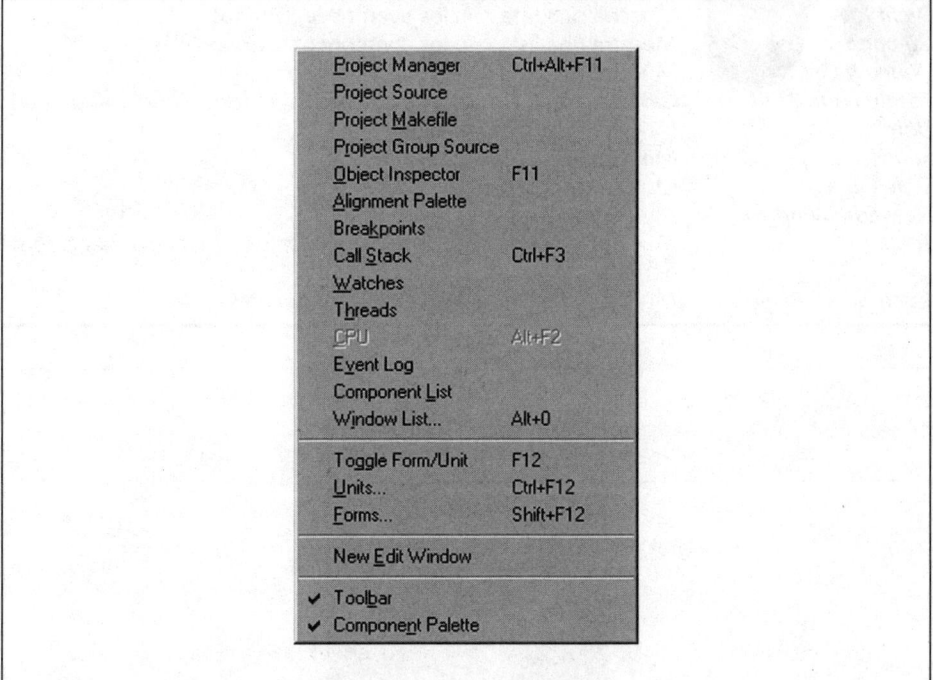

Figura B.6 a. Menú View (C++ Builder 3).

Menú View

Tabla B.4. Descripción del menú View (C++ Builder 3).

Orden	Descripción
Project Manager	Muestra el Project Manager.
Project Source	Muestra el archivo con el código del proyecto en el editor de código.
Project Makefile	Abre el archivo de proyecto con extensión .BPR en el editor de código.
Project Group Source	Muestra el archivo con el código de proyecto de un grupo de proyectos.
Object Inspector	Muestra el Object Inspector.
Alignment Palette	Muestra la Alignment Palette.
Breakpoints	Muestra la lista con los puntos de ruptura.
Call Stack	Muestra la pila de llamadas a funciones.
Watches	Muestra la lista de variables para la depuración.
Threads	Muestra un diálogo con el estado de los diferentes hilos de ejecución.
Modules	Muestra la ventana con los módulos.
CPU	Muestra la ventana con el estado de la CPU.
Event log	Muestra una lista con los eventos registrados.
Component List	Muestra una lista con los componentes disponibles.
Window List...	Muestra una lista con las ventanas abiertas.
Toggle Form/Unit	Cambia, en la zona de edición entre el formulario y la unidad.
Units...	Muestra la lista de unidades.
Forms...	Muestra la lista de formularios.
Type Library	Muestra el editor Type Library.
New Edit Window	Abre un nuevo editor de código.
Toolbars	Muestra y oculta las barras de herramientas y la paleta de componentes.
Component Palette	Muestra y oculta la paleta de componentes.

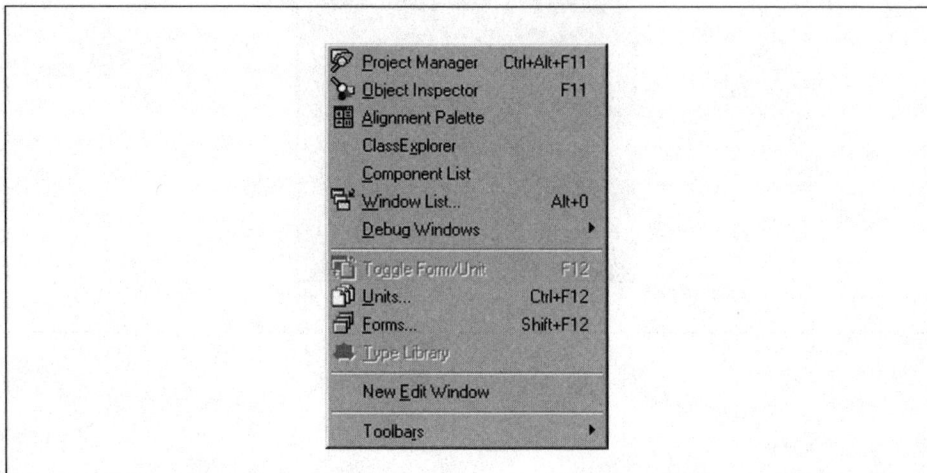

Figura B.6 b. Menú View (C++ Builder 4).

Tabla B.5. Descripción del menú View (C++ Builder 4).

Orden	Descripción
Project Manager	Muestra el Project Manager.
Object Inspector	Muestra el Object Inspector.
Alignment Palette	Muestra la Alignment Palette.
ClassExplorer	Muestra el ClassExplorer.
Component List	Muestra una lista con los componentes disponibles.
Window List…	Muestra una lista con las ventanas abiertas.
Debug Windows	Muestra el submenú de depuración.
Toggle Form/Unit	Cambia, en la zona de edición entre el formulario y la unidad.
Units…	Muestra la lista de unidades.
Forms…	Muestra la lista de formularios.
Type Library	Muestra el editor Type Library.
New Edit Window	Abre un nuevo editor de código.
Toolbars	Muestra y oculta las barras de herramientas y la paleta de componentes.

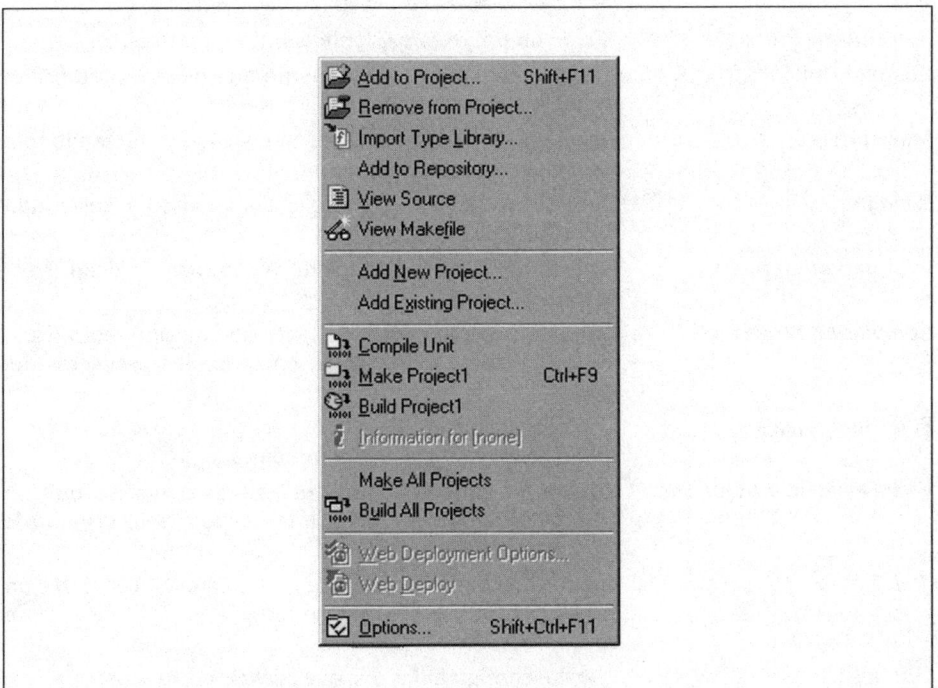

Figura B.7. Menú Project.

Menú Project

Tabla B.6. Descripción del menú Project.

Orden	Descripción
Add To Project...	Permite añadir un nuevo archivo al proyecto.
Remove From Project...	Permite eliminar un archivo del proyecto.
Import Type Library...	Importa una biblioteca de tipos al proyecto. *Sólo disponible en C++ Builder 4.*
Add to Repository...	Añade un proyecto al Object Repository.
View Source	Muestra el archivo de proyecto en el editor de código. *Sólo disponible en C++ Builder 4.*
View Makefile	Abre, en el editor de código, el archivo de proyecto con extensión .bpr. *Sólo disponible en C++ Builder 4.*
Add New Project...	Muestra el mismo diálogo que aparece mediante la orden New del menú File, permitiendo añadir aplicaciones, proyectos u objetos al proyecto actual.
Add Existing Project...	Añade un proyecto existente al proyecto actual.
Compile Unit	Compila cualquier código fuente que ha sido modificado desde la última compilación.
Make project	Genera un archivo ejecutable, compilando y enlazando sólo los archivos que hayan sido modificados o no existan.
Build project	Genera un archivo ejecutable, compilando y enlazando todos los archivos del proyecto.
Information for project	Muestra toda la información de la construcción del proyecto y de su estado.
Compile All Projects	Compila cualquier código fuente que ha sido modificado desde la última compilación en todos los proyectos del grupo.
Build All Projects	Compila cualquier objeto perteneciente a cualquier proyecto del grupo tanto si ha sido modificado como si no.
Web Deployment Options...	Realiza las configuraciones necesarias para distribuir un control ActiveX o ActiveForm terminado. *Sólo disponible en C++ Builder 4.*
Web Deploy	Después de haber realizado la orden anterior, distribuye un control ActiveX o ActiveForm terminado. *Sólo disponible en C++ Builder 4.*
Options...	Permite configurar las opciones del proyecto.

Menú Run

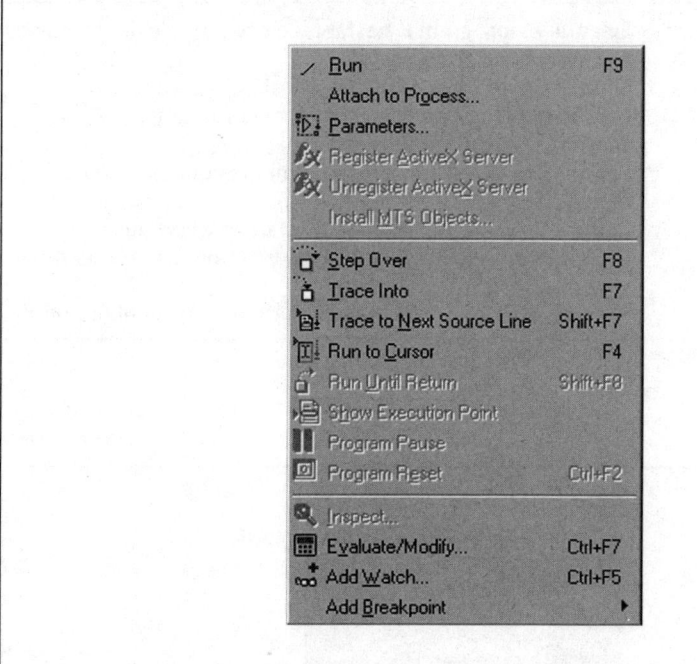

Figura B.8.
Menú Run.

Tabla B.7. Descripción del menú Run.

Orden	Descripción
Run	Ejecuta la aplicación. Compila y enlaza los archivos que hayan sido modificados o no existan.
Attach to Process...	Proporciona una lista con los procesos concurrentes que se están ejecutando para su depuración.
Parameters...	Permite especificar los parámetros de inicio de la aplicación.
Register ActiveX Server	Añade una entrada en el registro de Windows para un control ActiveX.
Unregister ActiveX Servers	Elimina entradas del registro de Windows.
Install MTS Objets...	Añade objetos MTS en el proyecto actual dentro de un paquete MTS.
Step Over	Ejecuta un programa línea a línea sin entrar en las funciones.
Trace Into	Ejecuta un programa línea a línea entrando en el código de las funciones.
Trace To Next Source Line	Ejecuta un programa parando en la siguiente línea ejecutable del código.
Run To Cursor	Ejecuta un programa parándose en la línea que tiene el cursor en el editor de código.

(Continúa)

Tabla B.7. Descripción del menú Run (*Continuación*).

Orden	Descripción
Run Until Return	Ejecuta el programa hasta la ejecución de la sentencia `return` de la función actual.
Show Execution Point	Sitúa el cursor en la línea que se está ejecutando.
Program Pause	Para temporalmente la ejecución del programa.
Program Reset	Termina la ejecución del programa.
Inspect...	Permite ver los valores de los elementos que se desee en una nueva ventana.
Evaluate/Modify	Permite evaluar y/o modificar una expresión del programa.
Add Watch	Permite ver valores de variables y/o objetos en una nueva ventana.
Add Breakpoint	Permite crear y modificar puntos de parada en el programa.

Menú Component

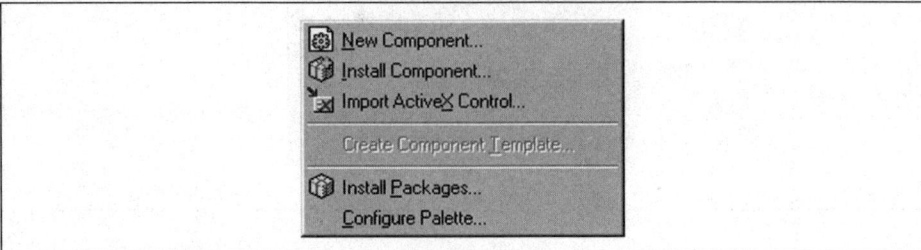

Figura B.9. Menú Component.

Tabla B.8. Descripción del menú Component.

Orden	Descripción
New Component...	Ejecuta el asistente para componentes.
Install Component...	Instala nuevos componentes.
Import ActiveX Controls...	Añade al proyecto bibliotecas de tipos con controles ActiveX.
Create Component Template...	Permite personalizar un componente y guardarlo como una plantilla con un nuevo nombre e icono. *Sólo disponible en C++ Builder 4.*
Install Packages...	Permite especificar los paquetes que necesita un proyecto.
Configure Palette...	Permite configurar la paleta de componentes...

Menú Tools

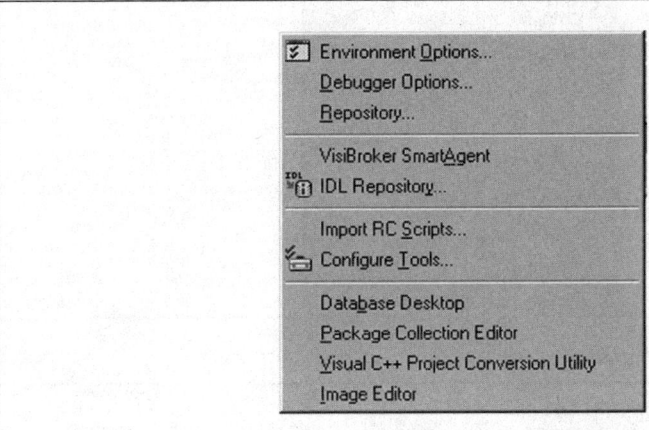

Figura B.10.
Menú Tools.

Tabla B.9. Descripción del menú Tools.

Orden	Descripción
Environment Options...	Permite especificar las opciones de configuración del entorno.
Debugger Options...	Muestra las opciones de depuración. *Sólo disponible en C++ Builder 4.*
Repository...	Muestra las opciones del almacén de objetos.
VisiBroker SmartAgent	Inicia o termina la ejecución del VisiBroker SmartAgent. *Sólo disponible en C++ Builder 4.*
IDL Repository...	Muestra el diálogo de actualización del IDL Repository. *Sólo disponible en C++ Builder 4.*
Import RC Scripts...	Permite importar guiones de recursos y darles el formato adecuado para su correcto funcionamiento con C++ Builder. *Sólo disponible en C++ Builder 4.*
Configure Tools...	Permite configurar las opciones de las herramientas.
Database Desktop	Ejecuta la aplicación para la gestión de bases de datos. *Sólo disponible en C++ Builder 4.*
Package Collection Editor	Crea y edita colecciones de paquetes. *Sólo disponible en C++ Builder 4.*
Visual C++ Project Conversion Utility	Inicia el asistente para la conversión de proyectos de Microsoft Visual C++. *Sólo disponible en C++ Builder 4.*
Image Editor	Crea y edita archivos de recursos, iconos, mapas de bits y archivos de cursores para aplicaciones.

Menú Help

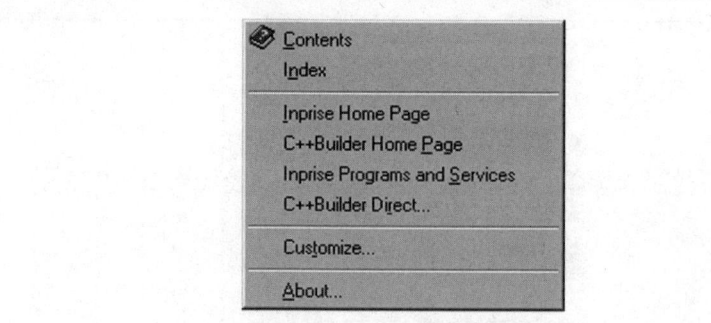

Figura B.11.
Menú Help.

Tabla B.10. Descripción del menú Help.

Orden	Descripción
Contents	Muestra la tabla principal con el contenido de la ayuda.
Index	Muestra un diálogo con el índice de la ayuda.
Customize...	Permite personalizar la ayuda.
About...	Muestra la información sobre la versión de C++ Builder.

APLICACIONES EN MODO CONSOLA

Borland C++ Builder 4 es una potente herramienta que permite la creación de gran cantidad de aplicaciones. Las aplicaciones en modo texto son las más sencillas de realizar.

Para construir una aplicación de texto se debe crear un nuevo proyecto. Borland C++ Builder proporciona un asistente que dirige la creación de este tipo de aplicaciones. Mediante la orden New... del menú File se puede seleccionar el tipo de aplicación. Para aplicaciones en modo texto hay que seleccionar el icono Console Wizard y pulsar el botón OK.

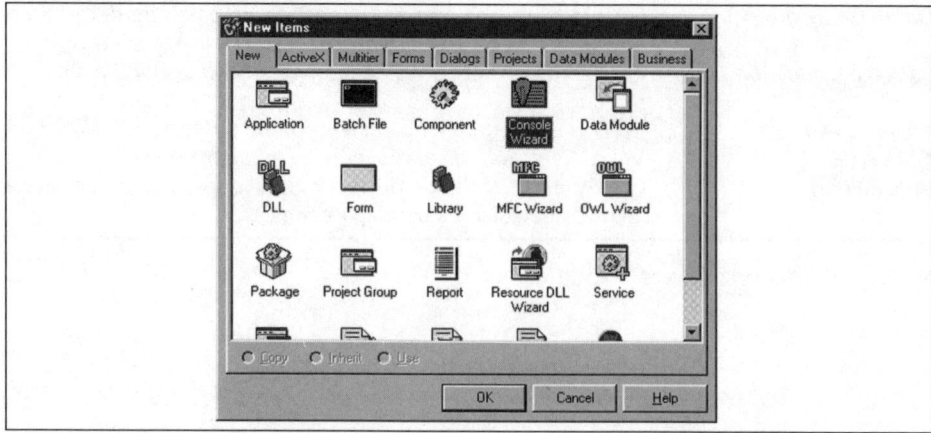

Figura B.12.
Creación de un nuevo proyecto.

[350]

A continuación, el asistente permite elegir entre aplicaciones en modo consola, aplicaciones para Windows con interfaz gráfica o librerías de enlace dinámico. Se selecciona `Console`, tipo de ejecución `EXE` y se pulsa el botón `Finish` para generar el proyecto.

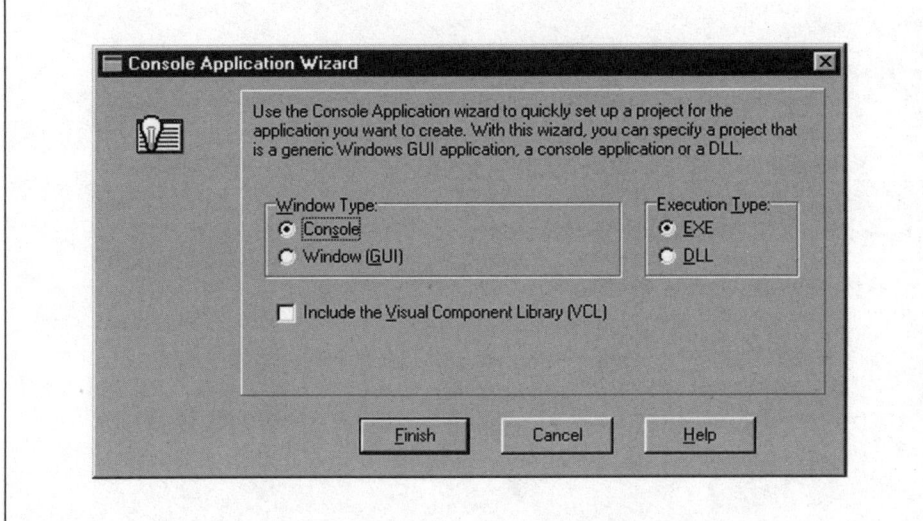

Figura B.13. Creación de proyectos sencillos.

Después de generar el proyecto, el entorno muestra el editor de código. El editor está dividido en dos zonas: la zona izquierda presenta un explorador que permite ver las clases creadas en el proyecto, así como las funciones que lo integran; la zona derecha permite editar los archivos que componen el proyecto.

El asistente genera un único archivo de código que contiene la función `main()`. En este archivo se incluyen los archivos de cabecera necesarios para la correcta compilación y ejecución del proyecto.

Como ejemplo se va a utilizar el mismo código empleado en el Apéndice A. Para no tener que escribir de nuevo el archivo de cabecera, simplemente se puede copiar en la carpeta actual (la carpeta del proyecto) el archivo `Ejemplo1.h` y cambiarle el nombre (`Ejemplo2.h`).

Una vez creado el archivo, al incluir la línea `#include "Ejemplo2.h"` en el archivo `Project1.cpp`, la zona izquierda de la ventana muestra la clase `CPersona` con sus atributos y funciones miembro.

El último paso en la creación de la aplicación consiste en escribir el código para la función main( ). Este código sólo presenta una diferencia con el visto en el Apéndice A: las aplicaciones en modo consola generadas con Visual C++ disponen del código necesario para que el usuario pulse una tecla al final de la aplicación, evitando que la ventana se cierre repentinamente. Para solventar este pequeño problema, basta con añadir al final del código las siguientes líneas:

```
cout << "Pulse una tecla para continuar"; //Muestra el mensaje
cin.ignore();        //Vacia el buffer
cin.get(c);          //Recibe la tecla
```

El código del archivo quedaría de la siguiente manera:

```
#pragma hdrstop
#include <condefs.h>
#include <iostream.h>
#include "Ejemplo2.h"


//———————————————————
#pragma argsused
int main(int argc, char* argv[])
{
   //persona se crea mediante el constructor por defecto,
   //mientras que Mortimer utiliza el constructor sobrecargado
   CPersona persona, Mortimer("Mortimer",30);

   char nombre[50],c;
   int edad;

   Mortimer.MostrarDatos();   //Se muestran los datos del objeto creado


   //Se piden los datos para el objeto persona
   cout << "Introduzca su nombre: ";
   cin >> (nombre);
   cout << "\nIntroduzca su edad: ";
   cin >> edad;
   cout << endl;

   //Se le asignan al objeto persona el nombre y la edad
   //introducidas por teclado

   persona.CambiarNombre(nombre);
   persona.CambiarEdad(edad);

   persona.MostrarDatos();   //Se muestran los datos del objeto

   cout << "Pulse una tecla para continuar";  //Muestra el mensaje
   cin.ignore();                              //Vacia el buffer
   cin.get(c);                                //Recibe la tecla

   return 0;
}
```

Para ejecutar la aplicación es necesario compilar y enlazar los archivos. Para ello se pueden utilizar los menús Project y Run o los iconos de la barra de herramientas. Todos los errores de compilación y enlazado son mostrados en la zona inferior de la ventana del proyecto. Es posible editar el código fuente en el que aparece un error haciendo doble clic sobre él en la zona inferior de la ventana.

Tabla B.11. Herramientas para la compilación y ejecución de programas.

Botón	Menú	Descripción
	Project→Compile	Compila el archivo de código fuente que se esté editando.
	Project→Make	Genera un archivo ejecutable, compilando y enlazando sólo los archivos que hayan sido modificados o no existan.
	Project→Build	Genera un archivo ejecutable, compilando y enlazando todos los archivos del proyecto.
	Run→Run	Ejecuta la aplicación. Compila y enlaza los archivos que hayan sido modificados o no existan.

APÉNDICE

[C]

Recursos (Libros/Revistas /URL de Internet)

[Notas]

Recursos (Libros/Revistas/URL de Internet)

LIBROS

C++ ;   ANSI/ISO C++

Son numerosos los libros escritos en inglés y español sobre C++, por esta circunstancia hemos seleccionado sólo algunas obras en inglés reconocidas internacionalmente y unos libros en español complementarios con esta obra.

Stroustrup, Bjarne: *El lenguaje de programación C++*. 3.ª edición. Madrid : Addison-Wesley/Turpial , 1998, 940 pp.
Es el libro clave para el conocimiento y dominio de C++, es la 3.ª edición del clásico libre del inventor de C++ y que contiene todas las mejoras y evoluciones de C++ sufridas desde su nacimiento. En sus trece años de vida, la publicación de la 1.ª edición es de 1986, la obra sigue siendo la referencia obligatoria para todos los programadores de C++.

Ellis, Margaret A., y Stroustrup, Bjarne: *The Annotated C++ Reference. Manual*. Reading, Massachusetts : Addison-Wesley, 1990. Versión española, *C++. Manual de referencias con anotaciones*. Reading Massachusetts : Addison-Wesley, 1994.

Lippman, Stanley B., y Lajoie, José: *C++ Primer*. Third Edition, Reading, Massachusetts : Addison-Wesley, 1998.

Es uno de los libros más completos y rigurosos que existen relativos a C++. Contiene el estándar final del Borrador del Estándar de ANSI/ISO C++. Es otra referencia clave obligatoria para el estudio de C++ y sobre todo fundamental si la puede llegar a su dominio.

Polh, Iran: *C++ for C Programmers*. Reading, Massachusetts : Addison-Wesley, 1999, 479 pp.
Es otro libro clásico para la enseñanza y aprendizaje del lenguaje C++.

Joyanes Aguilar, Luis: *Curso de programación en Turbo C++*. Madrid: Barcelona, 1995, 543 pp.
Libro introductorio al lenguaje C++ , a las técnicas de programación y al compilador clásico, por excelencia de C++ : Turbo C++ de la casa Borland (hoy Inprise).

Joyanes Aguilar, Luis: *Programación en C++*. Madrid : McGraw-Hill, 1999.
Libro didáctico para el aprendizaje del lenguaje y de las técnicas de programación en C++. Contiene los temas clásicos de cualquier curso de introducción a la programación estructurada y a la programación orientada a objetos. Se puede ajustar a programas de cursos universitarios de dos cuatrimestres (semestres). La primera edición de esta obra sigue el estándar ANSI&ISO C++. Está prevista la publicación de esta obra en el segundo semestre de 1999 y la publicación de un *libro de soluciones* propuestas para C++.

Joyanes Aguilar, Luis: *C++ a su alcance*. Madrid : McGraw-Hill, 1996.
Libro para el aprendizaje del lenguaje C++, partiendo de la base de un conocimiento elemental del lenguaje C. Incluye los conceptos más importantes de orientación a objetos.

Visual C++ 6.0

En esta sección se recopilan libros sobresalientes sobre diversos temas relacionados con el diseño y la programación en Visual C++ 6, tanto específicos de Visual C++ 6 como de técnicas de programación, Internet, orientación a objetos, etc.

Microsoft Corporation: *Microsoft Visual C++ 6.0 Reference Library*. Microsoft Press, 1998 (5.776 páginas distribuidas entre los cinco volúmenes).
Esta colección de libros contiene la voluminosa cantidad de información almacenada en la ayuda en línea incluida en las diferentes versiones del programa. La colección contiene cinco volúmenes que ofrecen una cobertura completa de Visual C++ y que incluye:

- Terminología y conceptos de las definiciones de los lenguajes C y C++.
- Listados de directivas del preprocesador.
- Una sección de macros.
- Una referencia alfabética de la biblioteca MFC.

- Una referencia de la biblioteca de plantillas ATL y para OLE DB.
- Listados alfabéticos de bibliotecas en tiempo de ejecución e *iostream*, incluyendo ejemplos de códigos fuente útiles.

McGraw-Hill tiene en marcha la traducción de esta obra y su publicación está anunciada en un breve plazo.

Horton, Ivor: *Beginning Visual C++ 6.* Wrox Press, 1998, 1.200 pp.
Este libro contiene un tutorial completo que incluye C++ , POO (Programación Orientada a Objetos) y programación Windows con MFC. Es un libro muy completo que ya en su edición correspondiente a la versión 5.0 era también excelente.

Horton, Ivor: *Beginning Visual C++ 6 Compiler Edition.* Wrox Press, 1998, 1.178 pp.
Es una edición especial del libro anterior que incluye una versión especial de uso limitado de este producto y que permite a los programadores que se inician en Visual C++ compilar y ejecutar programas reales.

Young, Michael: *Mastering Visual C++ 6.* Sybex, 1998, 1.396 pp.
Es una obra completa de referencia para los programadores que desean aprender la potente versión del entorno de desarrollo de Visual C++ de 32 bits. Incluye centenares de ejemplos prácticos de programación del mundo real, consejos y reglas prácticas.

Zaratian, Beck: *Microsoft Visual C++ Programmer's Guide.* Microsoft Press, 1998. 720 pp.
El lector aprende en detalle sobre los componentes del nuevo entorno de desarrollo y las técnicas para desarrollo de proyectos. El libro está completado con muchos ejemplos de programas y proyectos que se ilustran con explicaciones adecuadas.

Chapman, Davis: *Sams' Teach Yourself Visual C++ 6 in 21 Days.* Sams, 1998, 800 pp.
Este libro pertenece a una serie muy popular de la editorial Sams. Distribuye los temas del libro en tres grupos en los que teóricamente se deberían leer y analizar cada semana. Es un libro adecuado para cursos intensivos de programación de introducción a Visual C++ y también como elemento de aprendizaje autodidacta, siempre que se tenga, en este caso, una experiencia mínima de C y/o C++.

Wilcox Sean: *Sams' Teach Yourself Visual C++ 6 in 24 Days.* Sams, 1998, 425 pp.
Libro muy similar al anterior, pero con un objetivo menos ambicioso y un contenido menos completo. Es un libro idóneo para la introducción a la programación con Visual C++.

Gregory, Kate: *Spetial Edition Using Visual C++*. Que, 1998, 1.000 pp.
: Este libro busca conseguir un aprendizaje rápido y productivo con Visual C++. Por esta razón progresa muy rápidamente desde temas elementales a temas avanzados, como acceso a bases de datos, creación de controles ActiveX y documentos y características para desarrollo profesional.

Bates, Jonathon, y Tompkins, Timothy: *Using Visual C++*. Que, 1998, 650 pp.
: Esta obra se centra en la programación básica con Visual C++. Así se centra en la explicación de la biblioteca MFC y cómo utilizar las clases de la misma. Busca enseñar al lector la utilización de Visual C++ y un acceso rápido y fácil a las cuestiones de interés sobre el entorno y el lenguaje.

Sarret, Wendy: *Visual C++ 6 Database Programming Tutorial*. Wrox Press, 1998, 326 pp.
: Este libro describe las tecnologías clave en la estrategia de acceso a datos de Microsoft y cómo ajustarlas eficazmente con aplicaciones empresariales cliente y servidor. El objetivo del libro es que el lector sea capaz a su terminación de diseñar unas bases de datos prácticos y escribir una aplicación profesional utilizando OLE DB.

Michael Hayman, Michael, y Arnson, Robert: *Visual C++ 6 for Dummies*. IDG Books, 1998, 500 pp.
: Es una referencia ideal para los principiantes que desean crear su primer programa, adquirir un buen conocimiento de los conceptos de programación orientada a objetos y descubrir técnicas básicas para el control y aprovechamiento del entorno..

Mueller, John: *Visual C++ 6 From the Ground Up*. McGraw-Hill Publishing, 1998, 714 pp.
: Es un libro que viene avalado por el éxito de la versión 5 y se centra en aplicaciones de bases de datos utilizando ODBC, diseño de aplicaciones con HTML y DHTML, producción de componentes ActiveX, utilizando bibliotecas MFC y ATL. Es un libro idóneo para aplicaciones profesionales en sistemas cliente/servidor e Internet.

Holzner, Steve: *Visual C++ 6 In Record Time*. Sybex, 1998, 600 pp.
: Este libro se dirige a lectores que nunca han programado con C++ y pretende enseñarles rápidamente los fundamentos del lenguaje. Abarca todos los conceptos básicos de programación; muestra cómo utilizar las bibliotecas de clases y plantillas y explica el nuevo Entorno Integrado de Desarrollo, así como enseña a crear pequeños componentes para programas que corren en Internet y otros temas afines.

Leinecker, Richard, y Smith, Kevin: *Visual C++ Bible*. IDG Books, 1998, 1.200 páginas.
: Esta obra busca una descripción lo más completa posible de Visual Studio IDE, con base naturalmente en Visual C++. El CD que acompaña al libro contiene todo el código fuente incluido en el libro, que es voluminoso.

APÉNDICE [C] Recursos (Libros/Revistas/URL de Internet)

Calvert, Charlie: *Borland C++ Builder 4 Unleashed,* Borland Press/Sans, 1990.
   Es un libro avanzado sobre C++ Builder. Contiene temas tales como integración Delphi/Java/C++ Builder, COM/DCOM, gráficos, programación avanzada de bases de datos.

Reisdorph, Kent: *Teach Yourself Borland C++ Builder 3 21 Days.* Borland Press/Sams, 1998.
   Buen libro para iniciarse en C++ Builder hasta un nivel medio. Enseña a construir programas desde componentes reutilizables tales como controles ActiveX, JavaBeans y Delphi.

TÉCNICAS DE PROGRAMACIÓN

Brassard: *Algoritmia.* Madrid : Prentice Hall, 1997.
   Excelente libro para aprender técnicas algorítmicas básicas y avanzadas utilizando un lenguaje algorítmico (pseudocódigo).

Joyanes Aguilar, Luis: *Fundamentos de programación.* 2.ª edición. Madrid : McGraw-Hill, 1996.
   Libro de nivel iniciación y medio para el aprendizaje del concepto de algoritmos y estructuras de datos mediante el uso de un pseudolenguaje algorítmico UPSAM y con posibilidad de codificación posterior a Pascal, C o C++.

Joyanes, L.; Rodríguez, L., y Fernández, M: *Fundamentos de programación. Libro de problemas.* 2.ª edición. Madrid : McGraw-Hill, 1997.
   Libro complementario del anterior con una colección de la mayoría de ejercicios y problemas propuestos en el mismo, además de otra colección complementaria.

ORIENTACIÓN A OBJETOS

Booch, Grady: *Análisis y diseño orientado a objetos con aplicaciones.* Madrid : Addison-Wesley, 1995.
   Libro clave de la metodología de Booch'93, fundamental en el desarrollo de objetos y con fundamentos teóricos de tecnologías de objetos indispensables para su comprensión.

Joyanes Aguilar, Luis: *Programación Orientada a Objetos.* 2.ª edición. Madrid : McGraw-Hill, 1998.
   Nueva edición de un libro sobre programación orientada a objetos con C++ que incluye, en este caso, una extensa explicación sobre UML y STL (la biblioteca de plantillas estándar).

Rumbaugh, J.; Blaha, M.; Premerlani, W.; Frederik, E., y Lorensen, W.: *Modelado y diseño orientados a objetos (Metodología OMT).* 2.ª reimpresión, Madrid : Prentice Hall, 1998.

Libro base de la metodología OMT, posiblemente la más utilizada en la actualidad y uno de los soportes sobre los que se ha construido UML (Lenguaje de Modelado Unificado).

Internet : Sitios (URL)

- `http ://www.msj.com/msjquery.html`
  Revista Microsoft Systems Journal

- `http ://www.altavista.digital.com`
  Buscador Altavista

- `http ://www.excite.com`
  Buscador Excite

- `http ://www.uniovi.es`
  Buscador de la Universidad de Oviedo

- `http ://guide-p.infoseek.com`
  Buscador Infoseek

- `http ://www.lycos.com`
  Buscador Lycos

- `http ://www.shareware.com`
  Software *shareware*

- `http ://www.webcrawler.com`
  Buscador Webcrawler

- `http ://www.ayhoo.com`
  Buscador Yahoo

- `http ://www.ctv.es/USERS/pagullo/cpp.htm`
  Excelente página de orientación a objetos en español

- `http ://msdn.microsoft.com/developer`
  Página oficial de Microsoft sobre Visual C++

- `http ://www.imprise.com`
  `http ://www.borland.com`
  Página oficial del fabricante Inprise/Borland

Índice

_set_new_handler, 195
_strlwr, 215
_strupr, 215

abstracción, 255
alcance, 93
álgebra de Boole, 39
almacén libre, 158, 184
almacenamiento, 99
apuntador (*véase* puntero), 158
archivo, fuente, 10
archivos,
    de cabecera, 4, 5, 6, 9
    de inclusión, 5
argumentos por omisión, 89
arrays, 119, 120, 166
    acceso, 131
    almacenamiento, 122
    asignación de memoria, 193
    como parámetros, 134, 207
    de caracteres, 122, 126
    de estructuras, 148
    de punteros, 167, 182
    declaración, 120
    inicializar, 123, 124, 130, 166
    multidimensionales, 128
    tamaño, 123

arreglos (*véase* arrays), 120
ASCII, 17, 19, 20
asociatividad, 36
atof, 216
atoi, 216
atol, 216, 217
atributos, 256
auto, 93, 99

bitwise, 42
bloques, 54
Borland C++ Builder 3/4, 337
    creación de aplicaciones, 350
    instalación, 338
    requisitos, 338
break, 53, 61, 66, 67, 68, 69
buscar, 112

cadena, 21, 126, 201
    concatenar, 21
    asignación, 209
    como parámetros, 137
    iniciación, 203
    lectura, 203, 236

caracteres, 17
case, 60, 61, 62
cerr, 227
char, 17, 65
cin, 6, 26, 28, 204, 227, 233
clase, 255, 263
    abstracta, 284, 298
    amiga, 272
    base, 268, 286
    declaración, 256
    hija, 278
    padre, 278
    plantilla, 299, 302
    regla, 259
class, 109, 256
clog, 227
close, 228
código fuente, 12
código objeto, 12
códigos de escape, 20
comentarios, 4, 10, 13
compilar, 12
const, 22, 23, 89, 174, 206
constantes, 17
    caracteres, 18, 19
    de cadena, 18, 21, 201
    de coma flotante, 18
    declaradas, 17, 22
    definidas, 17, 22
    enteras, 18
    enumeradas, 17, 22
    globales, 8
    hexadecimal, 15, 16
    literales, 17, 18
    reales, 19
    simbólicas, 22
constructor, 264
    de copia, 265, 267
    ordinario, 265
    por defecto, 265, 268
    reglas, 265
    uso, 268
continue, 24, 69
cout, 6, 26, 27, 227, 230

dec, 243, 249
declaración
    de variables, 15
    de funciones, 7, 9
    externa, 95
    globales, 7

default, 60, 61
define, 4, 7, 22, 23, 108
delete, 158, 185, 191, 196
destructor, 264, 269
    reglas, 269
Developer Studio, 321
    creación de aplicaciones, 329
directivas del preprocesador, 4, 5, 12
double, 16
do-while, 53, 66, 67, 72, 73

elementos de un programa, 12
encapsulamiento, 255
endl, 243
entrada y salida, 26
especificadores de acceso, 256
estructuras, 119, 138, 263
    acceso, 142
    anidamiento, 144
    asignación, 141
    como parámetros, 148
    declaración, 139
    definición, 139
    inicialización, 141
    miembros array, 147
evaluación en cortocircuito, 45
expresiones, 33, 56
extern, 93, 97, 98, 99, 109

fgets, 241
fill, 246
fixed, 249
float, 16
flujo, 29
flujos, 26, 225, 226, 227
flush, 243
for, 53, 62, 63, 64, 65, 66, 67, 68
formato, 248
free, 158, 185
free store (*véase* almacén libre), 158, 184
friend, 270, 279, 293, 294
fstream.h, 229, 233
función, 4, 5, 7, 77
    ámbito, 93, 94, 96
    amigas, 270, 272, 293
    anulación, 281, 295
    de biblioteca, 9
    definidas por el usuario, 9
    e/s, 6, 226

en línea, 91, 92, 261
estructura, 79
fuera de línea, 91
llamada, 82
llamadora, 83
miembro (*véase* métodos), 256
parámetros, 79, 86
prototipo, 84, 85
recursividad, 104
sobrecarga, 101, 102, 103, 265
tipo de retorno, 81
virtuales, 283, 284

get, 237, 238
getline, 204, 237, 238, 240
gets, 241

heap (*véase* montículo), 158, 184
herencia, 277
    múltiple, 277, 281
    simple, 277
hex, 243, 249

identificador, 12, 13, 24
if-else, 53, 56, 57
ifstream, 228
ifstream.h, 229
include, 4, 5, 6, 7
inline, 91, 92, 109, 257, 260, 261, 262
instancia de plantilla, 107
int, 14, 23
internal, 249
iomanip.h, 229, 243
ios, 226
ios.h, 229
iostream, 225, 226, 227, 228, 287
iostream.h, 5, 6, 8, 14, 26, 28, 189, 225, 228, 233, 242
istream, 227, 228, 229, 237, 294
istrstream, 228
it, 53, 54, 56, 57

left, 249
ligadura dinámica, 278, 283
literal cadena, 21
literales, 12
long, 15, 16, 18

macros, 12
main, 4, 5, 7, 8, 9, 12, 78, 82, 83, 96
malloc, 143, 151, 158, 185
manipuladores, 242
math.h, 5, 9
menú Visual C++/C++ Builder, 320/340
    Build, 325
    Component, 348
    Edit, 322/341
    File, 320/340
    Help, 328/350
    Insert, 324
    Project, 325-345
    Run, 347
    Search, 342
    Tools, 326/349
    View, 323/343
    Window, 327
métodos, 256
miembros, estáticos, 273
montículo, 158
montón (*véase* montículo), 158

new, 158, 185, 190, 191, 196
new.h, 195
NULL, 21, 163, 188, 189

objeto, 255
oct, 243, 249
ofstream, 228
ofstream.h, 229
open, 228
operador, 12, 33
    aritmético, 35
    asociatividad, 36, 49, 50
    coma, 45
    condicional, 45
    de asignación, 34, 43
    de decrementación, 37
    de desplazamiento de bits, 44
    de dirección, 44
    de extracción, 28, 29, 234
    de incrementación, 37
    de inserción, 27, 29, 230
    delete, 158, 185, 191, 196
    de manipulación de bits, 42
    de resolución de ámbito, 287
    jerarquía, 35
    lógicos, 39
    new, 158, 185, 190, 191, 196

precedencia, 35
prioridad, 35, 49, 50
relacionales, 38
sizeof, 47
sobrecarga, 289
ternario, 45
unitario, 35
operator, 289
ordenar, 112
ostream, 227, 228, 229, 232, 294
ostrstream, 228
overriding, 281

palabras reservadas, 12, 13
parámetros, 9, 86
    por dirección, 87, 176
    por omisión, 89
    por referencia, 89, 90
    por valor, 86, 88, 176
pila, 158, 184, 261
plantilla de función, 107
    declaración, 109
    definición, 108
    problemas, 114
polimorfismo, 101, 102, 103, 277
precisión, 247
private, 258, 259, 278
programa
    creación, 11
    estructural general, 4, 5
programación modular, 77
promoción integral, 49
protected, 258, 259, 278
prototipos, 7, 9, 84, 85
public, 258, 259, 278
puntero, 159, 160, 168
    a arrays, 165
    a constantes, 173, 174
    a estructuras, 182
    a funciones, 177
    a punteros, 164
    como parámetros, 175
    constantes, 172, 174
    de cadenas, 168
    declaración, 159
    indirección, 160
    iniciación, 159
    inicialización, 159, 178
    NULL, 163
    verificación de tipos, 163
    void, 163

put, 232
putchar, 106

recursividad, 104
    directa, 104
    indirecta, 104
    mutua, 105
register, 93, 99, 100
resetioflags, 243, 248, 249
return, 79, 80, 81, 82, 83
reutilización, 277
right, 249

scientific, 249
secuencias de escape, 20, 27, 28
sentencias, 54
sentencias de programa, 33
separadores, 12, 14
setbase, 243, 244
setf, 251
setfill, 243
setiosflags, 243, 248
setprecision, 243, 247
setw, 245
short, 15
showbase, 249
showpoint, 249
showpos, 249
sizeof, 47, 123
skipws, 249
stack, 158, 261
static, 93, 94, 99, 101, 109, 151, 273, 274, 297
stdef.h, 21
stdin, 227
stdio, 249
stdio.h, 5, 6, 9, 21, 225, 241
stdlib.h, 5, 21, 189, 216
stdout, 227
strcat, 206, 211
strchr, 217
strcmp, 206, 212
strcpy, 6, 127, 167, 194, 206, 209
strcspn, 219
streambuf, 226
streams, 26, 225, 226
stricmp, 206, 213
string.h, 5, 6, 21, 205, 212, 214
strlen, 137, 188, 206, 211
strlwr, 215

Índice

strncat, 211
strncmp, 213
strncpy, 210
strnicmp, 213
strnset, 206
strpbrk, 219
strrchr, 218
strrev, 214
strspn, 218
strstr, 206, 220
strstream.h, 229
strtok, 220
struct, 139, 140, 141, 148, 279
strupr, 215
switch, 53, 60, 61, 66

template, 108, 109, 299
tipos de datos, 14
   carácter, 14
   coma flotante, 14, 16
   conversión, 48
   enteros, 14
tokens, 12
typedef, 191

uintbuf, 249
union, 149, 150
uniones, 119, 149, 263

   anónimas, 152
   definición, 150
unsetf, 251
unsigned, 15, 16, 18
uppercase, 249

valor inicial, 15
variable, 24
   declaración, 24, 25, 202
   declarar, 24, 97
   definir, 24, 97
   estáticas, 100
   externas, 99
   globales, 93, 94, 96
   inicialización, 26
   locales, 95, 96
   miembro, 256
virtual, 283, 284, 294, 297
Visual C++ 6.0, 317
   instalación, 317
   requisitos, 317
void, 9, 163
volatile, 22, 23

while, 53, 66, 69, 70, 71, 72, 73
width, 246
write, 232
ws, 243

McGRAW-HILL/INTERAMERICANA DE ESPAÑA, S. A. U.
División profesional - C/ Basauri, 17 - Edificio Valrealty, 1.ª planta
28023 Aravaca (MADRID)
Avda. Josep Tarradellas, 27-29, 6.ª planta
08029 BARCELONA

4 FORMAS FÁCILES Y RÁPIDAS DE SOLICITAR SU PEDIDO

Nombre y apellidos _____
Empresa _____ *Departamento* _____
Dirección _____ *C. P.* _____
Localidad _____ *País* _____
C.I.F./D.N.I. (Indispensable) _____ *Teléfono/Fax* _____
Correo electrónico _____

☐ *Ruego me envíen información del fondo de McGraw-Hill*   ☐ Español   ☐ Inglés
Materias de interés _____

EN LIBRERÍAS ESPECIALIZADAS

Ruego me envíen el/los siguiente/s título/s:
ISBN _____ Autor/Tít. _____
ISBN _____ Autor/Tít. _____

INDIQUE LA FORMA DE ENVÍO:
☐ Correo
☐ Agencia/Mensajería. (Gastos de envío no incluidos en el precio del libro. Consulte con nosotros.)

INDIQUE LA FORMA DE PAGO:
☐ American Express   ☐ VISA   ☐ 4B   ☐ MasterCard

Autorizo a McGRAW-HILL/INTERAMERICANA DE ESPAÑA, S. A. U. a cargar en mi tarjeta el importe del presente pedido:

N.º tarjeta: ☐☐☐☐ ☐☐☐☐ ☐☐☐☐ ☐☐☐☐

Fecha caducidad _____ / _____   Nombre del titular _____

Firma

FAX:
(91) 372 85 13
(93) 430 34 09

TELÉFONOS:
(91) 372 81 93
(93) 439 39 05

E-MAIL:
profesional@mcgraw-hill.es
WWW:
http://www.mcgraw-hill.es

C++IR

Sí, envíenme el catálogo de las novedades de McGRAW-HILL en

☐ Informática   ☐ Economía/Empresa   ☐ Ciencia/Tecnología
☐ Español   ☐ Inglés

Nombre .... Titulación ....
Empresa .... Departamento ....
Dirección .... Código postal ....
Localidad .... País ....
C.I.F./N.I.F. (Indispensable) .... Teléfono/Fax ....
Correo electrónico ....

¿Por qué elegí este libro?   **Temas que quisiera ver tratados en futuros libros de McGraw-Hill:**

☐ Renombre del autor
☐ Renombre McGraw-Hill
☐ Reseña en prensa
☐ Catálogo McGraw-Hill
☐ Buscando en librería
☐ Requerido como texto
☐ Precio
☐ Otros

Este libro me ha parecido:
☐ Excelente   ☐ Muy bueno   ☐ Bueno   ☐ Regular   ☐ Malo

Comentarios ....

Por favor, rellene esta tarjeta y envíela por correo o fax a la dirección apropiada.

C++IR

Los datos que figuran en este cupón se incluirán en un archivo automatizado que se conservará de forma confidencial y al que usted, de acuerdo con la LORTAD, podrá acceder en cualquier momento para exigir su actualización, cancelación o rectificación. En un futuro es posible que transfiramos dichos datos a compañías y organizaciones cuidadosamente seleccionadas, cuyos productos y servicios puedan ser de su interés. Asimismo, a través de nuestra empresa, podrá recibir informaciones comerciales de otras empresas del sector. Si usted no está interesado en recibir estos envíos, por favor, señale con una **X** la casilla ☐.

McGraw-Hill Le ofrece

- Administración
- Arquitectura
- Biología
- Contabilidad
- Derecho
- Economía
- Electricidad
- Electrónica
- Física
- Informática
- Ingeniería
- Marketing
- Matemáticas
- Psicología
- Química
- Serie McGraw-Hill de Divulgación Científica
- Serie McGraw-Hill de Electrotecnologías
- Serie McGraw-Hill de Management
- Sociología
- Textos Universitarios

OFICINAS IBEROAMERICANAS

ARGENTINA
McGraw-Hill/Interamericana, Ltda.
Suipacha 760 - 5.º Piso, Of. 26
(1008) Buenos Aires
Tel.: (541) 322 05 70. Fax: (541) 322 15 38

BRASIL
McGraw-Hill do BRASIL
Rua da Assenbléia, 10/2319
20011-000 Río de Janeiro
Tel. y Fax: (5521) 531 23 18
E-mail: internet!centroin.com.brlaaff

CARIBE
McGraw-Hill/Interamericana del Caribe
Avenida Muñoz Rivera, 1121
Río Piedras
Puerto Rico 00928
Tels.: (809) 751 34 51 - 751 24 51. Fax: (809) 764 18 90

CHILE, PARAGUAY Y URUGUAY
McGraw-Hill/Interamericana de Chile, Ltda.
Seminario, 541 Providencia
Santiago (Chile)
Tel.: (562) 635 17 14. Fax: (562) 635 44 67

COLOMBIA, ECUADOR, BOLIVIA Y PERÚ
McGraw-Hill/Interamericana, S. A.
Apartado 81078
Avenida de las Américas, 46-41
Santafé de Bogotá, D. C. (Colombia)
Tels.: (571) 368 27 00 - 337 78 00. Fax: (571) 368 74 84
E-mail: Divprofe@openwag.com.co

ESPAÑA
McGraw-Hill/Interamericana de España, S. A. U.
Edificio Valrealty, Planta 1.ª
Basauri, 17
28023 Aravaca (Madrid)
Tel.: (341) 372 81 93. Fax: (341) 372 85 13
E-mail: profesional@mcgraw-hill.es

GUATEMALA
McGraw-Hill/Interamericana Editores, S. A.
11 Calle 0-65, Zona 10
Edificio Vizcaya, 3er. nivel
Guatemala, Guatemala
Tels.: (502) 332 80 79 al 332 80 84. Fax: (502) 332 81 14
Internet: mcgraw-h@guate.net

MÉXICO Y CENTROAMÉRICA
McGraw-Hill/Interamericana Editores, S. A. de C. V.
Atlacomulco 499-501
Fracc. Ind. San Andrés Atoto
53500 Naucalpan de Juárez
Edo. de México
Tels.: (525) 628 53 53. Fax: (525) 628 53 02
Cedro, 512 - Col. Atlampa
06460 México D. F.
Tels.: (525) 541 67 89. Fax: (525) 547 33 36
Centro Telemarketing
Tels.: (525) 628 53 52 / 628 53 27. Fax: (525) 628 83 60
Lada. sin costo 91 8834 540

PANAMÁ
McGraw-Hill/Interamericana de Panamá, S. A.
Edificio Banco de Boston, 6.º piso. Oficina 602,
Calle Elvira Méndez
Panamá, Rep. de Panamá
Tel.: (507) 269 01 11. Fax: (507) 269 20 57

PORTUGAL
Editora McGraw-Hill de Portugal, Ltda.
Estrada de Alfragide, lote 107,
bloco A-1 Alfragide
2720 Amadora (Portugal)
Tel.: (3511) 472 85 00. Fax: (3511) 471 89 81

USA
McGraw-Hill Inc.
28th. floor 1221 Avenue of the Americas
New York, N.Y. 10020
Tel.: (1212) 512 26 91. Fax: (1212) 512 21 86

VENEZUELA
McGraw-Hill/Interamericana de Venezuela, S. A.
Apartado Postal 50785
Caracas 1050
Final calle Vargas. Edificio Centro Berimer. P. B. Ofic. P1-A1
Boleíta Norte, Caracas 1070
Tels.: (582) 238 24 97 - 238 34 94 - 238 59 72. Fax: (582) 238 23 74